大学语文

UNIVERSITY CHINESE

能力素养教程

主编 周静 何惠

上海交通大学出版社
SHANGHAI JIAO TONG UNIVERSITY PRESS

内容提要

本书着眼于培养"高素质技术技能人才"，以语言表达、交流沟通能力训练为核心，设计"倾听的艺术""说话的艺术""阅读的艺术""写作的艺术""演讲的艺术""朗诵的艺术"六个模块，旨在通过听、说、读、写等基本能力的训练，提升高职院校学生的交流沟通能力及语文综合素养。本书既可作为各类高等职业院校语文教材，也可作为具有高中以上文化程度的人员提高语言表达沟通能力的自学读本。

图书在版编目（CIP）数据

大学语文能力素养教程 / 周静，何惠主编 .—上海：上海交通大学出版社，2022.3（2023.1重印）

ISBN 978-7-313-26268-4

Ⅰ. ①大… Ⅱ. ①周… ②何… Ⅲ. ①大学语文课—高等职业教育—教材 Ⅳ. ①H193.9

中国版本图书馆 CIP 数据核字（2021）第 279785 号

大学语文能力素养教程

DAXUE YUWEN NENGLI SUYANG JIAOCHENG

主　　编：周　静　何　惠

出版发行：上海交通大学出版社　　地　　址：上海市番禺路 951 号

邮政编码：200030　　电　　话：021-64071208

印　　制：上海景条印刷有限公司　　经　　销：全国新华书店

开　　本：787mm × 1092mm　1/16　　印　　张：17.25

字　　数：383 千字

版　　次：2022 年 3 月第 1 版　　印　　次：2023 年 1 月第 2 次印刷

书　　号：ISBN 978-7-313-26268-4

定　　价：58.00 元

本书编委会

主　编：周　静　何　惠

副主编：宋小梅　梁美英　杨　珩

参编者：（按姓名音序排列）

陈秋娜　黄丽敏　黄　懿

李伟娜　农迎春　唐雨芹

前　　言

2019 年国务院颁发的《国家职业教育改革实施方案》明确指出:“推进高等职业教育高质量发展。把发展高等职业教育作为优化高等教育结构和培养大国工匠、能工巧匠的重要方式。”“高等职业学校要培养服务区域发展的高素质技术技能人才。”“高素质技术技能人才”的能力结构必须涵盖职业专业能力、职业核心能力两大层面。职业核心能力是每个人在职业生涯中必备的基本能力，对人的职业发展有着深远的影响。

语文是一门基础性学科，同时又具有鲜明的实用性。语文应用能力不但在日常生活中不可或缺，而且是现代经济建设中任何行业的职业人都应当具备的基本技能。语文应用能力的核心在于表达，表达是为了交流，顺畅的交流可促进合作、产生效益，我国把职业汉语能力测试列为国家级测试就印证了语文的重要性。

通过多年的教学实践与深入企业调研，我们明显看到，高等职业院校学生的表达能力、人文精神亟待增强，让学生能说善听、能读善写仍然是我们高等职业教育领域语文教学的重要任务，于是我们在前期教改科研及教学实验的基础上，组织编写了这本新教材，希望以此教材作为语文课程教学的载体，通过有针对性的听、说、读、写训练来提高学生与人交流沟通的能力，帮助学生夯实就业与职业发展的基础。

本教材主要突出如下特点:

第一，以职业核心能力培养为核心构建教学体系。语文的听、说、读、写能力是交流能力建构的重要基石，因此本教材主体围绕着听、说、读、写依次展开“倾听的艺术”“说话的艺术”“阅读的艺术”“写作的艺术”四个模块。此外针对高职学生综合素质提升、大学校园素质教育活动开展的实际需要，设有“演讲的艺术”“朗诵的艺术”两个模块。全书共六个教学模块。“演讲的艺术”“朗诵的艺术”实质上亦属“说”的范畴，是“说”的基本能力在特定情境中的应用。前四个模块均从相应的基础知识、基本方法对职场应用能力进行指导，其中职场应用能力的培养是本教材的重点。四个模块特设有“求职篇”“入职篇”“进阶篇”，由此做到语文基础性与职场应用性的高度统一。这样既保证了学生具备必要的基础知识、基本能力结构，又可引导学生主动灵活地运用相关的知识去具体分析问题、解决问题，增强学生在现实生活、职场工作中的交流沟通能力，有效提高学生职业语文综合素养。

第二，践行“知行合一”的教育理念，建立“理实一体化”的教学模式。本教材六个教学模块均按“知识点拨”“案例剖析”“实境演练”“素质拓展”进行体例设计，几个环节相互之间关系密切、有机相连又逐步提升。既有必要知识的精要点拨，又有典型案例的具体分析，更在“实境演练”“素质拓展”环节以任务驱动、项目化方式推动

“教、学、做”成为有机整体，实现了理论与实践的紧密结合。

第三，落实课程思政改革精神，实现思想性、人文性与职业性的高度统一。本教材在重视职业语文综合能力培养的同时，充分结合语文学科特性构建弘扬中华优秀传统文化、践行社会主义核心价值观的平台。教材在基本精神的提炼、教学案例的选择、学习活动项目任务的设计中，自然渗透课程思政精神。随着我国文化建设力度的日益加强、课程思政改革的日益深化，近年越来越多的高等院校把中华经典诵读、社会主义核心价值观主题演讲列为学生全员参与的素质教育活动，将其设为每年常规举办的大型校园赛事，因此除了注重在不同模块教学资源中渗透课程思政精神之外，本教材还特别设计了“演讲的艺术”“朗诵的艺术”两个模块助力上述校园比赛活动的开展，并在附录中纳入中国古代文学简介、中国现当代文学简介等内容，以此提高学生的思想文化水平，增强学生的民族文化自信，有效培养学生良好的人文素养，真正让“三全育人”理念在语文课程教学中落到实处。

总之，本教材编写团队自觉落实我国高等职业教育精神，把服务经济社会发展和人的全面发展作为语文教育教学的出发点，以职业核心能力为导向，强调在提高学生职业语文综合能力的同时，有效提升学生的思想文化素养，让语文教学与专业教学形成教育合力，优质服务于“高素质技术技能人才”的培养。

本教材在编写过程中，参阅并引用了有关教材、书籍以及科研成果，在此向各位作者致以诚挚的谢意！

本教材的立项建设得到了柳州职业技术学院各级领导的大力支持；教材建设构思前期，在调查了解企业对语文能力的需求与员工语文应用能力现状方面，我们得到了东风柳州汽车有限公司、一汽解放有限公司柳州分公司及有关专业技术人员的热情帮助；教材的审定与出版，得到上海交通大学出版社领导与编辑们的大力支持与辛勤付出，在此一并表示衷心的感谢！

本教材尚存诸多不足之处，期望得到社会各界及语文教育同仁的宝贵意见，让我们在今后的修订中能够不断地改进和完善。

编　者

2021 年 12 月

目　录

模块一

倾听的艺术

The Art of Listening

乔·吉拉德曾是美国头号汽车推销员，他创造了在一年之内销售1425辆汽车的纪录。但他也遭遇过失败。

请看他的一次真实经历：

有一天，乔向一位知名人士推荐一辆新款车，对方对商品非常中意，可到了签约时，对方却突然不想买了，乔百思不得其解。当天深夜，他忍不住给那位先生拨了电话，想要知道是什么原因。

电话那头问乔："这么晚了，你现在是在用心听我说话吗？"

"是的，尊贵的先生，我非常用心。"

"可是，今天下午你没有。就在签字之前，我提到我的儿子即将进入大学深造，又提到他的远大抱负，我还提到他优秀的体育成绩，以他为光荣和自豪，但是你却没有任何反应。"

可乔却记不起对方说过这些。

电话那头继续说："当时，你根本没在意我说的话，我看得出来你正注意听旁边那个人讲的笑话。这就是我变卦的原因。"

亲爱的同学们，此时此刻，想必你已经非常清楚乔·吉拉德这次推销失败的原因了吧。在日常交际中，你是否也有过类似的经历：别人跟你说话，你却心不在焉，有意无意之中忽略了对方所言？你是一个善于倾听的人吗？

在现实生活当中，我们离不开"听"：上课时听老师讲课、跟亲朋好友相处时听对方说话、看电影电视时听剧中人对话、开会时听他人发言、工作时听同事交流经验或听上级布置任务、谈判时听对方表述……诸如此类，无法悉数列举。由此可知，"听"在交流沟通中占据着极其重要的地位。甚至可以这样说，"听"的能力在极大程度上影响着个人的成长与发展。

为什么这样说呢？要想得到答案，就请你跟我们一起来了解什么是倾听，并学习倾听的艺术吧！

学习目标

知识目标：了解倾听的重要性及基本原则，掌握生活、工作中常用的倾听方法及技巧。

能力目标：在倾听中，能够克服各种因素的干扰，清晰把握说话者的思路和内容要点，正确理解说话者的意图，达到顺畅交流沟通的目的。

素养目标：在日常交际和职场交际中，养成良好的倾听习惯，做优秀的倾听者。

知识点拨

一、“倾听”是什么

我们都知道，生活在这个日新月异的时代，人们需要通过各种形式、不同媒介不断地汲取丰富知识，获得层叠涌现的纷繁信息，从而有所提升、有所创造、有所贡献。

我们也知道，每个人都需要与他人交流沟通，于是交流沟通能力成为个人能力的重要组成部分。然而，一说到交流沟通，人们往往首先想到的是“能说会道”“妙笔生花”，不少人以为拥有“说”与“写”的能力就可满足实际生活、工作的需要，至于“听”，则在不知不觉之中为大多数人所忽视。孰不知，真正意义上的“听”内涵丰富、作用不凡，这种能力并非朝夕可成。

之所以很多人会忽视“听”，主要原因在于对它认识不足，认为“听”不过就是耳朵这个听觉器官接收外界信息的一个简单生理过程。只要听力没有问题，竖起耳朵就能“听”。然而，若我们在鲜活灵动、纷繁复杂的现实生活背景之下进行观察，就会发现，实际上“听”在自然生理功能的基础上还拥有更为丰富的内涵。也就是说，生理性的“听见”并不能够完全涵盖“听”的意义，它与“倾听”相去甚远。

要想厘清其间区别，不妨对“听”做一定的层次划分。一般情况下，我们大致把“听”划分为三个层次，如图1.1所示。

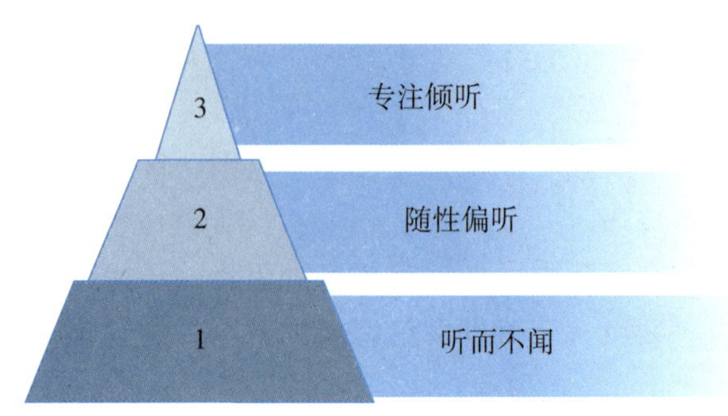

图 1.1 “听”的三个层次

“听”的第一个层次：听而不闻，指声音入耳却不入心地“听”。

有的人在交谈时处于一种心不在焉的状态，时不时发出“嗯……哦……好好……”的应答，实际上对于他人所说的话根本没做思考，看似在听实则基本没听进心里去，对方言语在他这里成了耳边之风，声音掠过而话意随风飘散。

人们对于这种听而不闻的现象并不陌生，除了上面所举之例外，上课走神、开会思想开小差等都属于这一类。听话人主观上不做任何努力，虽在现场却并不是有心在听，那么此刻说话者发送的信息对他来说是无效的。这样一来，双方并未真正搭起沟通之桥，因而交流也就无从谈起。

可见，“听而不闻”是一种基本无效的“听”。

“听”的第二个层次：随性偏听，指听话人依随个人喜好择取片断内容，有失客观全面地“听”。

由于观念、立场、心理、兴趣等因素的影响，有的人在听人说话时，往往只选择自己感兴趣的，或合乎自己立场、利益的信息来听，对其他信息则充耳不闻。比如对一些不感兴趣或令人不愉快的话，带有批评、否定色彩的话，听话者会有意或无意地把它们给过滤掉。或者听话者看似在听，实际纠结着对方话语的某些内容，内心只想着如何寻机辩驳，于是对方所说的其他内容也并未入耳入心。如此一来，对于对方传送的信息有所择取，片断的内容不能带来整体的认识，这样的“听”当然也是不可取的。

显而易见，随性偏听者虽然有所思考，但缺乏客观、不够理性。这不但不利于获取真实、完整信息，而且还有可能带来意料之外的误解，阻碍双方或多方的交流沟通。

“听”的第三个层次：专注倾听，指全身心投入地“听”，以便高效接收、分析、判断、消化所听到的信息，人们通常将此简称为“倾听”。

在这个层次，除了用耳朵来听之外，还要用眼睛去观察对方的动作、表情，用眼神表达自己的关注、理解、疑惑等，随着言语内容的变化还可能自然地点头示意、发声附和，在整个过程中必须同时运用大脑去分析理解所听到的词句含义，有时还需要研判话语背后的动机，分析出言外之意。那么不难看到，专注倾听实际上需要耳、眼、口、脑乃至整个躯体的协同并用，这是一种全身心投入的状态，这种状态也就是我们平常所说的“用心听”。

唯有用了“心”才能叫作“专注”，所以我们说“专注倾听”就是要用心去面对你的交流对象，用心去面对你要听取的内容，这样才能获得准确、全面、丰富的信息。与人交流时，以心相对，专注倾听，不但能听出话语表层之意，而且可以由表及里，探及对方的心理、观念、情感，从而做出恰当的回应，达到顺畅交流沟通的目的。

> 如果你希望成为一个善于谈话的人，就要做一个注意倾听的人。
>
> ——［美］戴尔·卡耐基

这个层次的“听”要求我们用耳细听，用眼深察，用嘴反馈，用脑思考，用心感受，这样才能使所“听”不只停留在“听见”上，而且上升到“听懂”的高度——“听”的目的就在于“听懂”。

毫无疑问，“倾听”是“听”的高级形态。进入这个层次，才能叫作会“听”、善“听”。

由此可见，“听”确实没有那么简单！

我们提倡人人都应当学会有品质地“听”，都要重视“倾听”的艺术。为什么？因为它能够给我们的生活、工作以及社会交往带来积极的帮助。

1）倾听可以帮助我们增长智慧

美国语言学家保尔·兰金等人认为，听、说、读、写在日常沟通的具体实践中所占的比例各有不同（见图1.2），其中倾听占比最大。

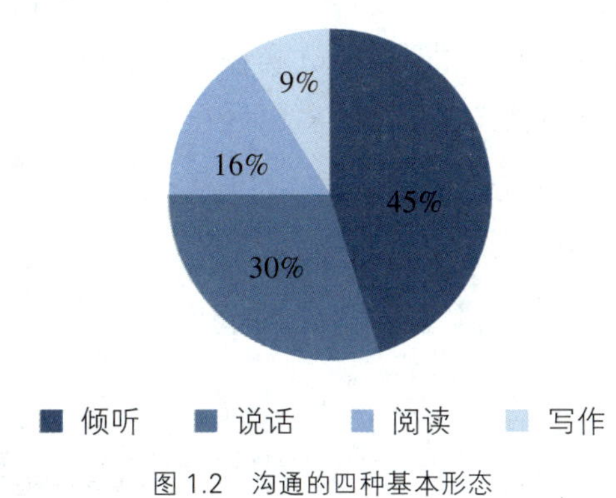

图1.2　沟通的四种基本形态

从上图可见，在人际交往中，倾听的重要性不言而喻，我们没有理由不高度重视倾听。

（1）摄取信息。人类知识经验的习得主要靠“听”，一个善于倾听的人能够随时学到知识，从外界获得更为丰富的信息。听老师讲课，可以获取各门学科的知识；听长辈分享生活经验，可以获取生活常识；听广播、看电视，可以让我们了解大千世界……不得不说倾听是人们获取外界信息极其重要的方式与途径。

（2）锻炼思维。不善“听”的人，所知甚少，难以在比较分析中取他人之长，思维受到局限。而倾听则可以打破这种局限，改变我们的思维模式，帮助我们理性地判断人和事，理性地分析和处理问题。

> 做个听众往往比做个演讲者更重要。专心听他人讲话，是给予他的最大尊重、呵护和赞美。
>
> ——［美］戴尔·卡耐基

（3）提高效率。在学习过程中，倾听可以帮助我们快速积累知识与解惑，大大提高学习效率；在工作环境中，倾听可以让我们更为敏捷地分析问题、解决问题，显著提高工作效率。

2）倾听可以帮助我们有效交际

人在生活中大部分时间都在“听”，“听”是我们对周围环境和人群产生兴趣和感情的开始，因而倾听也就成为人与人沟通最基本的技巧，它可以帮助我们理解对方，做出理性反应，获得他人的尊重。所以说，倾听可以在彼此之间搭建起良好的沟通之桥，有效促进顺畅交流。

（1）理解对方。知彼知己，才能百战不殆。善“听”才能更为准确、全面地了解对方的想法、态度、思路，了解其话语背景，才能有所体会、有所理解，为进一步沟通做好准备。

（2）理性反应。善“听”才能尽力避免因缺乏对实际情况的全面了解而做出错误的决定或发表不恰当的言论，才能让沟通更加顺畅，使关系更为融洽。

（3）获得尊重。心理学研究显示，人们非常喜欢能够满足自己“表达欲”的人。也就是说，一个人在用言语向他人表达自我的时候，非常希望对方能够用心聆听，一方面这能让自己所言有实际意义，另一方面也能感受到对方的尊重。所以一旦面对善于倾听的人，说话者也必会回馈自己的尊重之心。

因此，在交际场合中，我们应当充分了解说话者的这种心理，言语交流时务必专注倾听。

综上可知，在现实生活当中，倾听之于人实在不可或缺。

当你意识到了倾听的重要意义，实际上就已经在学会倾听的道路上迈出了一大步！

二、影响倾听的主要因素

在现实生活中，“听”的实际效果与诸多因素密切相关。下面我们看看主要有哪些因素影响着实际境况中“听”的品质。

（一）外在客观环境的影响

同学们可能有过这样的体验：在课堂中听老师讲解的时候，如果有迟到同学进入教室，或者教室里突然响起一阵手机铃声、窗外突然下起瓢泼大雨等，大家的注意力就会分散，于是听课的质量会受到一定影响。这说明具体环境能够影响“听”的实际效果。因为任何信息的传递都是在特定环境中进行的，而环境中的声音、气味、光线、色彩以及布局等，都会影响人的注意力与感知力，所以外在环境是影响倾听效果的主要因素之一。

（二）听话人精神状态的影响

人的精神状态也会影响“听”的效果。在良好的精神状态下人的思路开阔、思维敏捷、客观冷静、易于专注，“听”的效果良好；心情低沉时，则会思路阻塞、烦躁不安，“听”的效果自然较差。因此，在生活中我们应当注意保持良好心态，以提高倾听效率。

此外，激动的情绪也会产生一定的干扰。大多数人在非常情绪化的时候无法做到良好倾听，这些情绪包括极度焦虑、悲痛、兴奋等，陷入这些情绪当中时人的注意力难以集中，于是直接影响倾听效果。

（三）沟通双方认知水平的差异

在人际交往中，不同经历背景的人在语言表达上往往有着不同的特点，在沟通上有着不同的方式。人的性别、文化背景、知识水平、文化素质、职业特征、技能水平及生活阅历，往往与他本身的倾听能力紧密联系在一起。

知识经验不足者有可能无法理解知识经验丰富者的表达。比如爱因斯坦若是用专业术语给一个没有物理学专业背景的老太太介绍相对论，老太太肯定是无法理解的。

同样，知识经验层次不同的人所获取的有用信息也是不同的。所以如果一群人在听爱因斯坦谈相对论，有物理学专业背景的人士大概听得饶有兴致，而缺乏相应背景的人则可能一头雾水，不知所云。

可见，在交流沟通的过程中，双方的认知水平差异将会影响倾听的效果。

（四）听话人的态度

听话人的态度可从两个不同的层次来考虑：

一是听话人对说话人的态度。如果听话人对说话人有偏见，在沟通时就不可能客观地听对方讲话，那么沟通的效果就不会很理想。

二是听话人对信息的态度。听话人对所传达的信息不重视、不关注、不感兴趣，“听”的效果自然也不会理想。有些人会根据自身的喜好，有选择地获取信息，也就是有选择地“听”。比如，有些人对足球、网络游戏等话题更感兴趣，而对服饰、美食等话题，可能难以听进去；有些人比较关注国际国内形势，那么他在收听这类新闻时会聚精会神，日积月累，则能知晓天下大事，眼界高远。

（五）语言因素

一国之中，不同民族或同一民族却在不同地区的人们各有自己的方言，其发音、语法等会有差异中。若不同方言区的人交流时使用各自方言，则必然会造成不同程度的理解障碍，倾听会因之受阻。这就是为什么我国提倡在工作环境中说普通话。

当然不同国家的语言差异性就更大了，若是语言不通当然无法倾听，交流也就难以顺利展开。

由此可见，很多因素都会对倾听有所影响，因而要想提高倾听效果，需要注意特定情境中可能会有什么因素产生影响，然后做必要调整。

The Art of Listening 倾听的艺术

※ 要想有良好的倾听效果，需要努力创建适宜倾听的条件，比如积极的心态、安静适宜的环境、良好的心情、真诚友善的态度等。

※ 在进入比较重要的交流沟通情境之前，我们可以做一些准备，比如听讲座之前了解讲座的相关知识，面试之前了解招聘单位和面试岗位的基本情况等。对交流沟通的背景有一定的了解，可以帮助你更好地"听"，从而获得丰富、准确的信息。

※ 在与他人交流时，听取对方说话不要有先入为主的想法，尽量避免对交谈内容或说话人抱有成见，以免误"听"误"解"从而导致错误的反馈。

三、倾听的基本原则

与能言善辩一样，善于倾听也是一种才能。所谓善于倾听就是能够准确捕获、理解对方言语所传送的信息，通俗地说就是要"听懂"。由前述可知，"听懂"是"听"的目的，为了达到这个目的，需要掌握倾听的基本原则。

（一）专注

倾听是我们获取信息的重要途径，所以唯有专注倾听，才能在各种"听"的情境中准确获得关键信息。

上课时专注倾听，才能把握老师讲课的要点，获得相关知识；听讲座时专注倾听，才能理解说话者所传达的观念；参加岗前培训时专注倾听，才能更好地了解入职单位的规章制度和要求；参加商务谈判时专注倾听，才能掌握对方话语的关键信息，以做出针对性的回应；看电影电视或收听广播时专注倾听，才能准确把握剧情或知晓古今天下事。

在日常生活中与他人交谈时，并非所有话语都是重要信息，人的思维速度又远远快于说话速度，因此如果听话人不能有意识地保持专注，思想就极易开小差。只有专注倾听，才能较为客观完整地把握对方所言。

（二）尊重

首先要对他人有恭敬之心。无论现场沟通的对象是什么人，一般情况下都应持有尊重的态度，认真听其所言。

与人交流时，说话的一方总是希望自己的话语能够引起对方的注意、兴趣，并得到对方的肯定。听者表现出足够的尊重，才能让说话人尽情表达其所思所想，传达更为丰富的信息。同时只有把对方当作平等的交流对象，才能做到用心倾听，获取丰富的信息，实现顺畅交流。在交流时，要善于通过有声语言和肢体语言体现出对对方的尊重，显示个人的礼貌、风度和修养，以助于有效倾听。

（三）真诚

真诚是高尚人格的体现。在交谈中，真诚能让双方从心理上确立安全感和信任感，是交谈成功的基本保证。

认真对待交谈的主题，用心倾听对方的话语，积极地回应对方，清楚明白地表达自己的观点和看法，真心实意地交流与沟通，才能引发交谈者的感情共鸣，才能使交谈取得满意的效果。

真诚讲究的是以心换心，设身处地。同样是听他人说话，有的人什么都听不出来，而有的人却能听到对方的心声。这是为什么？关键在于后者善于站在对方的角度去听。所谓站在对方的角度去听，就是换一个倾听的角度，站在对方的立场上听对方说话，这样就很容易听出对方的心声，既可以知道别人是怎么想的，又能知道别人为什么要这么说，从而找到恰当的方法与他人交往。

在听人说话的时候，只有遵循专注、尊重和真诚的原则，才易于达到“听懂”的目的，从而获取有益信息，与人顺畅沟通，实现有效交际。

The Art of 倾听的艺术 Listening

※ 在各种“听”的情境中要想准确获得关键信息，专注倾听不可或缺。

※ 若说话人真正感到来自听者的尊重，则会尽情地表达。听人说话时，无论是个人交谈还是开会听报告等，都应发自内心地尊重，这是获取丰富信息、顺畅交流的前提。

※ 与对方沟通，应当真诚相对，这样才可能真正听到对方的心声。

四、交际活动中的倾听艺术

歌德曾经说，对别人诉说自己，这是一种天性，而认真对待别人向你诉说他自己的事，这

> 谈话的艺术是听和被听的艺术。
> ——赫兹里特

是一种教养。

在现实生活中，人人都会“听”，但不是人人都善于“听”。所以，我们不妨试着了解一下倾听的技巧，你会发现这些小技巧会助力你成为一个交际好手。

（一）交际活动中倾听的注意事项

1. 探知话语意图

每个人说话，总有他的意图。举一个简单的例子，某人到别人家去，进门后说：“真热！”其意图可能并不是评价气候状况，而是希望主人把风扇或空调打开。我们在听别人说话时，需要探知对方的意图。如果没能准确听解对方的话语实意，就难以顺畅交流，甚至可能误了大事。

请看：

“救火！救火！！”电话里传来了紧急而恐慌的呼救声。

“在哪里？”消防队急救部门的接线员问。

“在我家！”

“我说失火的地点在哪里？”

“在厨房！”

“我知道，可是我们该怎样去你家呢？”

“你们不是有救火车吗？”

接线员的话语意图是了解火灾的方位，以便消防队前往救火，但报警人始终没能听出问话关键，贻误了救火的时机。

有的话语意图明显，而有的话语意图就比较隐晦，需要听话人根据特定语境进行推导才能准确把握。

2. 确解话语真意

确解话语真意是指准确理解把握说话者的话语含义。只有准确理解话语意思，知道对方在表达什么观点，双方才能进一步沟通。

怎样才能准确理解对方的话语真意呢？

专注当然必不可少，但要注意，仅有“专注”还不够，还要“善听”。

所谓“善听”是指有技巧地听。我们在听人说话时，要注意捕捉对方话语的关键词、关键句，把握其表达思路，循此抓住重点、要点，结合交谈语境，理出话语的主旨、中心。唯有正确理解对方的观点才能快速反应、恰切反馈，从而达成良好的沟通。

其实，准确理解语意涉及多方面因素，听话者的文化修养、知识储备、语境心情、身份地位、年龄职业，以及察言观色的能力和经验等都会影响其对话语的理解，所以在生活中我们需要加强学习，增加生活积累，提高自己的话语理解能力。

3. 听出言外之意

言外之意又称为“潜台词”，即话中有话，说话人往往言在此而意在彼。

言外之意是我们在日常生活中和特定场合下经常用到的一种说话方式，人们经常用“潜台词”表达自己内心不便明说的想法（多含讽刺、劝谏意味），达到委婉、含蓄的效果，让别人更容易接受。

请看下面的例子：

一位不知名的画家向著名画家门采尔诉苦说：“为什么我画一幅画只需要一天工夫，而卖掉它却要等上整整一年呢？”

门采尔很严肃地说：“倒过来试试吧，亲爱的！”

门采尔的意思是把画上下倒过来吗？当然不是！根据语境我们可以推断出：不知名的画家的画之所以卖不出去，是因为他画画不够用心，如果他用心地用一年的时间去画一幅画，那么有可能一天就可以把画卖掉了。

在生活中我们要能听懂别人的言外之意。商家要听懂消费者的话外之意，职场中人也要听懂老板、同事的弦外之音，大学生应聘时需要听懂招聘方的潜台词，谈恋爱的小伙子更要听懂女孩的话中话。

那么，如何听出言外之意呢？

（1）抓表层信息。要听懂话语，准确地把握语言的表层信息，这是分析言外之意的基础。

（2）小悟隐意。透过语言的显性意思悟出隐性意思，这是解读潜台词的最基本途径。

（3）结合语境。一定要结合内外语境进行推断，挖掘隐含的信息。

（4）揣摩意图。要揣摩对方说话的意图，把握说话者“言在此而意在彼”的真实含义。

（5）研究方法。要研究对方表达言外之意的方法，比如借助双关、比喻、夸张、反问、反语（正话反说或反话正说）等修辞。

（6）调取资源。调取已有的知识和生活经验，是听出言外之意的重要保证。

4. 适时运用肢体语言

在听他人说话时，适时地用肢体语言给予反馈是很有必要的。

在双方交谈过程中，自然的眼神、微笑、点头等肢体语言，会清晰地向说话人传递出这样的信号：我在真诚地倾听你的话语。

有的人在听人说话时，往往不做任何反应，没有任何肢体语言的呼应，甚至好似一根木头坐着或站着，眼神飘忽，这种状态极易让对方怀疑其没有在听。这种怀疑心理一旦产生，就会对双方的交流沟通产生负面影响。

由此可见，在日常交谈中，我们要善于在倾听的过程当中适时地做出肢体上的呼应，这种有效反馈对激发他人讲话的热情有很大帮助。

日常对话中适当的肢体语言包括：

（1）眼神专注。眼睛是心灵的窗户，科学研究表明人们是通过眼睛获取大量信息的。与说话者进行目光交流能鼓励对方继续说下去。有的时候，眼神附和的效果具有一种神奇的力量。

常言说“眼睛比嘴巴更会说话”，听别人说话时做出的表情反应是感情交流的重要手段。研究表明：人们往往能够十分准确地认识不同语言、文化背景中幸福、厌恶、惊讶、悲哀、愤怒和恐惧的表情。交谈之中，对方很容易从你的表情尤其是眼神之中感到你的心理状态，比如喜、怒、哀、乐、赞同或反对等。因此，在听取他人说话时，若想用心面对，可让眼神随着对方话语内容的变化而做出相应的反应，比如可以在适当的时候用眼神鼓励对方继续说下去。

（2）真诚微笑。美国人际关系学大师戴尔·卡耐基说过这样一段话：“不论你在何处，以愉快的心情、甜美的微笑去对待每个认识的人，诚恳地与人握手，不要怕表错情，不要嫉恨人，时时想着快乐的事情，久而久之，你会发现自己的生活充满乐趣，自己的目标也唾手可得。”同样的道理，听人说话时会心的微笑也是给对方的一种反馈，它表现出一种良好的“听话”状态。

真诚的微笑是任何人都不会拒绝的，面带微笑的倾听不但会让说话者心情愉快，也会让自己获得快乐，还可以让思想的沟通更为顺畅。

（3）适度点头。要想给说话者以反馈，还可以通过点头来达到这个目的。在与人交谈中，适度点头既表示你在认真倾听，也表示你理解或同意对方的观点。

（4）身体前倾。与人交谈的时候，如果是坐着，最好不要背靠在沙发或座椅上。在有些场合身体可以正对着说话者并稍稍向说话者的方向前倾，这会让说话者感到你已经准备好积极适应他的思路或理解他所说的话。这种姿态传达给对方的是一种肯定、信任、关心乃至鼓励的信息，是一种非常积极的反馈。

5. 讲究适度语言反馈

除了肢体语言以外，语言反馈在积极倾听过程中也发挥着十分重要的作用。不管说话者是谁，如果你想和对方继续交流下去，不妨在对方说话的时候，给予适当的语言反馈，以增强你的亲和力，让对方知道你在倾听，这一点在交流中是非常重要的。语言反馈主要包括：

（1）附和。也许很多人有这样的体验：自己在诉说时，如果对方在适当之处予以附和，那么自己就会说得更有兴致、更为投入，会尽情表达自己的意见；如果对方毫无言语附和，你会认为或许对方是在无视自己，或对所说之事不感兴趣，于是不再想多说。

那么将心比心，在特定环境中，我们在听取他人说话时要善于给予必要的附和，比如在合适的地方以“嗯”“是这样”“真有意思”等评价性言语进行回应，或用更为丰富的话语表达某种确切的观点、判断，这是认真倾听的具体表现，对方会感到自己得到了充分的关注，于是畅所欲言。

言语附和是交谈中的一种积极反馈，它会更好地促进双方进行思想上、情感上的交流。

（2）提问。在倾听过程中，恰当地提问题，有助于相互沟通。我们可以提出一些诸如“你认为这是关键问题吗”“你的意思是……”“你能说得明白一些吗”之类的问题。这些提问让对方感到你对该话题感兴趣，从而更乐于与你交谈，为你提供更多的信息，有助于你理解问题的各个方面。

（3）重复。在倾听的过程中，也可以使用重复话语的技巧，如运用“按我的理解，你的意思是……”“你是说……”“所以你认为……”等句式来重述谈话者的观点。这种重复表明你在倾听并需要确认对方话语的含义，更重要的是让你及时发现有无曲解对方的话语。

此外，总结式地重复对方说话的内容也很重要，尝试利用“你主要是说……”“如果我的理解没错的话，你认为重点是……”等说法，让对方确认，避免听话者先下主观片面的结论，这在积极倾听的过程中更有价值。

6. 重视必要的沉默

在交流中很多情况下需要有声有形的反馈，但在特定的时候也讲究必要的沉默。

沉默也是一种交流沟通的手段，这种沉静无声的状态实际蕴含着丰富的信息，它就像乐谱上的休止符，运用得当则含义无穷，可以达到“无声胜有声”的效果。但沉默一定要运用得体，不可不分场合或故作高深而滥用沉默。另外，沉默一定要与语言和非语言反馈相辅相成，才能获得最佳的效果。

7. 不随便打断对方话语

当对方说话内容很多，或者由于情绪激动等原因，语言表达有些零散甚至混乱时，你都应该耐心地听完他的叙述。即使有些内容是你不想听的，也应耐心听完，千万不要在别人还在表达的时候随意打断其话语。随便插话打岔，改变说话人的思路和话题，或者任意发表评论，都是没有教养或不礼貌的行为。

8. 消除妨碍倾听的因素

从上面的学习中我们知道，许多因素会影响倾听的效果，使沟通的质量大打折扣，因此要达到好的倾听效果，就要尽可能消除这些干扰。

营造良好的倾听环境、保持良好的精神状态、秉持客观公正的态度、稳定个人情绪、关注内容捕捉要点、提高自己的认知水平和倾听技能等，是保证倾听质量的重要前提。只有这样，我们才能把注意力完全放在对方身上，真正“听懂”其话语含义。

总之，“听”和“说”紧密相联，在生活、工作中要想实现顺畅的交流沟通，不仅要“会说”，还要“善听”。只有善于倾听，才可能有的放矢地“说”。

“倾听”是一门学问、一种艺术，是日常人际交往成功的重要手段，也是现代文明人的重要表征。

让我们都来做一个“善于倾听”的人吧！

（二）特定交际情境中的倾听技巧

在生活中，我们每天都要和很多人交流沟通，倾听是我们与他人交流沟通的基础。下面我们来探讨在不同的交际情境中我们该如何“听”。

1. 打电话时如何“听”

打电话是现代社会常见的沟通方式之一。那么，打电话时应该怎样“听”呢？

1）及时而礼貌地倾听

对打电话的人来说，没人接电话可谓是令人扫兴的事。电话铃声响起，作为接电话者，除非明确知道是搔扰电话或陌生电话，否则无论是私人来电，还是公务来电，你都不应让铃声响得太久才接听，三声之内接听为宜，这是基本的礼貌。

电话铃可能打断了你正在做着的事，但最好不要让打电话的人知道他打断了你的事。在接通电话前，迅速让自己冷静一下，然后礼貌地去接听，并且随着一声“您好”的自然回应，示意对方你已做好聆听的准备。

2）保持热情和微笑

你的热情、你的笑容能够通过电波传播，对方虽然无法看到，但是对方会“听”见，所以接听电话时应保持热情和笑容。在接听的过程中要始终全神贯注，捕捉对方说话的每个细节，比如说话的语气、某处强调的词，甚至停顿和沉默，而同时你的脸上也应始终挂着微笑。需要说明的是，这个微笑应当是基于真诚、热情及尊重。

现代社会，我们常常使用视频电话，这就更需要你接听电话时保持良好的心态、和悦的面容。这种接听情态必会促进双方顺畅地沟通。

3）鼓励对方多开口

倾听对方讲话本来就是一种礼貌行为，在打电话时，乐于听对方的诉求表示我们愿意客观考虑他的看法，这会让对方感觉到我们很尊重他，从而营造开放的气氛，有助于彼此交换意见、建立融洽关系。

此外，鼓励对方提出他的看法，让我们有机会在表达自己的意见之前掌握双方意见的一致之处，可以使对方愿意采纳我们的意见或处理结果。

4）集中精力，适时回应

集中精力在对方身上，认真倾听电话，让对方时刻感到备受尊重。很多人在接电话时会忽略这一点，虽然似乎在用心听对方讲话，但实际上却在想别的事情，或是不断想着如何应对对方，结果忽略了对方所表达的重要信息。

如何才能让对方感觉到你在电话的另一端认真地听他讲话呢？最简单的办法就是适时给予语言反馈，诸如“好的”“您请讲”“我理解”“哦哦”“对的”等。这不仅能让对方感到你在用心地听，同时还能起到鼓舞对方的作用，激励他继续讲下去。

5）不轻意打断对方

多听、少打断、少插嘴，是倾听电话的基本礼仪。在听电话的时候，不要表现出不耐烦，甚至为了急于表达自己的想法而打断对方。这会让对方感觉沟通受到阻碍，甚至受到伤害。更重要的是，由于人们往往习惯于把重要的内容放在后面说，如果你打断了对方，就无法获取对方要讲的重要信息，通常这些重要信息就是对方真正的意图。

6）抓住关键词语

所谓关键词语，指对方说话过程中，体现其观点的核心词语，对方在说这些词语的时候通常会提高音量、加强语气或反复强调。

找出对方话语中的关键词语，才有可能准确理解对方所言，并且可在必要时自然引入你的话题，让对方可感受得到你的积极态度。

7）总结重点，准确理解

当我们与对方沟通的时候，需要一边倾听，一边从对方的谈话内容中整理出重点。因此，在“倾听”的过程中，我们要做到“删除”无关紧要的部分，把注意力集中在对方的重点之上，并且加以熟记。必要的话，可针对重点内容进行语言反馈，保证所“听”内容完整、理解准确。

如果我们不太确定对方比较重视哪些内容，就可通过提问对有效的信息进行挖掘。

8）做好电话记录

俗话说“好记性不如烂笔头”。做好电话记录，把对方话语的重要信息、双方达成的一致意见记录下来，是避免遗忘电话信息的最好办法。

2. 与亲朋好友交谈时如何“听”

亲朋好友是我们人际关系中非常重要的部分，是甚为重要的交际对象。与亲朋好友交谈是我们沟通情感、维持关系、互通信息的重要手段。那么，与亲朋好友交谈时的“听”需要注意什么呢？

1）注意基本礼貌

与亲朋好友交谈中的“听”，也要遵循尊重、专注、真诚的基本原则。请记住，即使是再亲密的两个人，也希望看到对方对自己的尊重。

因此，倾听时要保持热情礼貌，注视说话者，保持目光接触，不要东张西望，身子稍稍前倾，表情随对方谈话内容而做出相应的变化；要有耐心，不要中途打断对方，让对方把话说完；适时而恰当地做出语言或动作上的反馈。

2）带着同理心去倾听

同理心又叫作换位思考、神入、共情，指站在对方立场设身处地思考，即与人交往时，能够体会他人的情绪和想法、理解他人的立场和感受，并站在他人的角度思考和处理问题。

对方说话的时候，我们在用心听的同时，要注意换位思考，设身处地地理解对方，发自内心地体会对方的感受，体验对方的情感，并站在对方的角度思考和处理问题。

在生活中，很多无效倾听正是由于听者缺乏同理心导致的。缺乏同理心往往表现为：你说你的，我爱听不听；我挑我理解的听，不理解的不听；我选择我喜欢的听，不喜欢的不听；你说的是一种意思，我理解的是另一种意思。

大家来看看下面的情侣对话：

女："汽车发动不起来了。"

男："有可能是电瓶没电了，你试试把大灯打开。"

女："昨天还很正常的啊，今天为什么突然不行了？"

男："你还是先开大灯吧！大灯亮了吗？"

女："我要马上赶到法院，乘出租车也来不及了。"

这对情侣完全在按照自己的思路说话，根本没有理会对方所表达的意思。可见，如果不能运用同理心去倾听，有可能让事情变得复杂甚至糟糕，影响双方的关系。

同理心倾听是人际沟通的重要方式，是解决人际冲突、维护人际关系的基础。我们在与亲朋好友交谈时，要善于在倾听中感受对方的内心世界，让对方感到被理解和被接纳，从而稳固和加强彼此的关系。

带着同理心去倾听，对亲朋好友来说，就是你赠予他们的一份珍贵的礼物。

3）善于发现对方所长

俗话说"尺有所短，寸有所长"。在生活中，不管我们的亲朋好友是什么性格特点的人，都会有其优长之处，甚至是闪光点，关键是你要善于发现。有句话说得好，这个社会不是缺少美，而是缺少发现美的眼睛。如果我们带着一双"发现美的眼睛"，就能够发现对方的长处，就会对其有所欣赏。而这个"欣赏"实际上是你在交谈时愿意听对方诉说的重要心理基础。所以发自内心的、真诚的欣赏，可以帮助你发现对方所长，可以帮助你用心去"听"。哪怕对方所说的是逆耳之言，也能走进心中。这样善于倾听的你，应当会越来越受亲朋好友的欢迎。

4）听出拒绝之辞

拒绝总是一件令人尴尬的事情，尤其彼此之间是亲朋好友的关系时，无论是听话者还是说话者都会避免"直接"拒绝带来的尴尬，因此，在多数情况下，说话者表达拒绝都是委婉迂回的，那么听话者就需要在字里行间明白对方拒绝的意图。一个善于倾听的人应该是一个善于听出亲朋好友拒绝之辞的人。比如：

小张去找他的大伯，希望他能帮自己说说话，好让自己进学校教书。可是他的大伯却觉得他根本不适合教书，于是大伯说："教书在哪一个学校都一样嘛，因此很多人都选择去支教。再说你看，我现在也不是学校的领导了，说话也没有分量了，是不是……"

这就是一席委婉拒绝的话语。其中无论是"教书在哪一个学校都一样""很多人都选择去支教"，还是"我说话没有分量"，都是婉拒小张之辞。如果你是小张，听到这些话的时候就应该另寻其他方式了。

其实我们从对方说话的速度就大致可以知道对方的态度。如果对方非常愿意帮你，那么答应你的速度一定非常快，甚至是不假思索的。但是如果对方不愿意相助，要么回复"我考虑考虑"，用"拖时间"来表达拒绝的意思；要么装作没有听见，"顾左右而言他"。遇到这种情况，对方的意思八九不离十就是拒绝了。

同样以小张请求大伯帮忙为例，大伯如果用"拖时间"的办法来拒绝他，可能就会说：

“这个事情我得好好考虑考虑，你看，我最近也比较忙，过一段时间再说好吧。”

“过一段时间再说”其实就是一种推托，而“考虑考虑”“最近也比较忙”其实就是这个推托的借口，毕竟帮小张说一句话能用多长时间呢？所以听到这种话的时候，就要想到对方是在拒绝自己了，那么此时就应适可而止，不要强人所难。

但是在很多交际场合，很多人确实没有洞察拒绝的“眼力”，虽然别人已经流露出拒绝之意，他却一点反应也没有，对方就只能“直言相告”了。

5）听懂客套话

在与亲朋好友交谈的时候，说些客套话是不可避免的。很多时候，说客套话是一种谦虚的表现，但是如果你听不懂这些客套话，把对方的客套话当成事实，那么交际效果就会大打折扣。

比如，偶然遇到朋友与人共饮，当他邀请你“来来来，一起喝两杯”时，去不去呢？不去也不是，怕对方是真心的；但是去也不妥，怕对方只是客气地敷衍。其实只要用心想想，你就会知道怎样应对了：如果对方真心邀请你吃饭，一定会将时间、地点等提前通知你，而这时才邀请你，一定是客套话了，所以你要婉言谢绝，以免大家尴尬。

要知道很多人之所以说客套话是出于礼貌，一个聪明的交际者应当善于读懂这份“客套”，从而恰当应对，这同样是交际场上应该有的礼貌与素质。

总之，在日常交际中，只有有效倾听才能达到交流沟通的目的，才能建立或维护良好的人际关系。只要我们遵循倾听的基本原则，掌握并运用好倾听的技巧，就会成为一名交际高手！

※ 在日常交际中，听他人说话，不能只听表面意思，要结合说话的情境，说话者的话语、动作、表情等，思考对方为什么要说这番话、对方想要表达什么。请记住，在倾听中不仅要用耳聆听，还要用眼观察、用脑思考、用心感受。做一个善于思考的人才能实现有效沟通。

※ 一个善于倾听的人，一定是一个礼貌的人。在听他人说话的时候，要注意通过适时运用肢体语言、讲究适度的语言反馈、重视必要的沉默、不随便打断对方话语、做出积极适度的回应，来表达对对方的尊重与友善。

※ 在重要的场合听人说话，不仅要用耳、用眼、用脑、用心，必要时还应用手做一些记录，帮助自己理解和记忆。

五、职场工作中的倾听艺术

有这样一个例子：

一位著名的推销专家给某公司一百多位业务员做辅导报告。报告结束后，他对公司的董事长说：“我能够从这些员工中把你公司的精英人士指认出来，你相信吗？”随后，专家请出了两位先生和一位小姐。

的确，他们三人是公司里业绩最出色的高级骨干。董事长对专家的“火眼金睛”感到不可思议。专家解释说：“道理很简单，所有客户的选择和我是一样的，只要你会认真仔细地聆听，就能赢得我的好感，也为销售业务的成功开展打好了基础。”

原来在做报告的过程中，三位员工专注聆听的情形早已尽在专家眼中。

从这个案例可以清楚看到：倾听是一种重要的职业技能，善于倾听能够助力职业发展。

有人说：职场人最怕的不是没能力、没经验、没资历，而是没有情商。情商高的人不仅擅长表达自己，还善于倾听。一个善于倾听的职场人会做到：倾听同事的见解而良好合作，倾听上级的指令而严格执行，倾听下级的汇报而把握工作状况。

对于初入职场的新人而言，尤其要学会倾听，这样才知道自己该做什么、怎样去做，才知道自己该说什么、怎样去说。善“听”才能减少不必要的麻烦和误会，提高工作效率。

（一）求职篇

走出校门的大学毕业生，想要得到一份心仪的工作，自然要经历求职的过程。通常来说，在求职过程中需要参加面试，面试时需要与负责招聘的工作人员交谈，所以大学毕业生需要掌握求职面试中的倾听技巧。

面试是每个求职者都必须面对的难关。对于求职者而言，面试中的一言一行都影响着面试官对你的看法，这也让很多初入职场的“小白”变得忐忑不安。

在求职过程中，很多人常犯的错误是高谈阔论，“我”字不离口：“我想担任这个职务，因为我有足够的把握和能力”“我的需要是……”“我的设想是……”他们普遍缺少倾听的耐心，多半是只忙于考虑接下来要说的话，并没有认真地去听面试官说了些什么，这样如何能够说服对方录用自己呢？

大家来看看下面这个例子：

一合资单位的经理到大学去招聘职员，他对二十多名大学生进行了反复核查，从中挑选出三名大学生进行最后面试。

其中有两名大学生在经理面前夸夸其谈，炫耀自己的能力如何高、如何强，并提出一大堆的建议和设想。

而另一名学生则与他们相反，在面试时，一直耐心倾听经理的见解和要求，很少插嘴，只有经理询问时，他才回答，而且很简练。在面试结束时，他才委婉地说道：“我很重视您的要求，也非常赞同您的见解。如果我能被录用的话，还望您今后多多指导。”

三天后，这位善于倾听的大学生接到了录用通知，而那两位夸夸其谈者则被淘汰了。

由此可见，善于倾听在求职面试中极为重要。你想要“会说”，首先要“会听”。

那么，在求职面试中，如何“听”面试官的话，以便更好地“说”呢？

1）克服紧张心理的影响

紧张的心理状态会对倾听造成干扰，影响倾听的效果。面试前，可以通过积极暗示、深呼吸等方式让自己冷静下来，以轻松的心情、饱满的精神状态，沉着应对面试。

2）专心倾听面试官讲话

面试时，要全神贯注地听对方说话，始终专心致志地注视着对方，脑子里要设法撇开其他的事情，将注意力集中在对方说话的内容上，这样才能做出及时而适度的回应。

3）对面试官的讲话做适度回应

在和面试官谈话的过程中，你要与对方进行眼神交流，并不时用附和或赞同的声音、动作，告诉对方你在专心倾听，让对方感觉到你对他的尊重。

如果你一时没有听懂对方的话或有疑问，不妨用婉转、诚恳的语言提出不明确的部分，请对方做进一步的解释。这样既能弄清问题的要点和实质，又能让对方在心理上觉得你“听”得很专心，对他的话很重视。

4）耐心倾听，不能打断对方讲话

面试的目的在于让对方了解你、信任你、接受你，所以你应该耐心倾听面试官提起的任何话题，不能表现出心不在焉或不耐烦的神情，不要因对方的叙述平淡而漫不经心，也不要在别人讲不清楚时，流露出烦躁或不满意的神情，更不要在对方提出不同观点时，听不下去而反驳或争执。

要尽量让对方兴致勃勃地把话讲完，不要不顾对方的想法而发挥一通，不要轻易打断对方的话。如果确实需要插话，应先征得对方同意，用商量的语气问一下“请等一下，让我插一句可以吗”或“我提个问题好吗”，这样可以避免对方对你产生误解。

5）准确理解并记住面试官的问题，尤其是“弦外之音”

注意倾听对方说话的语调和说话的每一个细节，准确理解面试官要表达的观点及思路。在面试官提问时，尤其要注意这一点。在具体操作时，可以从如下三个方面进行。

一是确认提问内容，以避免答非所问。二是认真琢磨对方讲话的重点，必要时，你可以进行复述，如：“我同意您刚才所提的……”或重复对方强调的问题。三是可适当做笔记，简要记住面试官的问题，并逐一回答。

此外，最重要的是，要具备足够的敏感性，善于理解对方的“弦外之音”，即善于从言谈话语中把握对方想说而囿于场合或身份不能表达出来的潜在意思。

（二）入职篇

步入职场后，作为一名基层员工，在实际工作中，你需要与上级、同事进行沟通交流。很多时候，与上级和同事的沟通情况决定着你的人际关系和工作质量。沟通是以倾听为基础的，所以你需要掌握与上级对话、与同事交谈时的倾听技巧。

1. 与上级交谈时如何“听”

与上级交谈是一个人进入职业生涯后很重要的一步。这一步走不好的人，以后的职场道路有可能布满泥泞、坎坷不断。

请看下面的例子：

一个公司的老板与外商谈判，效果并不理想，他窝了一肚子火回来对员工说：“你们这些人把事情办成了什么样子，存心和我作对吗？”员工们丈二和尚——摸不着头脑。

员工小张猜测老板是冲着她来的，是想炒自己鱿鱼，于是就破罐子破摔，和老板大吵大嚷起来。

而员工小郑心想：老板一贯是很和蔼的，今天发这么大火肯定是有原因的。于是他对老板说：“您能让我们知道发生了什么事吗？”老板说出了谈判不顺利的事，并主动为自己的不理智向大家道歉。

想必你已从上述案例中看出，不善于听上级讲话有可能会给自己带来“麻烦”。

能否与上级和睦相处，对你的身心、前途都有极大的影响。而与上级和睦相处的第一步就是要学会在与上级对话时如何“听”。在上面这个案例中，不善于倾听的小张只是误解了老板的说话意图，由此可见在职场中，学会倾听上级讲话极其重要。

那么，与上级对话时应当如何“听”呢？

1）克服紧张心理

一个初入职场的人在与上级交流时，往往会感到紧张。我们通常是紧张地注意着上级对自己的态度是褒是贬，思考自己应做何反应，这种紧张的心理会影响倾听的效果，导致我们难以真正听清上级所谈的问题，无法把握上级所要表达的重点。所以，与上级交流的时候，我们要排除一切使自己紧张的意念，镇定自如地“听”。

2）专注于上级的讲话

下级想要做好本职工作，在上级讲话时一定要专注“听”。无论上级是在大会上做报告，还是在办公室里做指示，下级都要专心致志地去听、认认真真地去领会，尽量不开小差、不遗漏。对于上级的一切表态和建议，下级都应当充分、详细地领会和吃透。只有这样，才能根据自己听到的信息做出准确的判断，有效地开展工作。

3）注意倾听礼仪，并做适度回应

我们可能遇到过这样的听话者；在交谈过程中随意起身离开，或是坐在椅子上摇摇晃晃，或是左顾右盼，或是低头玩手机；我们还可能遇到过这样的听话者：歪着脑袋，将自己的身体窝在沙发之中，两只眼睛瞟来瞟去，不管你说什么，他们好像都不感兴趣。这时我们的心里都会猛地产生一个强烈的想法：永远都不想理会这个人。

为什么？他们听话时的态度太随便了，甚至根本就没有认真听你说话。对于说话者而言，这是一种莫大的不尊重甚至侮辱。因此，说话者自然不会对这样的听话者产生好感。那么，在职场中，如果说话者是你的上级，你却是一个不懂倾听礼仪的听话者，不专注于上级的讲话，会让你走很多弯路，最终损失的还是你自己。有这样一个例子：

几位大学毕业生坐在小会议室里，接受新单位主管的工作分配，人事经理正在介绍公司情况。毕业生小姚由于已从其他渠道获悉自己将被分配在外销部工作，所以对经理冗长的介绍满不在乎，东张西望，并悄悄地把耳机的耳塞塞进了耳朵里。不料经理突然宣布分配方案将个别通知，第二天小姚被告知到储运部报到，他对工作的突然变动迷惑不解。

实际上，问题就出在小姚听讲时那种不耐烦的态度上。这位初入职场的大学生怎么也想不到未展宏图先折翼，竟是自己听话时的随意态度而导致的。

这就是听别人讲话时不注重礼仪而带来的后果。我们很容易理解经理为何对小姚的工作做出重新安排：没有谁会重视一个不懂礼貌的人。不尊重别人的人肯定也不会得到别人的尊重，这样的人就算工作能力再强，也难以获得重用。

要想让说话人觉得你是在认真听，就不能表现出浮躁、坐立不安。尽量不要出现一些不必要的表情动作如眼睛乱瞄、抓耳挠腮、腿脚乱晃、摆弄东西等，否则只会让对方觉得你心不在焉。即使你的这些身体动作是无意之中做出来的，都可能引起不愉快。因为在对方看来，或许那就是一种言外之意。因此，在倾听之时要懂得把握住自己的肢体语言，尤其是对方是你的上级时，更要注意不要出现那些小动作。

此外，切忌随便打断上级讲话、随意插入自己的意见，否则会让对方不悦。应当在完整听完上级讲话之后再提出自己的意见和建议。要知道，不打断对方说话是倾听的基本礼仪。

4）领会上级意图，理解上级观点，尤其是言外之意

在与你的上级对话时，要注意上级受场合、身份的约束，有时讲话会有言外之意，此刻你要仔细揣摩其中的深意。

请看下例：

小张刚到一家公司不久，领导找他谈话："小张，你到公司还没多久，工作成绩不错，以后有什么打算？"

很轻松的一句话却含有特殊的意图，领导是在考查小张的工作心态。

小张若是畅言为公司做多大贡献的志向，领导很可能会认为他过于理想化而缺乏沉稳的实干精神；若是大谈与公司不相干的事业理想，则会让领导感到他眼下只是把公司当成一个跳板，一旦有了机会他就会远走高飞，根本没有在公司长远发展的打算。

当时小张回答得颇为谨慎："我刚参加工作不久，各方面还需要多多锻炼学习，所以想就目前的工作好好干，以后再慢慢打算。"

上级听后微笑着点头道："对的，踏踏实实干好眼前工作才能有更好的发展！"

从这个例子我们可以看到，正因为小张"听"出了领导的"言外之意"，从而给出这种含蓄而富有弹性的回答。这对他赢得领导的认可、顺利开展工作很有帮助。

所以，好的下级不仅要理解上级所谈的内容，而且还要理解其话语所蕴含的深意。这样才能真正理解上级的意图，明智地做出反应。

我们再来看看下面这个故事：

有一位上级发现他的秘书写公文喜欢文白夹杂，十分别扭，不合乎当代公文的文体要求。于是他先赞扬了秘书的才学，夸秘书古文功底深厚，然后给秘书讲了这样一个故事：

有位秀才外出求学，得知妻子怀孕十月临盆，非常高兴，写信给妻子说："不知爱妻弄璋乎，抑或弄瓦乎？" 妻子没弄懂他信中的意思，对念信的人说："我既不想弄砖，也不想弄瓦，只想他早日回家。"

秘书听后明白了上级的暗示，从此改了文白夹杂的毛病。

这位秘书文白夹杂的公文写作文风因上级给他讲的一个故事而得以纠正，就在于他"听"出了上级讲故事的真实意图，领会了上级对文白夹杂文风的委婉批评。

所以，在与上级对话时，上级讲完以后，你可以稍假思索，细心领悟与揣摩他的意图，也可以问一两个问题，真正弄懂其意图，理解其观点，尤其是言外之意。

5）及时而简洁地做好记录，并与上级进行核实

口语表达毕竟是稍纵即逝的，如果没有及时做记录，你很容易在上级话音落下后马上忘记刚才他讲了什么，所以我们应该随身携带笔记本和笔，也可以使用电子产品，在与上级交流时及时做记录。

你可以用自己习惯的方式把关键词句记录下来，也可以用几个简短的词语、简单的表格或结构图等，帮助你记录重要的信息。

当然，有时我们也有可能会遗漏或弄错重要的信息，所以在上级讲话结束后，要与上级再核对一遍。可以概述一下上级的讲话内容，让对方判断你是否明白，这样可避免出现错漏。

2. 与同事交谈时如何"听"

职场中要想与同事建立良好的人际关系，也要注意沟通。而要做到和谐沟通，除了互相帮助、互相谅解之外，懂得"倾听"也是关键。

那么在职场中，我们与同事交谈的时候又应该如何"听"呢？

1）真诚、虚心地倾听同事讲话

与同事交往要平等、真诚相待，那么，"听"也就应当具有相应的态度与方法。如果不能与同事平等相处、真诚相待，必然会在"听"的方面出现问题。与同事交谈时，真诚、虚心地倾听极为重要，它可以帮助我们建立良好的同事关系，它是一种尊重，是一种友善，更是一种智慧。

所以，在与同事交往的过程中，要学会做一个善听者，虚心倾听是其中一个重要的因素。因为能够静坐倾听别人意见的人，必定是一个有思想而又谦逊的人。

2）专注且不要随意打断同事

听同事讲话时，不轻易打断对方是基本的礼貌。只有完完整整地"听"，才能做出正确的判断和决定。然而不少人缺乏倾听的能力，时常没有认真听完别人所讲的内容就做出判断，这是很失礼的事情。因此，听同事说话一定要有始有终，听到最后，否则就不会知道对方究竟想说什么。

小安在与他的同事小黄聊天的时候就吃过这方面的亏：

小黄说："我本来不是很喜欢某先生的性格。"

小安马上插嘴说："是啊，某先生是个令人讨厌的人，我也特讨厌他，前几天，他还做了……真是失礼啊。"

可是他没有想到，小黄后面接着说了一句："本来我也不太喜欢他，可是交往了一段时间后，觉得他是一个特别好的人，我们准备今年秋天结婚。"

听了这话，小安后悔不已。

大多数人会把最想说的或重要的、总结性的话放在最后，所以不要刚听三言两语就贸然断定其意。另外，中途打断对方说话，也会招致对方的反感。所以，听话听到结尾也是避免招人反感的有效方法。即便你不同意对方的观点和意见，也一定要认真听完对方的话，完全弄明白你到底在哪些地方不同意对方的观点，等对方说完以后，再阐述自己的观点。有句话说得好，我不同意你的观点，但我捍卫你说话的权利。听别人把话说完，就是在"捍卫"对方"说话的权利"，这是一种礼貌，更是一种修养。

3）理解谈话意图，不要妄加批评

在与同事交谈时，尽快理解对方的意图，才能从容自如地与对方深入展开话题，对方也会因为你能敏锐地理解其意而对你表示敬佩和赞赏。所以，要尽力理解谈话的中心内容。谈话接近尾声时，把对方所谈的重点复述一遍。必要时把对方内隐而又渴望表达的意思恰当地表达出来，以示你确实在听，而且完全听懂了他的话，使对方安心。

此外，我们与同事对话，不要刚听一两句就感情冲动，需要保持冷静和理智。要在"听"的过程中进行分析判断：是真的还是假的？是不了解情况乱说还是别有用心？是他的心里话还是被人利用？总之，要冷静地听，理智地分析，下结论时更要慎重，以免被动。

4）适度回应和反馈

在与同事交谈时，适时地与对方保持眼神接触，身体稍稍倾向于说话人，适当地点头以示同意，面带微笑表示你听得很有兴致。

适当地插话和提问，不仅表示你在认真地听，而且能促使话题转向共同关心的方面，有利于谈话的顺利进行，达到良好的沟通效果。

5）用同理心倾听

在与人交流时，我们发现对方心情好时，往往说话兴高采烈；心情不好时，说话情绪低沉甚至悲观。所以在与同事对话的时候，要设身处地地替对方着想，将心比心，在对方情绪低落时表现出关心与体贴。其实，一个人能不能很好地在社会中生活、奋斗、前进，很关键的一点在于他能不能认真听同事讲话，或者从中汲取营养，或者在适当的时候给予关怀和帮助，建立友谊。

但是，同事的话也不能尽听尽信，因为有些话可能有扯闲话、攻击别人、抬高自己之嫌，一旦信以为真就有可能使自己陷入是非之中，那就十分不妙了。这也是为什么我们总是强调"听"话时要认真细致辨析。一个人离群索居固然不好，但成帮结伙地今天议论东家，明天议论西家，在内部又互相标榜，更属不当。做人既不可流于前者，更不要沦为后者。这就要求我们在听人说话的时候，始终保持清醒的头脑，随时判断是非，对于有益者，洗耳恭听；对于有害者，避之唯恐不及。

（三）进阶篇

数年后，经过努力与时间的积淀，你不断成长，职位也可能随之晋升。作为上级，你需要与下级沟通交流，所以你需要掌握与下级谈话的“倾听”技巧。

在前文中我们提到，研究表明，在听、说、读、写四种基本沟通形式中，“听”所占比例最大，这足以说明倾听的重要性。你要知道，在职场中，倾听并不仅限于与上级、同级的交流沟通，领导在与下级员工对话时，也必须充分意识到倾听的重要意义。善于倾听，将让组织管理工作的效率大大提高。诸多成功人士的经验证明，倾听在管理工作中，有着不可忽视的作用。

日本松下电器的创始人松下幸之助先生把自己的全部经营秘诀归结为细心倾听他人的意见。在商品批量生产前，松下先生会充分倾听各方面人员的设想和意见，在此基础上确立下一步的经营目标。正是由于松下先生能充分认真听取各个层次人员的意见，所以处理问题时他才能够胸有成竹，当机立断，表现出敏锐的判断力。

惠普公司的创始人之一大卫·帕卡德就要求他的管理者首先要做到：先去聆听，再去理解。

吉恩·邓沃迪拥有一家成功的建筑公司。当有人问他最擅长什么时，他是这样回答的：“我擅长的就是倾听，我不是很有创意的人，但在这里工作的我的儿子还有几个职员都很有创意，我所擅长的是聆听他们的话。你知道有时候客户和制造商会为了一些事情起争执，而因为我可以听到他们双方所说的话，所以我经常可以找到彼此的共同点。”

这些经验告诉我们：要重视对下级的倾听！

善于“倾听”下级讲话的益处显而易见：

“倾听”下级讲话，能够获得丰富的工作思路和办法；

“倾听”下级讲话，能及时发现员工的潜力，并使其发挥作用；

“倾听”下级讲话，能提高下属的自信心和自尊心；

“倾听”下级讲话，可以激发下属的工作热情，强化其对公司的感情。

因此，你要想成为一个优秀的领导者，就要重视倾听，并且注意掌握一定的倾听下级讲话的技巧。

1）调整心态，真诚、专注地聆听

孔子说：“三人行，必有我师焉。”在现实生活中，人各有所长，所以在与下级沟通时，上级应当善于调整心态，真诚、尊重地用心倾听。大家先来看看下面的例子：

有一天，迈克正埋头于办公桌前，想完成一份重要的报告，此时下属杰克走进来询问是否能和他谈一谈。迈克说：“没问题。”然后继续写报告。

迈克写了一分钟后才发现杰克没有说话。当迈克抬起头，看到杰克坐在椅子上，耐心地等自己完成手边的工作时，便要他说明来意，但杰克说：“我等你。”迈克说：“没关系，我在听。”杰克回答：“你没有在听。”

杰克的话让迈克十分惊讶，于是他放下笔，并说：“我现在工作很忙，但是我可以一边工作一边听你说。”

可是杰克却走了出去，这令迈克很疑惑。让他更想不到的是，第二天杰克就离开了公司，并把本来要告诉他的一个非常重要的市场信息告诉了他的竞争对手。

当杰克要向他反映情况时，作为上级的迈克还继续写报告，没有拿出良好的倾听姿态面对杰克，于是公司失去了一次发展的机会，更失去了一个人才，而且很可能其他员工以后再也不会找迈克反映情况。如果迈克当时哪怕只是停下笔，正视杰克，杰克也不会就这样走人了。

实际上，在上下级沟通的过程中，下级很在意上级的态度，特别是上级的倾听态度。沟通时如果上级看着对方的眼睛，认真而专注地倾听，本身就表明了对下级的重视、理解与尊重。

作为上级，如果你在对方说话时表现得不够耐心或漫不经心，一会儿在文件堆里找找材料，一会儿打个电话问个事情，甚至突然问对方“你刚才讲的是什么”，对方就会觉得你其实并不重视和他的沟通，或者认为他的想法或意见对于你来说并不重要，这样的话，他的工作热情很有可能会受到打击。

因此，在与下级对话尤其是在听工作汇报的时候，你要尽量避免分身分心于别的事务，宜看着对方，不时地说一些肯定的话语，如“嗯”“我同意”“请继续”，鼓励对方说下去。

2）营造轻松气氛，消除下级紧张心理

一些员工，尤其是入职不久的新人，面对上级时往往易于紧张，说话躲躲闪闪，害怕言多有失，这有可能导致他所表达的信息出现偏差。因此，在与下属交谈时，应当注意营造轻松气氛，消除对方不必要的紧张心理。

在日常工作中注意适当增强你的亲和力，在对话之前不妨聊聊别的话题，听对方讲述时保持微笑，注意自己说话的态度、方式、语调和分寸感，表现出你对谈话的兴趣，激发下属表达的欲望，这些都有助于下属在轻松的气氛下客观地表达观点。

此外，有些人出于某种原因面对上级不讲真话、阿谀奉承，在这种情况下，上级宜拿出更诚恳、坦率而求实的态度，这样往往比严厉的责备更能引导对方讲真话。

3）不轻意打断，不过早下结论

在任何情境下不随意打断别人讲话都是具有良好素养的表现。在与下级对话时，上级要注意不要随意打断对方的讲话，以免下属因感受不到应有的尊重而丧失继续交谈的热情。

大家来看看下面这个反面的例子：

崔广寒是一家公司的销售员。一天，他对经理说：“经理，我有一个想法，不知道该不该说。”

经理示意他说下去。崔广寒继续说：“我觉得公司产品的外形设计有点过时了，还不够人性化，应该……”

经理觉得外形设计跟他的工作没有关系，就对他说：“小崔，你的任务就是销售产品，你应该想的是如何把产品卖出去，而不是如何设计产品！这不是你的事，明白吗？你先管好自己吧。”

崔广寒想为公司的发展提出自己的意见，但是经理用“这不是你的事”直接拒绝了他，不仅让自己失去了一个获得建议的机会，而且挫败了崔广寒的积极性。经过这么一次拒绝，估计崔广寒以后很难再提出建议了，尤其是与自己的本职工作无关的建议。这对公司而言，无疑是种损失。

此外，很多时候上级不要急于发表评论性、结论性的意见，避免干扰下级发言。既然是沟通，就应该给下级说话的机会，让下级把想说的话说出来，上级不要急于抢话，强硬地表明自己的观点，轻易地下结论。

4）听出“弦外之音”

受多方面因素的影响，有些时候下级讲话会绕圈子，并不直截了当地对上级表述实情。他可能会对上级客气、谦让，说话留有余地，或顾左右而言他。上级若不明白这一点则难以获得真实的信息。因此，与下属对话时，要注意探究出其言语中所隐藏的东西，听出“弦外之音”。

据说，人们在诠释说话者的意思时，有38%的结论来源于对说话者语调的判断。因此，作为上级，当你在听下属讲话时应特别注意其语调，因为里面很可能隐藏着他的真实意图。

在职场，需要不断培养倾听的能力。倾听不仅需要耳朵，还需要你的“心”。正如要用心去感悟、用心去思考一样，我们还要用心去聆听。

最后让我们再走进一个关于倾听的故事：

我大学毕业后在一家公司的策划部工作。在取得了一些成绩后，被破格提升为公司高级管理人员。在我成为公司高级管理人员的当天，董事长在办公室给我讲了个故事：“在一个仓库里，几个人把一块手表弄丢了，大家竭力寻找，却怎么也找不到，后来……”

我没想到是这样一个老掉牙的故事，就插言道：“后来一个小孩趁这几个人休息的时候来到仓库，趴在地下，找到了那块手表，因为他用耳朵听到手表滴滴答答的声音……”

“很好，看来你听过这个故事，但是你明白这个故事吗？”

“当然明白，就是要我们学会倾听，倾听可以让人发现许多意想不到的事情！”

“没错，但是你在听我说吗？孩子，自信是商人成功的标志，但自信和自负是不同的。你现在是公司的高级管理人员，如果你不去倾听来自员工的话，你将和市场脱节，懂吗？”

从此，这个故事一直跟随着我，我要求自己具备自信的同时，更要具备亲和力。

这位高管是幸运的，因为他遇到了一位睿智的领路人，由此真正懂得了倾听的意义，这大大有利于他的职业生涯的发展。

同学们，你从中有所感悟吗？你愿意倾听吗？

The Art of Listening 倾听的艺术

※ 掌握和运用倾听的技巧，是求职面试、适应职场与职业生涯发展的必备技能，既可以帮助我们更顺利地开展工作，也能够帮助我们建立良好的职场人际关系，助力职业发展。

※ 在求职面试的时候，克服紧张心理，专注、耐心地倾听，做出适度回应，认真思考并理解面试官的问题，既是对面试官的尊重，也能让自己更好地理解和应对面试官的提问。

※ 步入职场后，在听上级说话时应做到沉着、专注、礼貌、用心领会上级意图，理解上级观点。

※ 在听同事说话时，不要抱有成见，应当带着同理心去倾听，这样才能建立良好的人际关系。

※ 在听下级说话时，要真诚、专注，才能做出合理判断，同时也能让你成为一个受人尊敬的上级。

六、提高倾听能力的基本途径

倾听能力是可以通过后天努力培养出来的。我们可以根据自己的特点和基础来确定练习的方法，掌握一些训练的技巧。

（一）通过阅读及实践，提高倾听能力

在生活中，我们发现，没有一定的知识积累和丰富的阅历，与人交流的时候，可能听不懂他人说话的内容，很难分辨出对方说话的意图，更不用说听出言外之意了。

所以我们想有效提高倾听能力，一方面要加强阅读，通过阅读丰富自己的知识，为“听”做好知识上的储备；另一方面，在生活中加强“听”的实践，利用课堂学习、校园讲座、校内外实践等活动，实践前面学习到的倾听技巧，把这些技巧都转变为自己的倾听能力。

（二）通过练就良好的心理素质，提高倾听能力

倾听是一种综合能力，不仅需要用耳、用眼，还要用脑、用心，在生活中我们可以通过加强“五心”的训练，练就良好的心理素质，从而提高倾听的能力。

（1）用心。无论是对待学习还是对待生活，同学们都要用心。养成了用心学习和用心生活的好品质，倾听能力自然能够随之提高。在与人交流的时候要做到注意力集中，用心以对，紧随对方的思路把握要点，实现有效倾听。

（2）耐心。在日常生活中，耐心是做好一切事情的基础。缺乏耐心，毛毛躁躁，学习和生活通常都不会顺利。没有耐心的人，也不可能在“听”的时候做到洗耳恭听。所以，在日常学习和生活中，同学们应尽力排除各种干扰，提高冷静处事的能力，培养自己的耐心。

（3）虚心。在听别人说话时，应该抱着虚心的态度，这样才能学到知识、沟通思想、联络感情、增进友谊。在学习和生活中，要经常反思自己的不足，主动向他人学习，培养虚心的品质，在“听”的时候才能做到虚心倾听。

（4）诚心。如果与人交流时只是装出一副倾听的样子，而实际上却心不在焉，当然不可能收到良好的沟通效果。而一个有诚心的人，对人真诚友善，做事认真积极，“听”的时候必然也能遵循真诚的原则，从而取得良好的沟通效果。

（5）细心。在倾听过程中，只有心细如发、见微知著，才能敏锐地感知对方的思想轨迹，才能迅速抓住问题的端倪。所以，要学会细心观察、细心做事，养成细心的好习惯，才能细心地“听”。

（三）通过思维能力训练，提高倾听能力

在生活中，我们还可以通过一些专项训练提高倾听能力。下面给大家介绍几种训练方法：

（1）记忆力训练。记忆力训练就是用文字或各种符号把听到的话语迅速记下来的能力训练。比如在上课时，我们可以准备好纸笔，保持注意力高度集中，养成边听老师讲课边做笔记的良好习惯；也可以运用一些速记的方法来记录要点。

（2）辨别力训练。辨别力训练就是边听边对所知信息进行准确辨析的能力训练。在听话过程中，边听边对话语内容的各个方面进行比较、分析，才能从总体上去把握材料，做出准确的判断。其实日常听课、观看电影、听讲座或报告等时，都可以进行辨别力训练。

（3）概括力训练。概括力训练就是指在听话过程中，迅速、准确、全面地归纳出对方话语要点的技能训练。比如观看讲座视频时，将所听内容的主旨快速地提炼出来，然后通过综合判断，评价自己的概括力。

（4）理解力训练。理解力训练就是指准确理解所听话语，辨析其内在含义的能力训练。特别是对言外之意，更是需要有较强的理解力。

我们也可以将上述方法综合在一起，加大训练强度，提高理解话语的速度和组合信息的能力，培养良好的“听”话习惯，提升倾听能力。

※ 听解话语是个复杂的理解辨析过程，“听者”必须调动多方面的能力对话语信息做综合处理，因此，提高倾听能力需要多阅读、多体验，同时有针对性地进行思维能力的训练。

※ “倾听”并非简单的“用耳听音”，它是一门需要“听者”调动全部心力感受对方话语中的丰富信息的艺术，所以训练倾听能力必须善于练“心”，即要加强“五心”训练：用心、耐心、虚心、诚心、细心。

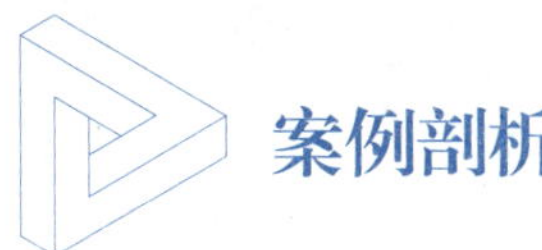

案例剖析

“听”无处不在。在生活和工作中有非常多的关于“听”的实例，可以帮助我们获得经验、吸取教训。我们一起走进下面的案例，看看能够得到什么启示。

案例一

李明应聘某汽车厂的新车测试员岗位，在面试前他早早地准备好了个人陈述，简历的内容也简直无可挑剔：专业的教育背景，丰富的实践经验，还有半年在大城市4S店顶岗实习的经历。

可是面试官并没有像往常一样让他先做一般性的个人陈述，而是开门见山地说：“能不能介绍一下你在4S店顶岗实习的经历？”

无法从容、冷静、专心地听面试官讲话，答非所问。

李明满脑子都是刚才反复背了几遍的个人陈述，并没有听清楚面试官的话，听到“经历”二字，他马上开始做个人陈述。

过了几十秒，面试官打断他：“你刚才说的这些在你的简历里都有，我现在最想知道你在4S店顶岗实习期间的情况。”

面试中的紧张心理会影响倾听的效果。

李明马上紧张起来，支支吾吾了好久才从稿子里脱离出来，找到了几个要点来回答。

接下来面试官拿出一个案例让李明分析，他一看，这不就是网上看到的“面试经”里的题吗？李明赶紧抢着回答，想好好表现一番，打个翻身仗。

没能耐心地倾听，无法准确把握面试官的问题的要点，以致错误地反馈。

可是，直到面试官打断他，李明才明白为什么在他回答的时候对面的面试官一直在摇头——同样的一个案例，这次面试官让他切入的角度却和“面试经”里的不同——而急于表现的李明压根就没把面试官的这点要求听到心上。磕磕碰碰地十几分钟过去了，尽管李明专业水平较高，但面试官却认为他的沟通协作能力尚有欠缺，最终没让李明进入下一轮面试。

资料来源：《人际交往与沟通》，熊文华主编，苏州大学出版社

【总结】

倾听的技巧在面试中发挥着至关重要的作用。倾听可以帮助应聘者准确把握面试官的意图和话语含意，从而合理、恰当地应答。这就要求应聘者克服紧张心理，专注、耐心地倾听，并对面试官的陈述予以适当的回应。不能耐心、全面完整地听取对方所言，往往导致会错意，造成答非所问、面试失败的结局。

在这个案例中，李明在面试的前期准备中，忽略了对有效“倾听”的准备，导致他没能灵活地回答面试官的问题，而是根据事先了解的用人单位“标准化”的面试流程采取了“公式化”的应对，即没能集中心力倾听面试官的提问，而是机械地把事先准备好的答案“背”

出来。面试官在有限的时间里提问两次都没得到他想要的东西，就只能把这个应聘者放弃了。这就是李明面试失败的原因。

希望同学们吸取李明的教训，锻炼和提高倾听能力，助力面试成功。

案例二

美国柯达公司要为其所捐建的音乐厅大剧院采购大量的座椅，消息一传出，各大制造商纷至沓来，想要签订单，而公司总裁伊斯曼以高标准和严要求著称，一般商人都被拒绝了。

一天，一个名不见经传的公司经理亚当森上门求见，一番寒暄后，亚当森诚恳地对伊斯曼说："总裁先生，尽管像我们这样的小公司是无法和柯达公司谈生意的，可我还是请您给我一个机会，我想当面聆听您对座椅的设计建议。"伊斯曼很欣赏这位年轻人的坦诚和勇气，兴致勃勃地讲了一大堆有新意、有参考价值的建议和意见。亚当森聚精会神地倾听，不时地轻轻点头。

真诚敲开了沟通的大门。

专注地听，点头回应。

"总裁先生，我认为您的建议是符合时代精神的创新设计理念，这正是我梦寐以求的，没有什么比我得到您的当面教诲更宝贵的了。"亚当森流露出无限满足的神情，"顺便说一句，我曾长期从事室内装修，可我从没有见到有如您的办公室那样精致的。"伊斯曼哈哈大笑，得意地说："这间办公室是我亲自设计的，我太喜欢了。你看，墙上的橡木板是专程去英国订的货。"

亚当森说："我注意到了这一点。意大利橡木的质地确实不如它。"伊斯曼高兴地站起来，竟撇下亟待处理的公务，带着亚当森仔细参观起他的办公室来。结果，他们从上午谈到中午，从柯达公司捐巨资建造音乐厅到宏大的投资计划，从伊斯曼爱好手工劳动到坎坷的人生道路，亚当森都全神贯注地倾听，不时用真诚的话语由衷地表示敬意。容光焕发的柯达公司总裁伊斯曼，邀请年轻的亚当森共进午餐，谈话始终在轻松和谐的气氛下进行。两人虽然是初次见面，却是"相见恨晚"。不多几日，亚当森得到了柯达公司的大订单，而且和伊斯曼结下了终身友谊。

"听"后做简单的评价和总结。

专注倾听，赢得了合作。

资料来源：《人际交往与沟通》，熊文华主编，苏州大学出版社

【总结】

在这个案例里，让亚当森赢得合作的因素是多方面的，但是从"听"的角度来分析，我们看到，正是"真诚"和"专注"的倾听素养和出色的倾听艺术，让他拿到了想要的订单。

真诚和专注是倾听的两个基本原则。在与客户公司总裁伊斯曼的交流沟通中，亚当森"聚精会神地倾听"体现了他对说话者的尊重，对谈话内容的专注和兴趣；"不时地轻轻点头"是对说话者的积极的非语言反馈；伊斯曼讲话结束后对其说话内容的评价和总结，是对说话者的积极的语言反馈。适当、积极的语言和非语言的反馈体现了出色的倾听艺术。所以，善于倾听的亚当森能赢得合作就不足为奇了。

案例三

场景一

妻子：累死我了，一下午谈了三批客户，最后那个女的，挑三拣四，不懂装懂，烦死人了。

丈夫：别理她，跟那种人生气不值得。

妻子：那哪儿行啊！顾客是上帝，是我的衣食父母！

丈夫：那就换个活儿干呗，干吗非得卖房子呀？

妻子：你说得倒容易，现在找份工作多难啊！甭管怎么样，每个月我还能拿回家三千块钱。你的活儿，是轻松，可是每个月那几百块钱够谁花呀？眼看涛涛就要上大学了，每年的学费就万把元吧？！

丈夫：嘿，你这个人怎么不识好歹？人家想帮帮你，怎么冲我来啦？

妻子：帮我？你要是有本事，像隔壁小萍的丈夫那样，每月挣个四五千，就真的帮我了。

丈夫：看着别人好，和他过去！不就是那几个臭钱吗？有什么了不起？！

丈夫未能设身处地地体会妻子话语中透出的疲惫与委屈，因此他的回应激怒了妻子。

丈夫不会听，所以也不会说，导致了沟通无效。

场景二

妻子：累死我了，一下午谈了三批客户，最后那个女的，挑三拣四，不懂装懂，烦死人了。

丈夫：大热天的，再遇上个不懂事的顾客是够呛。快坐下喝口水吧。（把她平日爱喝的冰镇酸梅汤递过去）

妻子：唉，挣这么几个钱不容易，为了涛涛今年上大学，我还得咬牙干下去。

丈夫：是啊，你真是不容易，这些年，家里主要靠你挣钱撑着。

妻子：话不能这么说，涛涛的功课、人品，没有你下力，哪儿能有今天的模样？唉，我们都不容易。

丈夫认真倾听，善于换位思考，理解妻子是在宣泄心里的烦恼，所以回应时表达了对妻子的理解与感激。

【总结】

从上面的两个场景中，你一定能分辨出哪一个场景中的丈夫善于倾听，哪一个场景中的夫妻善于沟通吧？

在知识讲解中我们谈到了英国作家赫兹里特的一句话："谈话的艺术是听和被听的艺术。"这就是说在谈话中要做到有效沟通，最重要的就是"会听"。"会听"才能"被听"，才能"会说"。在与人交谈时，首先要专注地听；其次要确解话语的真意，这样才能完全理解说话者的观点、态度、情绪和感情等；最后还要带着同理心去倾听。在交谈的时候，要认真听对方讲话，发自内心地去体会对方的感受，换位思考，设身处地地理解对方，感受或者体验对方的情感，并站在对方的角度思考和处理问题。

在场景一中，丈夫只是听到了妻子的抱怨，但是没有带着同理心倾听，所以他没能完全理解妻子的心理、情绪和感情，因而其回应让妻子很反感，导致双方在对话中动怒，“不会听”导致了“不会说”。

而在场景二中，丈夫不仅专注地听着妻子的抱怨，还运用了“换位思考”的方式专心地听，用“心”理解妻子的情绪，“会听”让他“会说”，从而与妻子进行了有效的沟通。

案例四

观看演讲视频，认真倾听，把握演讲的思路，准确理解和感受演讲者的观点（附演讲文稿）。

那些口口声声“一代不如一代”的人，应该看看你们，像我一样；我看着你们，满怀羡慕。

认真倾听，抓住开头关键句的意思：否定了长久以来“一代不如一代”的说法，即可大致把握演讲者的观点。

人类积攒了几千年的财富，所有的知识、见识、智慧和艺术，像是专门为你们准备的礼物。科技繁荣，文化繁茂，城市繁华，现代文明的成果被层层打开，可以尽情地享用。自由学习一门语言、学习一门手艺、欣赏一部电影、去遥远的地方旅行。很多人从小就在自由探索自己的兴趣；很多人在童年就进入了不惑之年：不惑于自己喜欢什么、不喜欢什么。

人与人之间的壁垒被打破，你们只凭相同的爱好，就能结交千万个值得干杯的朋友。你们拥有了我们曾经梦寐以求的权利——选择的权利。

认真倾听，抓住关键词“满怀羡慕”“满怀敬意”“满怀感激”，即可理解演讲者表达了对青年一代的肯定和赞美。

你所热爱的，就是你的生活。你们有幸，遇见这样的时代；但是时代更有幸，遇见这样的你们。我看着你们，满怀敬意。

向你们的专业态度致敬，你们正在把传统的变成现代的，把经典的变成流行的，把学术的变成大众的，把民族的变成世界的，你们把自己的热爱变成了一个和成千上万的人分享快乐的事业。

向你们的自信致敬，弱小的人才习惯嘲讽与否定，内心强大的人从不吝啬赞美与鼓励。

向你们的大气致敬，小人同而不和，君子美美与共、和而不同，更年轻的身体，容得下更多元的文化、审美和价值观。

有一天我终于发现，不只是我们在教你们如何生活，你们也在启发我们，怎样去更好地生活！那些抱怨“一代不如一代”的人，应该看看你们，就像我一样。

我看着你们，满怀感激。因为你们，这个世界会更喜欢中国，因为一个国家最好看的风景，就是这个国家的年轻人！因为你们，这个世上的小说、音乐、电影所表现的青春就不再是忧伤、迷茫，而是善良、勇敢、无私、无所畏惧；是心里有火，眼里有光！

最后一句也是关键句，听到此处可从演讲者提高的音量、坚定的表情理解到这是在激励青年一代奋勇前进。

不用活成我们想象中的样子，我们这一代人的想象力不足以想象你们的未来！如果你们依然需要我们的祝福，那么——

奔涌吧，后浪！我们在同一条奔涌的河流！

（资料来源：www.bilibili.com）

【总结】

在倾听演讲时，我们要理解和把握演讲者所要表达的主题，要做到专注，即用耳认真听，抓住演讲中的关键词句，结合演讲的时代背景、演讲者的身份等因素用脑思考分析，注意用眼观察演讲者的表情和语气，只有这样才能把握演讲者的思路，理解演讲所表达的思想感情。

这是2020年五四青年节哔哩哔哩网站发布的“献给新一代的演讲”——《后浪》，它在社会上引起很大的反响。在这个演讲中，著名演员何冰与青年们对话，表达了对青年一代的肯定、赞美和鼓励，激励青年一代“奔涌吧，后浪！我们在同一条奔涌的河流”，为祖国的发展和社会的进步共同努力。

这个演讲不长，我们在“听”的时候先要抓住开头关键句并理解其意：否定了长久以来“一代不如一代”的说法，由此可大致把握演讲者的观点，他对青年一代是一种肯定的态度。

接下来抓住关键词“满怀羡慕”“满怀敬意”“满怀感激”，即可理解演讲者表达了对青年一代的肯定和赞美。结合社会中对青年一代“颓废”“丧”“懒”的评价，即可理解这是对在“批评教育”中长大的中国青年澎湃有力、明确直白的肯定。在听演讲的时候还要用眼观察，看到演讲者在整个演讲的过程中充满真诚的表情，可帮助我们换位思考，理解演讲者的良苦用心。

结合语境把握演讲者的思路后，我们就能理解，这个演讲就是希望在五四青年节给青年人传递正能量，正如网站策划人所说：“我们想传递的是一种面对未来开放、积极、正面的力量，让公众重新认知大多数年轻人，同时也唤醒公众的共鸣。在信息碎片化的时代，我们容易被一些刺耳的声音所吸引，因为一些现象去否定整个人群，忘记去关注和赞许大多数相对沉默和正面的人。通过赞许和鼓励，会把年轻人正向、积极的心态激发出来。”

实境演练

掌握知识，学习技巧，对于提高倾听能力是必要的。而想要有效提高倾听的能力，我们还需要在生活中加强练习。请同学们完成以下任务：

任务一

【目标】 运用倾听技巧，理解话语内容。

【任务】 用心聆听有关礼仪的讲座的音频材料，概括讲座的主旨，说明讲座的基本内容。

【提示】 认真倾听，把握话语的主题和思路，可适当地速记关键词。

【实训】 聆听《金正昆谈礼仪》，听完立即简练概括出此段讲座的主旨，并具体说明讲座的基本内容。

附：录音文本

金正昆谈礼仪

有一次到一个朋友单位去，朋友是我中学同学，现在是一家大公司的董事长。那同学见了我很亲切，二十多年不见，非要请我吃饭。说实话，我一般不太爱吃别人的请，肠胃不太好，但是那个同学请，我很高兴。中国人最重要的人际关系之一是同学关系，吃吧，不客气。

董事长、总经理、办公室主任三个人陪着我去吃，进了一家高档渔村，也没问我就把我拉去了。跟我讲："金教授，跟你不客气，知道你时间比较紧，咱们来了就吃。"菜已经点了，那桌菜很丰盛，说实话，价钱得上千。我这个人还是善于沟通的，我就跟他讲，我说："董事长，你太客气了，这菜饭得好几千，谢谢！"他也很实在："金教授，跟你不客气，咱们不是政府，也不是别的部门，不存在大吃大喝的问题。吃这顿饭用的是我自己的钱，我愿意。再跟你说实话吧，这个渔村是我大舅哥的产业，在这里要吃什么，咱们都可以吃。四条腿的，除了桌子不敢吃，咱们都敢吃。"

我说："董事长，一方面要感谢你，另一方面你是我的同学，咱们一块儿长大的。"我说："我也跟你不客气了。古人讲，来而不往非礼也。你这么隆重接待我，我吃了你几千块钱的东西，不给你点回报对不起你。我跟你老兄提个建议，你不太会请客。"我问他："你说你请谁啊？"他说："金教授，我当然请你啊！"我说："你既然是请我，为什么不问我：金教授，您不吃什么，您想吃什么；您想吃海鲜，还是想吃农家菜；即便是吃海鲜，到海边吃，到农家小院吃，到渔村吃，到渔船上吃，还是到五星酒店吃，你问一下。交往以对方为中心。结果你问都不问，就把我拉这儿来了，说好听点你这是敷衍了事；说难听点，你这是打发叫花子呢。"

我这话一说，他脸上挂不住了。但是他很聪明，他不跟我碰撞，他恶狠狠地瞪着办公室主任。他转嫁矛盾，说明是那家伙干的。办公室主任当时也委曲求全，没吭气。过了一会儿，董事长、总经理出去打电话，这时办公室主任就悄悄地跟我说："金教授，这桌菜都是好吃的。"我说："我再说句实话吧，可能都是你爱吃的。"你又不是我老婆，你怎么知道我爱不爱吃？他没那个"交往以对方为中心"的意识。

资料来源：《大学语文》，熊文华主编，语文出版社

【评估】 主要从是否专注地“听”、是否听懂了材料的内容、是否把握了说话者的思路和观点等方面进行评估。

任务二

【目标】 听出言外之意。

【任务】 在听“话”过程中理解话语的表面意思和言外之意。

【提示】 联系说话的场景、说话人的语调、人物的性格特点和日常生活经验来理解话语含义。

【实训】（1）在恋爱时当你向对方表白后，对方做出以下回答，他（她）的言外之意是什么？

A. 我想我真的不适合你。

B. 我暂时不想交男（女）朋友。

C. 其实你人真的很好。

（2）这里宝玉又说：“不必烫暖了，我只爱喝冷的。”薛姨妈道：“这可使不得，吃了冷酒，写字手打颤儿。”宝钗笑道：“宝兄弟，亏你每日在家杂学旁收的，难道就不知道酒性最热，要热吃下去，发散得就快；要冷吃下去，便凝结在内，拿五脏去暖它，岂不受害？从此还不改了呢。快别吃那冷的了。”宝玉听这话有理，便放下冷的，令人烫来。

黛玉嗑着瓜子儿，只管抿着嘴笑。可巧黛玉的丫鬟雪雁走过来给黛玉送小手炉儿，黛玉因含笑问她说：“谁叫你送来的？难为她费心。那里就冷死我了呢！”雪雁道：“紫鹃姐姐怕姑娘冷，叫我送来的。”黛玉接了，抱在怀中，笑道：“也亏了你倒听她的话！我平日跟你说的，全当耳旁风。怎么她说了你就依，比圣旨还快呢！”（选自曹雪芹《红楼梦》）请问，林黛玉的言外之意是什么？

（3）一位作曲家带着自己创作的曲子向一位著名的音乐大师讨教。在听演奏的过程中，这位大师不断地脱帽。演奏完毕，作曲家连忙问道：“大师，是不是屋里太热？”大师说：“不热。我有碰到熟人就脱帽的习惯。在阁下的曲子中我碰到那么多的熟人，不得不连连脱帽。”

这位大师答话的言外之意是什么？

【评估】 主要从是否能根据语境听出言外之意进行评估。

任务三

【目标】 学会主动倾听，做到有效倾听。

【任务】 在班级里组织一次谈心活动，全班同学都参加。

【提示】（1）谈心时每位同学都须畅所欲言。

（2）有人发言时，其他同学都要实践倾听的技巧，真正做一个优秀的倾听者。

【实训】（1）先按每组 4 ～ 6 人分好小组，谈心在组内进行。

（2）谈心结束后，每个小组推荐同学上台做总结发言，内容可涉及小组成员的表现、感受、收获等。

【评估】 主要从“听”的时候是否专注、是否能理解并记住对方的观点、能否运用语言和非语言适度回应等方面进行评估。

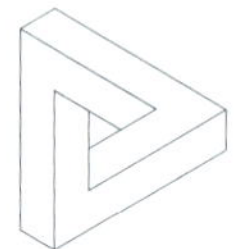

素质拓展

请在班级组织策划一场模拟人才招聘会，让每位同学在招聘会中尝试扮演不同角色，在角色扮演中体验职场需求、锻炼倾听能力。

策划阶段注意查找、收集、参看真实的企事业单位的人才招聘资料，模拟设计工作岗位，并根据岗位能力需求恰当设计招聘面试的考核问题，努力呈现真实的求职面试场景，让同学们能够在面试、求职情境中提高倾听能力。

请每位同学积极参加活动，交替尝试扮演不同的角色。

作为企事业单位负责招聘工作人员，为了能够招到合适人才，你需要：

明确招聘岗位需求，据此向求职者清晰提出相关问题；

注意倾听求职者对问题的回答，适时做出必要的言语反馈，以便迅速、准确地判断对方是否合乎岗位需求。

作为初入社会求职的大学生，为了能够在招聘会上获得成功，你需要：

提前了解招聘单位的基本背景、了解工作岗位的性质特点及能力需求，明确个人求职意向；

调整好心境，注意倾听招聘人员所提问题，迅速把握对方话语要点，准确判断其深层意图，及时做出恰当回答，呈现个人实力，力争走上心仪岗位。

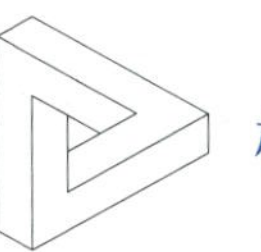

模块要点

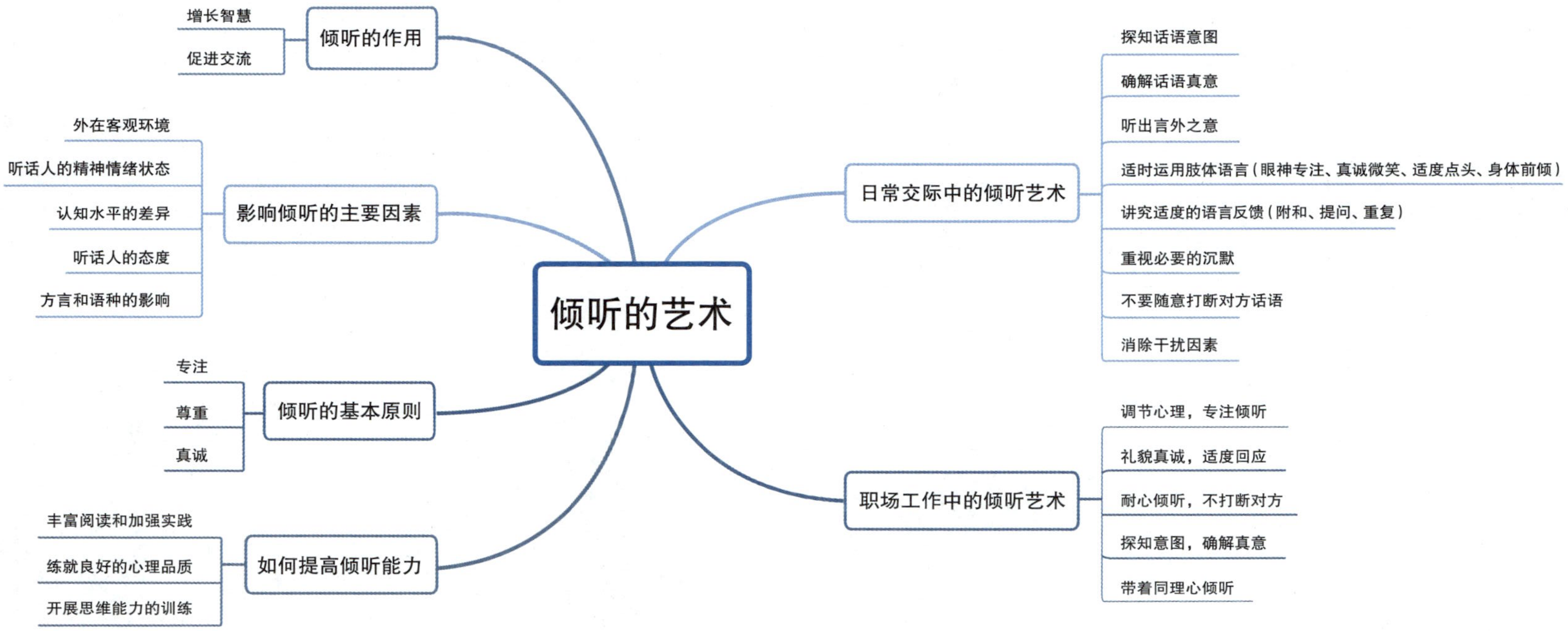

- **倾听的艺术**
  - 倾听的作用
    - 增长智慧
    - 促进交流
  - 影响倾听的主要因素
    - 外在客观环境
    - 听话人的精神情绪状态
    - 认知水平的差异
    - 听话人的态度
    - 方言和语种的影响
  - 倾听的基本原则
    - 专注
    - 尊重
    - 真诚
  - 如何提高倾听能力
    - 丰富阅读和加强实践
    - 练就良好的心理品质
    - 开展思维能力的训练
  - 日常交际中的倾听艺术
    - 探知话语意图
    - 确解话语真意
    - 听出言外之意
    - 适时运用肢体语言（眼神专注、真诚微笑、适度点头、身体前倾）
    - 讲究适度的语言反馈（附和、提问、重复）
    - 重视必要的沉默
    - 不要随意打断对方话语
    - 消除干扰因素
  - 职场工作中的倾听艺术
    - 调节心理，专注倾听
    - 礼貌真诚，适度回应
    - 耐心倾听，不打断对方
    - 探知意图，确解真意
    - 带着同理心倾听

模块二

说话的艺术

The Art of Speaking

在现实生活、工作中，“说话”的重要性不言而喻。

下面我们一起来看一个职场小故事：

小王加班到6点，下班的时候在电梯里遇见总经理。总经理看了一眼小王，没有说话。

小王马上说道：“总经理，晚上好！您要去一楼还是地下车库？”

“地下车库。”总经理说道，脸上看不出喜怒。

“总经理，您也是开车吗？我中午看新闻，东直桥那边修路，过不去。”小王说道。

“噢，没影响，我不走东直桥，我走环外道路。”总经理笑着说。

“总经理住在北边呀？”

“嗯，住在河堤那一带。”总经理随口回答，这会儿他才正眼打量小王，“加班到现在？”

“对，我是推广部门的小王，最近部门里有几个业务在进行，所以我留下来处理。”小王连忙报上了自己的名字和部门。

在这则职场小故事中，我们可以清楚地看到总经理与公司普通职员小王之间的交流有一个逐渐变化的过程：总经理对小王从完全不认识到有一定了解，从态度较为淡漠到渐渐有了一定热情——其间有什么奥妙？关键就在于小王会“说话”！在特定环境中小王与总经理一番得体的对话，为自己赢得了总经理的好感与关注，这应当会对他今后的发展有一个较好的影响。

你是否想如小王一样会“说话”呢？现在，让我们一起来打开说话的艺术之门，了解和学习说话的艺术吧！

学习目标

知识目标：了解说话的重要性及基本原则，掌握生活、工作中常用的说话方法和技巧。

能力目标：在人际交往过程中，能够根据特定场合的需要灵活运用说话技巧进行言语表达，实现高效沟通。

素养目标：养成良好的说话习惯，提高言语表达综合素养。

知识点拨

一、“说话”是什么

“说话”是什么？一般说来，说话就是在各种场合中，人们运用有声语言表达自我思想、传递内在感情的活动过程。我们在现实生活中处处离不开与人交流，家居日常需要交流，在外社交也需要交流，职场活动更是少不了交流的助力，而与人交流则必须“说话”。“说话”让我们就拥有了一种特殊的方式、一个重要的途径，把自己的思想、情感、立场、对事物的认识判断等自内而外地传送出来，传递给他人，传递给外在世界，于是与他人、与广大的生活环境乃至整个世界更为紧密地联系在一起。

不少人有这样的认识：说话不过平常事，没什么奥妙可言。假如听到这样的问题：“你会说话吗？”一定有人会觉得很可笑：我们从一岁开始就会说话了，只要没有生理缺陷，谁不会说话呢？是的，只要没有生理缺陷，能发出有意义的音节，并将此组成有意义的句子，从这个意义上来说，我们都会说话。

可是，仅仅能发出有意义的音节，真的就是会说话了吗？回答当然是否定的。

能发出有意义的音节只能叫作“能说话”，还达不到“会说话”的要求。我们知道，人与人的交流是一个复杂的过程，需要传递和交流信息、建立感情，能发出有意义的音节只是我们与人交流的语言基础，而人际沟通要求我们能够艺术地表达观点和交流思想，所以从这个角度来说，“能说话”还不等于“会说话”。

那么，怎样叫作“会说话”？简单地说，“会说话”就是能够针对不同的事物、在不同场合、面对不同对象去灵活、恰当地进行口语表达。由此可见，“会说话”实际上是一种智慧、一门艺术，它丰富多采、充满奥妙，是本模块所谓“说话”的真意之所在。我们进行口语表达不要仅仅满足于简单意义上的“发声”，还需要不断学习，掌握一定的方法技巧，让自己真正做到能言善说。

为什么要强调“能言善说”？在人际交往中，我们会觉得“以貌取人”有所不公，殊不知在现实生活中很多时候人们甚至还会“以言取人”。朱自清说过一句话：“人生不外言动，除了动就只有言，所谓人情世故，一半儿是在说话里。”此外，大家对这些话也都耳熟能详：“良言一句三冬暖，恶语伤人六月寒”“剑伤肉，话伤心”。这都说明说话对于人际关系极为重要。口齿笨拙、沟通困难或者动辄出口伤人的人难以获得他人的认可、帮助，更不可能与他人良好合作。话说得好、说得巧能够让我们做好事、增魅力，反之则可能坏事情、损形象，这种事例在现实中、历史上比比皆是。

由此可见，锻炼和提高说话能力是维护良好的人际交往、实现职业发展的必需能力，我们不但要“能说话”，而且要“会说话”。当然，在锻炼说话能力的过程中，我们应当了解有多方面因素影响着说话的品质，比如：

从内容上看，说话内容的丰富或单薄、充实或空洞、完整或残缺，都可以影响说话的质量。内容充实、细节丰富具体的话语表达往往更具有吸引力，更能激起对方与你交流的欲望。如果你的知识储备丰富，又善于对已有的知识进行加工和合理运用，在交谈时利用这些优势，以与主题相关的个人经历、兴趣等来丰富话题，往往更具有吸引人的魅力。反之，内容贫乏单薄的交谈空洞无物，令人感到索然无味。

从形式上看，发音的特点（如语速、语调、节奏等）、表达技巧以及表达逻辑等因素都可以影响到说话的效果，技巧得当、思路清晰、层次分明、逻辑严谨，就会令人听得清晰明白，甚至愉悦舒畅。

由此可见，要练就优秀的说话能力，必须从多方面着手进行积极锻炼。

总而言之，我们应当认识到看似普通的“说话”其实并不简单，正如前面所说。它是一门充满智慧的艺术。掌握这门艺术可以让我们在日常生活中如鱼得水，在社会交际中融洽和谐，在职场工作中游刃有余，它值得我们从多方面付出努力、好好修炼。

二、说话的基本原则

我们都知道作为语言输出的“说”在与人交流中占此约为1/3，是“读”和“写”总和的1.5倍。良好的说话艺术可以令人身心愉悦，有效地促进交流沟通，达成交际目的，这足以看出“说”在现实生活中的重要地位。

不管是在日常生活当中，还是在职场工作当中，把话说好都是一个基本的要求，否则我们的生活会受到影响，我们的职业发展也可能受阻。说话是人与人之间交流感情、互通有无的重要途径，话说得好，事情有可能成，反之则有可能败。讲究一定的原则是把话说好的前提，所以请大家在实际交往中说话要注意遵守如下基本原则。

（一）胆大自信

要想把话说好，首先需要有内在自信，这种自信是愿意开口、敢于开口的必要条件。当你自信阳光，自然会产生与人交流的热情，这份热情将带你走向他人、走进群体，让你拥有更为丰富的阅历和广阔的生活空间；有了自信，你才能够在与他人的共处之中大胆开口表达自我，于是才可能在和谐融洽的氛围中互通信息、沟通情感。如果一个人总是不太愿意甚至不敢与他人交往，或者交往圈子太小，只能在熟人那里有所表达，而面对陌生人就心生胆怯，一旦开口则支支吾吾、词不达意，言语不流畅，长此以往，当然是做不到"会说话"的。

胆大自信在当众发言的场合显得尤为重要。这里所说的"当众发言"，是指在正式场合走到众人面前就特定问题认真表达自己的认识、见解、态度、主张。实际上，生活中很多时候需要你当众发言，比如在学校时上课登台表达自己的见解、作为学生干部开会进行宣传号召，在工作单位中开会介绍自己的技术改造方案或工作经验、就某个项目进行工作动员或总结，在社会交往的迎来送往时致欢迎词、欢送词等。在这些时候，如果没有足够的自信与胆量，很难顺利开口，而此时不能顺畅表达所带来的负面影响是显而易见的。

（二）态度诚恳

与人进行言语交流时要讲究诚恳。也就是说，跟人说话，要心有诚意，常怀同理之心，相互尊重，平等相待，这样你的话语才能真正进入对方心中，对方才能报以真诚热情，由此实现顺畅的沟通、建立良好的关系。北宋理学家程颐的名言"以诚感人者，人亦诚而应"说的就是这个道理。如果内心缺乏足够的真诚，那么即便言词很美，也可能令人反感甚至心寒，如此一来，交流肯定受阻，建立良好关系当然无从谈起。

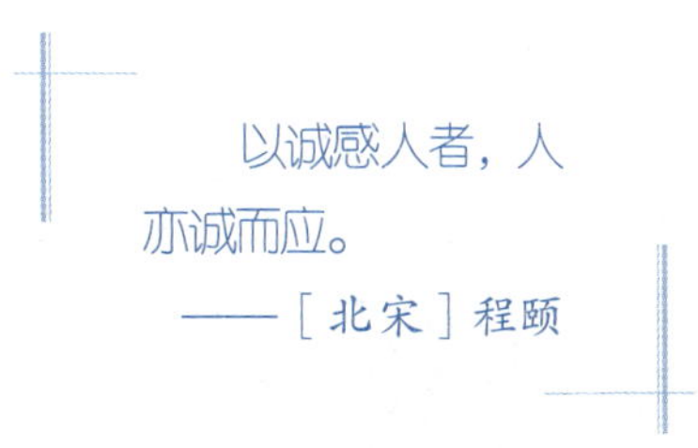

言为心声，内在情意影响着外在言语，不同的言语会带给人不同的感受。我们不妨对比一下如下两位领导对下属的问话：

老王交代下属工作时，总是不大放心地问一句："你听懂了吗？"

老李交代工作的口头禅是："我说明白了吗？"

员工对老王是敬畏，对老李更多的是敬佩。

"你听懂了吗？""我说明白了吗？"乍一听意思差不多，但细品其中的味道，却大不相同。两种说法的主要差别在于：前者言外之意是"我说明白了，没听懂就是你的问题"，给人以居高临下、把责任推给下属之感；后者则暗含"没说明白是我的原因，不能怪你"之意，体现出问话者的谦虚和对下属的体恤，把责任揽到自己身上。所以，下属对老王是敬畏，对老李是敬佩。

由此可见，说话态度诚恳是建立良好人际关系的前提。

（三）姿态正确

与人说话，要摆正自己的姿态，认清自己在交流过程中的地位和角色，重视角色原则在交际中的重要作用。在生活中，我们都有自己的社会身份，在不同的交际场合扮演不同的社会角色。一个人在单位是领导，在父母面前是孩子，在孩子面前是父（母）亲。人们在与不同身份的人说话时，自然地有一种角色期待心理，因此我们在交际时应当遵守角色原则，谨记自己的身份，根据语境变化及时转换角色，选用相应的言语进行恰当的表达，避免造成角色错位，说出不恰当的话来。

请看英国女王伊丽莎白与丈夫菲利普亲王的一段对话：

有一天伊丽莎白忙到很晚才回家，她进屋后，发现卧室的门是反锁着的，于是她就敲门，门里面的丈夫就问："你是谁？"

伊丽莎白回答说："我是女王！"可是等了一会儿，发现屋里没动静。

于是她又敲了敲门，丈夫又问："你是谁？"

伊丽莎白回答说："我是伊丽莎白！"她想现在丈夫能开门了吧，可是等了一会儿，丈夫还是没有开门。

伊丽莎白敲了敲门，丈夫仍是刚才的那个问题："你是谁？"

伊丽莎白沉默了一下回答道："我是您的妻子！"丈夫听到她的回答马上打开了房门。

面对丈夫的三次问话，伊丽莎白以不同身份回答，唯有最后一次才得到丈夫的认可。因为在外她是女王，而在家里她只是菲利普亲王的妻子，所以此时此刻只有以"妻子"的身份说话才可能得到对方的认可。

（四）话题投合

与人交谈，所选的话题应当能够引起对方的兴趣，这样才能谈得起来，甚至可能产生共鸣。不管与谁交流，话题要对得上，要不然人家说地球你说火星，你说高兴的事，人家说伤心事，话题永远对不上。所以跟人说话要注意话题的投合。

要做到这点，交谈时就要善于察言观色，判断对方的个性特征、兴趣爱好、言语风格等，同时还要注意特定的交流语境，这样才能帮助你找到合适的话题、恰当的交谈角度。比如跟公务员谈社会新闻，跟大学生谈就业形势、职业选择，选取适合谈话对象的话题，就会使交谈变得顺畅。

（五）大方得体

在交往过程中，人人都希望能够给对方留下美好的印象。我们在与别人进行最初的交往时，应该怎样表现才能给别人留下良好的第一印象呢？服饰得体、举止得体、说话大方得体都是加分项。待人处事，“过”与“不及”都有不足之处，我们要注意把握分寸，做到适度。

2018年的亚运会上，中国男篮在落后2分的情况下，成功把比赛拖入加时赛。加时比赛中，中国队19∶18险胜韩国队，成功逆转，绝杀对手夺冠。

韩国篮协主席方烈离场时对姚明说：“你们运气真好！”

姚明有礼貌地伸出了手对这位韩国人说：“谢谢方教授，运气一般留给做好准备的人。”

韩国篮协主席认为中国男篮能取胜靠的是运气而不是实力，不认可中国男篮实力，听起来不太友好。姚明不仅没有以胜利者自居而嘲讽对方，反而彬彬有礼地与对方握手，感谢对方的祝贺，从言语之中透露出中国男篮为夺冠做好了充分的准备，付出了巨大的努力，除了运气之外，夺得冠军更多的是依靠自身的实力，言谈举止之间彰显出大气、得体和宠辱不惊。

（六）讲究技巧

要想把话说好是需要一定技巧的，不然即便想说、敢说也可能会“沟”而不“通”，能够熟练灵活地运用必要的技巧才易于实现“沟”而能“通”。因此，要重视学习常用、好用的说话技巧。对这些技巧的学习不能停留在书面上，必须反复练习，多用、熟用、活用，慢慢地融会贯通，自然就熟能生巧。

“细节决定成败”，在言语交际过程中，除了需要遵守以上原则之外，还有一些交往细节也值得我们注意，比如：注意称谓、地方风俗和民族习惯；谈话时准备好话题；交谈时以对方为中心；注意交谈时的社交礼仪；注意发言时间的长短；话说得言简意赅、言之有据、令人信服等。

与人交流时还应注意：多道人长，不揭人短；求同存异，不与人抬杠；尊重隐私，不问私事；对事不对人；不装模作样，矫揉造作；不带令人生厌的口头禅；说话时动作不要过多；眼神不要游离不定；避免话题粗俗等。

※ 说话是我们与人进行信息沟通、感情交流、互通有无的重要途径，话说得好与不好往往事关成败，为了取得更好的“说话”效果，我们需要讲究一定的说话原则。

※ 与人交谈，我们应当建立良好的心态，并且在此前尽可能熟悉交谈对象，对其特点、喜好、禁忌等有一定了解，这对交谈话题的选择、心理的准备等都有帮助，从而能更好地促进双方的交流沟通。

※ 说话与其他技能一样，需要大量练习，积累谈话素材和实践经验，在此基础上融入说话的技巧，这样才能一步步走向能言善说。

三、交际活动中的说话艺术

在生活、工作中，因为需要交流情感、沟通信息，我们要同远远近近、形形色色的人打交道，要与不同的人进行各种形式的交往。毫无疑问，交际是我们作为一个社会人所必需的。

在人际交往中我们大多时候是通过有声话语去表达内在的所思所想的，通俗地说就是人在交往的时候要说话。比如，我们时常要与他人面对面地交谈或者隔空电话沟通，有疑惑时要向人发问，迎来送往时要表情达意等。而我们已经知道恰切的话语可以使沟通顺畅，促使事情向期待的方向发展。因此，为了能在这些情境下把话说好，促进交往，我们需要不断加强语言修养，知道怎样在特定的交际场合中“说话”，从而能够做到时时处处与人和谐交往。

1. 与人对话怎样“说”

对话是我们进行交际的一项活动，是日常生活最基本的口语交流方式。亲朋之间、同学之间、师生之间以及同事之间等的相互交往离不开对话。善于对话，有助于润滑双方关系，促进感情交流。

对话是交际双方在一定语境下，直接用语音进行面对面交流的双向沟通方式，具有口语性和情境性等特点。交流双方的语音、语调、体态、谈话内容等都影响着对话的效果和质量，我们需要从以下几个方面入手，才能做好对话，改善对话的效果。

1）紧扣主题，表达准确

交际活动中的对话都有一定的交际目的，主题往往比较明确。交谈时，我们需要注意紧紧围绕主题展开对话，少说甚至不说与主题无关的话语。根据交际需要，注意遣词造句，力求能准确表达自己的思想，避免词不达意。

2）思路清晰，详略得当

对话时，我们应把自己的观点条理清晰、详略得当地表达出来，突出重点，注意逻辑的严密性，避免因为思路不清导致结构松散、语无伦次的现象发生。

如下这段对话可供参考：

公司销售部张部长：为什么这次促销活动弄成这样？

销售部小王：对于张部长想要了解的问题，我来介绍一下。这次活动失败的原因，一是没有做好充分的市场调查；二是活动前没有查看场地条件，活动场地过小导致拥堵，差点发生踩踏事件；三是经费没花在最关键的地方。我们会吸取教训，以后策划促销活动要事先做好充分的市场调查，拿出周密的活动方案，并且务必将每项工作落实到人。每个环节务必落实到位。

我们说话时思路清晰、详略得当，才能让对方听得清楚、明白，把握住我们说话的重点。上面小王对主管领导问话的回答，用序列词来提示表达的层次，思路清晰。并且针对活动失败的原因提出今后的对策，对问题的思考较为周密，言语表达逻辑严谨。

3）见解深刻，措辞贴切

与人交谈，要想有理想的效果，不但要言语扣题，还需要有自己的独立思考，而不是简单重复别人的观点，缺乏个人见解。

需要注意的是，观点深刻新颖并不等同于刻意标新立异、哗众取宠。对话时，要遵循适度原则，注意措辞，根据交际对象、交际场合和交际目的的不同，掌握分寸，贴切表达。

4）语音标准，语调得当

对话的双方可能来自不同的方言区，为了能够良好沟通，提高对话效率，应尽量使用普通话进行交流。要做到发音标准、措辞规范，避免因为语音含糊、表达不当而造成交流障碍，甚至引起误解，不利于交际活动的有效开展。请看下面的例子：

在学校餐厅里，学生要洗手，老师也要洗手。

学生："老师，请你先死。"

老师："我不死。"

学生："你为什么不死？"

老师说："我还不想死。"

在这个生活小片段里我们看到，学生发音不标准，把"洗"说成了"死"，几句本来显示良好素养的话语却令人啼笑皆非。好在这是在校园之中，老师幽默轻松地化解了其中的尴尬，若在别的场合，面对另外的对象，类似的话语很可能引来不必要的麻烦，导致交际的失败。所以说话要注意语音的标准。

此外，说话的语调会对表意有明显的影响，这也是我们交谈时应当注意的一个方面。下面这段寓言故事中的小对话可以给人一些启发：

狐狸：乌鸦小姐，您的羽毛真漂亮！（降调）　⟶（恭维）

乌鸦：是吗？我真是太高兴了！（升调）　⟶（喜悦）

孔雀：是吗？哦，就你？还是算了吧！（先升后降）　⟶（嘲讽）

从中可见狐狸、乌鸦和孔雀的语调各有不同，表现出的情绪完全不同。假如它们换个语调说话，所呈现的情感效果必定大不一样，甚至可能出现截然相反的情况。这就提示我们，语调也是情感表达的技巧之一，使用得当可促进双方顺畅交流，反之则可能造成沟通障碍。

2. 向人提问怎样"说"

常言道，对话有效，需提问有窍。交际过程中的情感沟通或信息获取很多时候是通过提问与回答来实现的，所提之问恰当得体是增强交际效果的良方，反之轻则招来反感，重则可能挫断双方的交往，成为交际中的毒药。

那么，我们该怎样"说"才能让提问成为良方呢？

爱因斯坦说："提出一个问题往往比解决一个问题更重要。"提问对于了解对方、获取信息、促进交流都有很重要的意义。善于提问的人清楚地知道什么时候问什么问题。

1）要把握好提问的时机

孔子在《论语·季氏篇》里说的"言未及之而言谓之躁，言及之而不言谓之隐，未见颜色而言谓之瞽"，讲的就是根据语境把握说话时机的问题。这段话翻译成现代汉语，意思就是："不该说这话的时候说了，叫草率；应该说这话的时候却不说话，叫隐瞒；不看对方脸色便贸然开口，叫盲目。"

我们应当从孔子的话中得到一定的启示。在提问之前，不妨思考几个问题："现在提问合适吗？""这里是询问的最佳场合吗？""谁才是真正的决策者？"这几个问题是要我们学会看时机、看场合、看对象提问。

2）要因人设问

提问应与对方的年龄、性别、职业、社会角色、专业、性格、教育程度、知识深度及广度、生活经历等相适应。交谈对象的特点决定了我们提问的态度，或率直，或简洁，或含蓄，或幽默，或随意等。所提内容应当是对方知道的问题或最在行的问题，要考虑对方应答的心理。

3）问题要具体、简洁有序

宽泛抽象的问题比详细具体的问题难回答，如果所提的问题缺乏明显指向，对方是难以具体回答的。因此，一般情况下提问应当尽量具体化。例如，与其笼统地问："晚餐想吃点什么？"不如换个问法："晚餐想吃粤菜、泰国菜还是日本料理？"

假如要问的内容较多，最好每次问一两个问题，待对方表示回答完毕，再接着往下问，或者把问题按照一定的逻辑顺序罗列出来，以便对方依次回答。例如：

我有三点疑问：一，什么鱼是立体养殖的最佳选择？二，鱼苗的最佳密度是多少？三，立体养殖的经济效益比单一养殖高多少？

上面的提问在开始时就把问题的数目表达清楚，让对方做到心中有数。在提问过程中，用序列词把问题清楚地罗列出来，问题具体、明确、简洁，且层层递进，具有逻辑关系，这样便于回答者记忆、组织语言。

4）问题要先后有序

提问要讲究逻辑顺序是指所提问题应按由小到大、由表及里、由易入难、由具体至抽象、由重到轻、由急到缓等的逻辑顺序排列。比如，我们一般会从对方熟悉的、直观的、易于回答的问题问起。例如：

请问刘先生，您在之前的工作单位负责什么具体事务？对市场发展趋势有何看法？假如让您去开拓市场，您的选择是西南、西北、东南还是东北地区的市场？

三个问题环环相扣，层层深入，依次递进，颇具条理性，回答者依据问题的先后顺序进行回答，提问者也能在回答中快速获取想要的信息。

5）要做好提问前的准备

在一些特定的场合，需要提前做一些准备。比如参加产品发布会、记者招待会等，就应当事前列好问题清单，调整好措辞，做好应变方案。这样做比临场发挥效果好得多。

在现场提问之前，需要理清自己的思路：我的提问对象是谁，我打算提什么问题，提问的目的是什么，我希望通过提问得到什么收获……理清这些问题之后，再按照以下八个步骤开始提问，如图2.1所示。

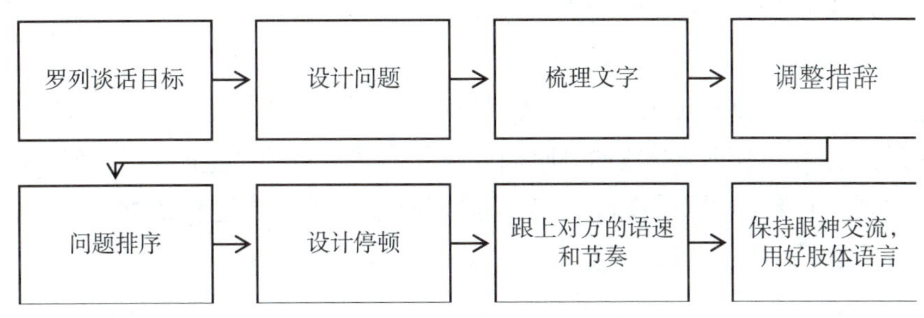

图 2.1 提问的八个步骤

要注意的细节是：设计问题时要考虑自己提问的目的和对象的特点；将问题排序时需按照逻辑顺序；停顿不可多用、乱用，只须在提出重要问题前停顿一下，以提醒对方接下来的问题非常重要，需要认真考虑后谨慎作答。

3. 电话交流怎样“说”

虽然网络已经成为我们生活的“标配”交往工具，但是电话仍是主要的通信工具之一，如前所述，与人交往免不了用电话进行沟通。因此在这里，我们将着重讲述打电话时我们应当怎样“说”。

1）礼貌周全

一位研究传播的学者曾说：“不管是在公司还是在家里，凭这个人在电话里的讲话方式，就可以基本判断出其教养的水准。”通电话时要想与双方很好地交流，就要始终给人以良好的感受，让对方能够感到你的尊重、你的热情、你的友善。这就需要注意以下各个细节之处：

（1）规范使用起始语、结束语。起始语就是招呼语，招呼语要尽量简洁、亲切。接通电话后，你的第一声很大程度上会影响整个通话气氛，所以不能轻视。

对于一般的交往来电，接听时可用“喂，你好！”作为起始语，这种自然而亲切的回应可让对方感到你的诚意与尊重。

如果是办公电话的铃声响起，则常用“您好 + 公司的名称 + 自己所在的部门”问好，例如：“您好，这里是××公司××科，请问您找谁？”或者“您好！这里是××公司。请问有什么可以帮助您？”

若是自己主动打的电话，接通后一般可说“喂，你好，我是某某某”。当然，如果是给很熟或很亲近的人打电话，说过“喂”后，可以马上称呼对方，不必再报姓名，这样显得亲切而自然。

无论是跟谁通话，结束时都应当说“再见”，这既是提示通话结束，也是表达你对对方的尊重。一定要避免无所交代地挂断电话。

（2）通话过程热情、友善。通话时可想象对方就在面前，保持良好的坐姿和微笑，让对方隔着电话也能感到你的真诚、热情。

说话时注意多用肯定语，少用否定语；多用些致歉语、请托语，少用些傲慢语、生硬语。这样的表达能够给对方良好的情感体验。

2）言简意赅

隔空交流不同于面对面聊天，说话应当简明扼要、言简意赅。尤其是现代生活节奏较快，一般通话切忌言语烦琐导致通话时间过长。当然与特别亲近的人进行情感交流是例外。

通话过程要让自己思路清晰，尽量用简洁明了的语言表达要谈之事，让信息的传递来得快捷清晰。正确的做法是：简要问候对方之后即开宗明义，直入主题；少讲空话，不说废话。

3）规范应答

应答语是指电话接听人对来电人的言语回应。对于能够接听的电话（骚扰电话之类不接听），无论来电者是谁，应答语都要礼貌而周到。如果做到这点，即便是朴素的言语都可以成为双方交际的润滑剂。

如果是公务电话，你可根据如下不同情况做出相应回答：

（1）如果这是一个找人电话，正好对方要找的人在，我们可说："请稍等，我帮您叫。"

（2）如果这是一个咨询电话，应答时应使用专业、规范的语言，给对方一个满意的答复。

（3）如果对方要找的人不在，你可以这样回答："对不起，某某某暂时不在，有什么需要我转达的吗？"或者"您方便的话请留下电话号码，我帮您转告。"

（4）如果遇到不能马上解答的问题，你可以说："很抱歉，这个问题我现在还不能马上答复您，我会请示领导，尽快给您答复。您可以留下电话号码吗？有了答复我立即通知您。"绝不可直截了当地说"不知道""不了解""不清楚"。

（5）不确定对方的问题时，为了避免产生误会，你可以通过提问来确认信息："如果我没有理解错误的话，您的意思是……"也可以请对方重复一遍重要信息，如："您能把型号再说一遍吗？"

（6）不同意对方的观点时，可以说"至于这个问题，我们以后再探讨"，而不是直接否定对方。

4）言语合度

主要包含如下几个方面：

（1）吐字清晰。字句发音清楚，必要之处抑扬顿挫，确保对方听得清楚你说的内容。注意说话时口中不要含有东西，以免声音含糊。

（2）控制好语速、语气、语调。一般来说，通话时语速不宜过快，否则对方可能会听不清楚，尽量保持自己平常的自然节奏；语气要和谐适中，语调稍稍偏高，尾音稍向后拖，表现出亲切热情。

（3）不时表达对对方的关注。可以说"我非常理解您现在的感受""我明白了""我了解"。

4. 迎来送往怎样"说"

社会上人与人之间的交际中，少不了迎来送往：有较为私人性的交际活动，如主人安排一定规模的茶会、宴会，迎接或送别至爱亲朋；有较为大型的单位、团体组织的交际场合，如东道主通过举办一些特色仪式，迎接或送别尊贵宾客。而在这些特定时刻，为了表达真挚情感，往往会特别安排致辞环节，表达迎接的喜悦、送别的祝福。这时便需要开口说话，而且要让所说入耳入心，让人们受其感染、为之感动，有效增强现场气氛。

因此，如果你有机会在这种特定时刻面向大家致辞的话，不论是即兴发言，还是已提前准备好讲稿，在言语表达上都需要注意如下几个方面。

1）感情真挚强烈

无论是在欢迎还是欢送的场合，致辞都必须把热情、友好的情感传递给接受者。一方面要心怀真情实感，态度恳切，另一方面要通过话语把这份感情传达出来，所以在这种特定场景中的发言要做到情感真挚诚恳、热烈饱满。

2）情感适度得体

主要指话语所传达的感情要与现场特定氛围相适应，感情的“度”要把控得当。具体来说，就是所说的话要有临场感。欢迎词的言语色彩必须与欢迎场合相符，措辞用语富有激情，表达出发自内心的喜悦和承迎，让宾客有宾至如归的感觉。欢送词出现在送别时刻，不论是畅谈友谊、收获，还是祝福归途顺利平安，言语之中要真诚表达对亲朋好友或公务嘉宾远行的惜别之情。

因为在欢迎、欢送场上致辞特别强调感情，这就引出另一关注点，那就是必须把握好感情的“度”，即要把握好言词的分寸。话语的情感色彩热烈而不夸张，难舍而不哀伤，热情谦逊而又不卑不亢，有礼有节而无阿谀之嫌；否则会给人造作虚假之感。

3）言语表达口语化

欢迎致词、欢送致词都是现场的口语表达，所以必须保证口语化特征。无论是即兴发言，还是事先备有讲稿的讲话，都要注意生活化语言的运用，遣词用语把握好特定的风格特点，做到简洁凝练而富有生活情趣、庄重典雅而亲切自然。

4）礼貌周全

致欢迎词、欢送词，必须始终彬彬有礼，这也是尊重宾客的具体表现。尤其在称谓、结语这些特定的地方，更要注意措辞礼貌到位。根据具体场合中对象的不同，可选亲昵的称谓或尊称。迎来送往者若是亲朋好友，可用亲昵的称谓，如“亲爱的某某某”；而公务性交际一般用尊称，如“尊敬的某某某先生”。在致辞结语处，欢迎词要再次表达欢迎之意，表达美好的祝愿或希望；欢送词则要再次表达惜别之情，表达美好的祝愿或希望。

此外还要注意，欢迎致辞、欢送致辞都要注意尊重对方的风俗习惯，不讲对方忌讳的话。

5）长度适宜

具体指讲话时间不宜太长。无论在私人性还是公务性的场合，欢迎、欢送致辞都是一种礼节性的表达，礼仪性强，所以不必说得太多，应当简洁明了、言简意赅。否则长篇大论会令听众产生厌烦心理。

言语精练，点到为止，快速进入下一环节，这本身也是对宾客的一种尊重。

※ 在交际活动中，说话要注意具体情境、交往对象、交流目的，提醒自己“在哪里说”“跟谁说”“为什么说”，在此基础上考虑“如何说”，这样才可能恰切表达，有效沟通。

※ 对话、提问、打电话是日常生活中最为常见的交流方式，看似普通却也内含机巧，需要我们了解、掌握一定的原则和方法，这是在这些特定情境中把话说好的基本前提。

※ 在一定规模的欢迎、欢送场合中向宾客致欢迎词、欢送词，可以有效增强现场热情、友好的气氛，但发言要特别讲究情感的表达，注意措辞用语的适度、精当。若事先有条件拟写讲稿（成文即为常见的欢迎词、欢送词），则务必清楚讲稿为现场讲话的辅助、为讲话服务的特性，要保证其口语化特征，做到言语表达亲切自然而庄重典雅。

四、职场工作中的说话艺术

求职面试中的说话至关重要，常常对你能否应聘成功起着决定性的作用。步入职场，说话也是一门艺术，会说话对于提高工作效率、改善人际关系、成就个人事业起着关键作用。因此，在职场上只会埋头做事是远远不够的，还要“会说话”。说话是职场人士必须提升的一项重要的工作技能。只有“会说话”，并且在工作上也毫不含糊的人才能在职场上所向披靡，战无不胜。

（一）求职篇

当你大学毕业走出校门，准备寻找自己的理想工作时，一般情况下都要经历求职面试关，那么你需要掌握求职面试和自我介绍时的说话艺术。

1. 求职面试时怎样“说”

在面试场上，求职者所说的每一句话都是为应聘服务的，自我介绍、回答问题或做一些必要的询问，都是让面试官了解自己、显示自己的实力和价值方式。因此，求职面试时说的每一个词、每一句话都要仔细斟酌。我们先来看看求职面试中的对话需要注意什么。

1）克服紧张心理，展现自信阳光

在求职面试中，要冷静沉着，以平等自信的心态对待面试官，做到谦恭有度、收放自如，这样你就能够避免紧张情绪，营造融洽和谐的交谈氛围，更好地展示真实的自己。

即使面试官提出棘手问题，我们也不要惊慌，这正是展现我们说话技巧和交际能力的好机会。认真对待，谨慎回答，用巧妙的语言化解难题，这样我们一定能引起招聘单位的注意和欣赏，收到令人满意的效果。

此外，积极的眼神接触、大方的微笑、挺拔的站姿、自然的手势、适中的语速、清楚的语音语调都可以帮助你展示自信阳光、积极向上的精神面貌，这些都有利于面试的成功。

2）认真倾听，灵活应对

在“倾听的艺术”模块，我们已经谈到了求职面试中的倾听要点，此处我们还需要知道，如何在倾听的基础上灵活应对。

首先，在面试之前，我们要做足准备。既要熟悉自己的应聘材料，也要了解应聘单位的基本情况，包括企业文化、企业产品信息、营销模式和区域、招聘岗位的职责等，还要了解一些应聘中面试官常用的问题，比如阐述你的优点和缺点、入职后的计划等，事先想好如何回答这些问题，是在面试过程中做到灵活应对的基础。

其次，对面试官一些出其不意的问题要尽快组织语言，巧妙应答。比如：

有一位毕业生到企业应聘，面试官突然提问：“请问，一加一是多少？”毕业生先是一愣，略为思考之后，便出其不意地问面试官：“请问，您是说的哪种场合下的一加一？如果是团队精神，那么一加一大于二；如果是单枪匹马，那么一加一小于二。”

由于这个非常灵活的应对方式，这位毕业生便在众多的应聘者中脱颖而出。

最后，如果遇到超出我们知识水平的专业问题，要坦然面对，不要不懂装懂。如果是非专业问题，我们不妨把自己的真实想法表露出来，获取对方的谅解。

面试官：请谈谈你对 A 理论及其市场运作效果的看法。

求职者：这个理论我之前还没有用过，我会尽快熟悉。我可以谈谈对 B 理论及其市场运作效果的看法吗？

没有人能成为百事通，因此遇到不懂的问题，最好的办法就是坦然承认，并做出合理的解释，这在面试中往往会给人留下诚实、坦率的好印象，变不利为有利。当然，转移话题，把问题引导向自己擅长或准备好的方面也不失为一个好办法。但是这么做的前提是你对自己提出的话题很了解，否则转移了话题，结果又给不出令人满意的答复，效果会适得其反。

如果进入面试场之后，面试官都不发问，只是面带微笑地看着你。这时候，你可以通过做自我介绍改变这种被动和尴尬的局面，并逐渐把重点转移到自己所熟悉的专业知识和技能上，甚至可以主动向面试官提出一些问题。

3）实事求是，做好自我推荐

诚实是所有招聘单位都非常看重的品质，所以在面试中说话一定要实事求是。面试中的实事求是，就是应聘者在回答面试官的提问时，要从实际情况出发，不弄虚作假，不肆意夸大，不隐瞒真相。比如，被问及你在学校学过多少课程时，你若记得清楚，就如实回答，如果记得不太

> 推销自己是一种才华，是一种艺术。有了这种才华，你就能安身立命，使自己处于不败之地。
>
> ——［美］戴尔·卡耐基

准确，就说个大概数字，切不可随意编出个具体数字来。

此外，面对众多的竞争对手，正确地评估自己、恰如其分地推荐自己，是获得成功的关键。正确评估自己，意味着不能夸大其词、弄虚作假、拔高自己，也意味着不要妄自菲薄、过分谦虚。求职面试时，适当谦虚可以博得面试官的好感，但过度谦虚则会使面试官对你产生怀疑，认为你能力不足、缺乏自信。所以，面试时，既要勇于自荐，又要避免夸大其词、过度谦虚。夸大其词、适度表达和过分谦虚的表现如图2.2所示：

夸大其词	适度表达	过分谦虚
我学习能力很强，自学是我的强项，对于没学过的知识和技能，我自己摸索一个月就能精通，还能指导其他人一二。	我学习能力强，善于举一反三，能够触类旁通，对于没学过的知识和技能，能够快速掌握，熟练运用。	我学习能力一般，对新知识、新事物态度比较谨慎，但我可以多向师傅请教，向同事学习，在实践中边干边学，积累经验。

图 2.2　夸大其词、适度表达和过分谦虚的表现

4）快速思考，明确要点

当面试官提出一个重要问题，我们要牢记“5秒原则”，即做5秒的停顿思考。不仅利用这5秒组织语言，更是通过这种方式告诉对方“我正在认真思考，要做慎重回答”。如果我们在回答的时候不假思索，倒背如流，反倒显得我们是事先“精心”准备好了“万能”的答案，难免让面试官对我们能力的真实性打上一个问号。三思而后答，可以帮助求职者树立稳重踏实的形象。

此外，一般来说，面试的时间不会很长，要使面试官在短短的几分钟之内了解我们、欣赏我们，应答就要简明扼要、重点突出。简明扼要就是以最少的语言传递最多的信息。重点突出就是要结合招聘岗位的要求，有针对性地阐述自己的优势，而且最好能举出具体例子来说明，这样更有说服力。如下面的例子：

面试官：我公司主要经营有地方特色或民族特色的工艺品，这次招聘的对象主要是能开拓海内外业务的潮州抽纱、刺绣的业务员。请你介绍一下自己的情况。

求职者：我叫某某某，潮州人，毕业于 ×× 学校，市场营销专业。我一直生活在潮州，读小学时常常帮妈妈、奶奶做抽纱活儿，先是学勾花，再学刺绣、抽纱。寒暑假也做抽纱，帮家里添点经济收入。中专两年的专业学习，使我掌握了营销方面的专业知识，这是我将来搞好业务的资本。我口才较好，善于与人沟通，学习能力强，参加省属中专学校的口语竞赛，得了二等奖。我本人的特点是头脑灵活，反应快，平常爱看相关信息，对国内外的经济发展动态很感兴趣。

求职者对自己情况的介绍，语言简明扼要，目的清晰明了，中心突出，针对性强，围绕招聘要求组织语言，从三个方面有针对性地介绍自己的竞争优势：专业对口，具有市场营销方面的知识；生活在潮州，懂抽纱、刺绣的技术；善于与人沟通，学习能力强，头脑灵活。这些都满足了招聘单位的要求。

5）条理清晰，逻辑严谨

求职面试中说话条理清晰、逻辑严谨，可以给人留下精明强干的印象。通常来说，一个人的思路是否清晰，逻辑是否严谨，是衡量其办事效率高低、工作能力大小的一个重要标准。因此，在面试中，你可以先把说话内容归纳一下，整理好发言思路，条理清晰地陈述出来。

6）突出个性，展示自己

面试官常常要面对数个甚至数十个、数百个求职者，千篇一律的回答往往使人失去继续听下去的兴趣，即使面试官耐心听完你的陈述，乏善可陈的语言也会使你淹没在众多求职者中。而个性鲜明的回答容易给人留下深刻的印象，令你事半功倍。如下面的例子：

面试官：如果我们接受你，你会干多久呢？

求职者：没人愿意把一生中最为宝贵而有限的时光花在不停地寻找工作当中，也不会有人甘愿轻易放弃自己喜爱的东西。如果这份工作能使我学以致用，发挥潜力，而我也能从中获得更多的知识与技能，并且也能得到相应的回报，那么我没有理由不专心致志地对待我所热爱的工作。

针对上面的问题，直接回答多长时间未必能符合对方的心意。求职者的这番话机敏、坦诚，有个性，回避了直接回答多长时间，又委婉提出自己对工作的期望和要求，表露了自己的想法。这位求职者真实的思想与坦诚的语言都较好地体现了自己的个性，令人印象深刻。

2. 自我介绍时怎样“说”

我们在此谈论的自我介绍，是指求职面试中的必要环节：求职者做自我介绍。求职面试的自我介绍是求职者在求职过程中的首次正式亮相，在此不能简单再现简历所写的内容。在这个场合招聘方既想了解你的基本情况，又想考查你的自我定位是否清晰，是否适合招聘岗位，同时在你表述的过程中感受你的个性、语言表达能力等综合素质。你的综合实力如何，在短短几分钟的自我介绍中可以基本体现出来。在这个环节说话至关重要，极可能直接决定你有无机会进入招聘的下一个阶段。自我介绍说得好，在面试中是加分项，说得不好，就变成了减分项，甚至是“自杀”项。因此，务必做好充分准备，让招聘单位在短时间内看到你的闪光点。

那么，我们该从哪些方面着手准备看似简单的自我介绍呢？

1）态度要真诚

万事讲态度。在求职面试中，作为在招聘官面前的第一次亮相，你的自我介绍首先要传达出真诚。格力电器董事长、总裁董明珠女士在一个大学生毕业求职的节目中，谈到企业在自我介绍环节对应聘者的考核时曾说“真诚是最重要的”，因此求职者的介绍必须“真诚”。

这里所说的“真诚”并非为了展示给人看而设计出的状态，它必须是出自内心的实事求是的品质。自我介绍时，对于能做什么、擅长什么、曾有经历与成果等，都以诚恳的态度据实而说，杜绝吹嘘浮夸，比如不可随意说出“我完全可以胜任一切工作”“我的能力会超出你的想象”之类的言语。记住，面试场中你面对的是经验丰富的招聘人员，他们很容易从点滴言语之中判断你的个性与品质。

2）仪态要大方

在做自我介绍时，要努力克服紧张心理，面带微笑，大方自然。避免出现害羞的表现，例如不自觉地玩手指、不敢与面试官眼神交流、眼神飘忽不定等。

还要注意使用必要的礼貌语。介绍前，要先向面试官问好并道谢，如：“各位面试官好！感谢你们给我这个机会。现在，我向大家做个简单的自我介绍。”介绍完毕后，要注意向面试官道谢，并向在场人员表示谢意。

3）重点要突出

通常来说，求职面试中进行自我介绍，不要浪费时间把简历重复一遍，而要充分研究和分析招聘信息，抓住对方最想了解的内容说，让招聘单位直观了解你的岗位胜任能力。对自己优势的描述要与岗位的要求相一致，有理有据，少说空话，用事实和数据说话，可列出相关成绩、所获荣誉等，有针对性地进行自我介绍。也可引入第三方评价，以此增加可信度。

此外，要注意说明自己能够为招聘单位做出什么有特色的贡献。上面说到的格力电器总裁董明珠女士在节目中曾面试5位求职者，经过自我介绍环节的考核，最终选择3位进入格力公司进行实习。从5位求职者的自我介绍中可以清楚了解到他们各自的经历与特长，应当说都比较优秀。最后董明珠进行点评，在肯定各人所长的同时也明确指出5人的一个共同问题：自我介绍时都没有谈到自己能够为格力带来什么。这其实是一个具有代表性的点评，从中可以看到企业对应聘者的一种期待。由此可见，求职者要注意事前充分了解所应聘的企业、具体部门及岗位的基本情况，在此基础上把应聘岗位的特点、个人的能力特长等结合起来综合考虑，梳理概括自己可做的有特色的贡献，然后在面试自我介绍时简练明确地表达出来。

4）思路要清晰

做自我介绍的准备时，先揣摩面试方想要了解的重点内容，再组织自我介绍的思路，提炼要点，合理布局，确定从哪几方面去做自我介绍。提炼要点时，可为每个要点总结出关键词。最后组织语言，以简明扼要的语言进行描述。面试前可写好自我介绍稿，熟悉内容并反复演练。

5）语言要精练

自我介绍的语言要精练，围绕介绍的重点，只说该说的话，少用或不用抒情色彩、描写色彩较浓的词汇，不需要华丽的词藻和复杂的句式，简要陈述自己的优势和特长即可。

6）表述要得当

表述得当要求求职者做自我介绍时语速、音量适中，吐字清楚，发音准确，语义不含糊、不拖泥带水、没有歧义，表述方式口语化、通俗易懂。

7）时间要适宜

自我介绍的时间一般以1～3分钟为宜。可准备2个版本的自我介绍：一个3分钟左右的标准版自我介绍，一个1分钟的精简版自我介绍。精简版自我介绍用于应对群体面试时，面试时间缩减的突发状况。

（二）入职篇

参加工作初期，作为一线员工，你可能经常要向领导汇报工作情况，因此，你需要掌握工作汇报的说话艺术。

1. 汇报工作时怎样“说”

这里所说的工作汇报，指的是口头的工作汇报而不是书面的工作汇报。在职场中，工作汇报极为重要：对上级而言，他要通过你的汇报了解工作完成得怎么样、进展如何以及出现的问题，这关系到他对下一步工作的部署；对下属而言，汇报是对工作的重视，也是对领导的尊重。因此，工作汇报是一个上级与下级双向沟通的途径，是下级对上级工作的必要配合。

顺畅的工作汇报能使上下级顺利地进行双向沟通，那么我们要怎样做才能达到这个效果呢？

1）控制好时间节奏

汇报工作具有很强的时效性，留意自己的工作进度是否和计划一致，无论是提前还是延迟了工期，都应该及时向领导汇报，控制好汇报的时间节奏。控制时间节奏包括两层含义：

第一层含义：选择汇报的内容，控制汇报的频率。不可事事都汇报，也不可时时都汇报。既要把重要工作都汇报了又不至于汇报得太频繁。

一般而言，对于时间跨度较短的工作，工作完成后就及时汇报。对于时间跨度较长的工作，把握好汇报的节奏，让领导通过工作汇报了解工作进展、存在的问题和困难等情况，这样我们才能够从汇报中及时得到领导的反馈，了解领导的意图，对工作进行调整。

第二层含义：控制好每一次汇报的时间，控制好对话节奏，推动话题前进。我们可以事先列好提纲，把要汇报的内容概括成3～5个要点，用逻辑严密的语言进行描述，形成层次感。这样才能节约汇报时间，提高工作效率。

注意利用表示序列的词语来表明汇报的层次，如：“我有三件事要进行汇报，第一……；第二……；第三……”。这样汇报的内容简单明了，逻辑清晰，便于领导理解。

2）汇报要有针对性

工作汇报应当具有针对性。针对性有两层含义：一是指针对工作内容，即汇报领导需要了解的工作内容；二是指针对领导个性，即根据领导的工作风格调整汇报方式。例如向“结果导向型领导”汇报要注重用“数据+事例”的方式明确“结果”，向“追求细节型领导”汇报则要注重条理清晰地进行“细节”说明。

3）实事求是，不弄虚作假

工作汇报的原则是实事求是，不弄虚作假，不能只报喜不报忧。只讲成绩，不讲问题，对问题和错误轻描淡写，报喜不报忧，会影响领导对客观情况的掌握，贻误决策时机，使小问题变成大危机。

正确的做法是在工作过程中尽量全面收集资料并对掌握的资料进行整理、分析，总结出有规律性的东西，形成汇报材料。汇报时用事实和数据说话，客观地反映问题，有喜报喜，有忧报忧，避免空洞、模棱两可。按实际情况进行汇报，有成绩不谦虚，有问题不回避。

4）带着建议去汇报

工作汇报的目的不仅是让领导了解工作进展，还要提出存在的问题和困难，向领导寻求帮助。如果我们希望领导能快速解决问题和困难，就应该带着建议去汇报。

5）让领导做选择题而不是问答题

如果汇报包含解决问题的建议，我们可根据翔实的数据和信息，有理有据地找出事实背后的本质问题，在汇报前做好几个解决问题的方案，提供给领导参考，让领导从中选择一个最优方案，或者以某个方案为基础进行调整以解决问题和困难。一般可提供1～3个解决方案供领导参考。

6）不越级汇报

一般而言，逐级汇报是正常的职场工作规则，而越级汇报则是职场大忌。应向直接领导汇报工作，让他了解工作的具体情况，向他反映存在的困难，寻求必要的帮助。如不是十分紧急特殊的事务，或是由更高一级领导直接交办并且要求直接向他汇报的工作，一般情况下是不能够越级汇报的。

跳过直接领导越级汇报，会使直接领导很尴尬，而更高一级的领导对具体工作不了解，不一定能够进行正确判断并下达正确指令，效果会适得其反。

（三）进阶篇

经过一定时间的锻炼，你不断积累经验，工作能力不断提高，肩负的责任将会更多、更重。作为特定岗位的骨干职员你可能要负责主持某个工作会议，作为部门负责人也可能要在部门集会上进行工作总结，还可能代表公司外出进行商务洽谈，那么，你需要掌握会议主持、工作总结和商务洽谈的说话艺术。

1. 主持会议时怎样“说”

在工作过程中，有的事务是独立个体或某个部门不能快速解决的，这时就需要召开会议来商讨解决。因此，召开会议是为了有组织地商量事务、解决问题，由此也不难理解，会议也是一个互相交流和沟通的过程。

主持人是会议中的一个关键角色。主持的成功与否关乎会议的整体效果，因而会议主持人必须善于掌控会场。要做到这点，主持人需要具备一个重要的素质，即“会说话”。

那么，今后一旦我们走上领导管理岗位，有机会主持会议时，我们应当怎样“说”？

1）说话要准确朴实

在开会过程中，主持人要为议程的顺利、有序推进而服务。主持人要做好会场的“服务”者，在说话方面最基本的要求就是要做到准确朴实。

准确地措辞是对会议主持人说话最基本的要求，若表意不明则可能误导与会者。此外，朴实的言语表达风格听起来自然、亲切，缩短和与会者的距离。

2）说话要简明扼要

简明扼要即指会议主持人抓住关键内容进行精练地表达，言语不枝不蔓、不冗赘含糊。会议主持人一般要负责会议开始时的开场白、会议结束时的综合总结，还有中间议程转换的上下过渡。

主持人的开场白要直奔会议主题，简介会议程序、与会对象和与会要求；议程转换过渡尽量做到简洁、自然而巧妙；综合总结要清晰简练，概括性强。

需要提示的是，主持人在做会议总结时务必力求简洁，力避长篇大论。可将会上发言人的主要观点、典型经验等进行精练概括，不可简单重复原有讲话内容。若对今后工作提出要求，也只能抓住关键内容，点到为止即可。

3）说话要突出重点

优秀的会议主持人要能够根据会议主题、目的来确定讲话的重点。比如，在工作布置会上，要针对落实措施、工作要求来组织语言；在工作表彰会上，要围绕激励先进、号召学习组织语言；在经验交流会上，要从肯定、推广先进经验的角度组织语言。必须避免那种千篇一律的主持语，即无论主持什么性质的会议，都只会说“下面我们开始开会了”“下面进入××环节”“下面请×××讲话”“今天的会议到此结束”等诸如此类的话。这种模板似的主持语简单乏味，不但不能强化与会人员对会议精神的认识，而且可能影响他们开会的心情，以至影响会议的综合效果。

4）说话要恰如其分

作为会场的引导者和控制者，主持人不能不管内容、不看对象地自说自话，而是要注意根据会议的性质、级别、规模、与会者的身份及讲话内容来决定自己的言语表达。简要地说，主持人的言语措辞要恰如其分，言符其实。比如开场、过渡、总结时不要轻意冠以“重要讲话”“重要指示”“有着极其重要的指导意义”“必将产生深远的影响”之类。若在小型会议或面向普通干部的一般性发言中都以类似言语做概括、评价的话，则是不符合场合，有夸大其词之嫌，会令人反感。真正重要才说“重要”，真正意义深远才说“深远”，任意拔高将会适得其反。

2. 工作总结时怎样“说”

工作总结是职场活动的重要组成部分，尤其是对工作的负责人来说，善于进行工作总结是高效开展工作的重要手段。工作总结是对前一段时间工作的回顾和反思，所谈的是已经发生的事。我们进行工作总结，有利于总结工作中的成绩，反思工作中存在的问题，以便更好地开展下一阶段的工作。

在此所谈的工作总结特指做口头工作总结，往往是面对众多听众进行发言，属于一种特定形式的当众发言。因此，它既要符合一般工作场合说话的基本要求，也有其自身特色。那么，在做工作总结时，我们应当怎样“说”？

1）内容集中、实事求是

内容集中主要指工作总结的发言内容丰富而又能够紧紧围绕中心展开。在会上进行工作总结要做到始终扣住具体工作的开展而谈，重点介绍工作的基本情况、取得的成绩、存在的问题和下一步的打算等部分，着重说明做了什么、如何做、结果怎样、效果如何、经验及教训以及今后改进的方向。总结的过程中要注意做到有事实、有数据、有观点、有分析，这样就保证了内容丰富而又中心明确。

实事求是的原则是进行工作总结时必须遵守的，这是使某项工作具有现实意义的基本保障。所以工作总结发言必须做到不夸大、不缩小、不隐瞒、不作假、不虚构，用事实和数据支持所列要点。

2）思路清晰，结构严谨

做工作总结的思路要清晰，整体上做到行云流水而结构严谨。

一般可采取“总—分—总”的结构形式组织发言内容。前一个“总”是指开门见山地提出有关方面的工作或问题；中间的“分”是指针对有关工作、问题进行分类分层解说，列事实、做分析，做到详略得当、重点突出、脉络清晰、逻辑严谨；最后的“总”是指有归纳，得出结论。这样的总结发言可让听众快速把握住要点。

3）言语表达恰当得体

工作总结要简明扼要，因此措辞要尽量简洁明了。现场发言不妨在一定程度上借鉴人们常说的“电梯法则”，即用极为简明而富有吸引力的方式阐述观点，讲究在有限的时间内用简明精练的语言对工作进行回顾与分析概括。

言语表达同时要注意语音清晰，自然流畅，通俗易懂，说话的节奏、语速尽量适合听众的接受心理。

此外，工作总结在指出存在问题时还应注意避免使用永久性、针对性、人格化的负面词语。比如尽量避免出现“总是”（永久性）、“每次”（针对性）、“心眼太小”（人格化）等类似的措辞。讲究说话艺术对保护员工的工作积极性有良好的作用。

4）充分利用辅助手段

会场上做工作总结时，可制作PPT辅助发言，把汇报的纲要、重要的数据、图表、图片展示出来，让听众边听边看，帮助听众理解和记忆。必要的话也可以把工作总结的书面材料或发言要点打印出来发给听众。

5）坦荡自信地发言

在会场上进行工作总结需要当众发言，众目睽睽之下坦荡自信地发言并非易事，尤其对于不少刚走上管理岗位的年轻干部而言，当众发言的“焦虑”甚至“恐惧”是一个需要面对的问题。

要做到坦荡自信地当众发言，除了时间的磨炼、经验的积累之外，事前做足相关准备也是个有效的方法。比如深入调研，收集员工的意见、建议，全面回顾工作过程，充分把握相关数据材料，在此基础上形成总结的思路，拟写一份发言提纲或具体写出总结讲稿，会前充分熟悉发言内容，这些都可有效帮助你自然大方、坦荡自信地做好总结发言。

3. 商务洽谈时怎样“说”

商务洽谈是各方为了自身的经济利益，就交易活动的各种条件进行洽谈、磋商，以争取达成协议的行为过程，同时也是一种在双方都致力于说服对方接受其要求时所运用的一种交换意见的技能。

洽谈桌上风云变幻，只有做好各项准备工作，才能在洽谈中随机应变，灵活处理各种突发问题，从而避免利益冲突的激化，达到洽谈的目的。如果洽谈技巧运用得不恰当，“一语不慎”就会导致洽谈双方发生误会甚至冲突，导致洽谈的破裂，更会造成经济上的损失。

那么，在商务洽谈中关于“说”的技巧有哪些呢？

1）目的明确，针对性强

在商务洽谈中，双方说话的目的都是表达自己的愿望和要求并希望对方能理解和接受，因此洽谈的目的要明确，语言的针对性要强，要做到有的放矢。含糊啰唆的语言，会使对方疑惑、反感，降低己方威信，成为洽谈的障碍。

除了针对不同的商品、不同的内容、不同的场合选择特定的讲话方式外，在洽谈中，要充分考虑对手的性格、情绪、习惯、文化以及需求的差异，恰当地使用有针对性的语言，才能保证商务洽谈的成功。例如：对脾气急躁、性格直爽的洽谈对手，简短、明快的语言可能更适合；对慢条斯理的对手，则采用春风化雨般的倾心长谈可能效果更好。

2）表达方式婉转中听

在商务洽谈中委婉的语言更易于被对方接受。比如，在反对对方的观点时，可以这样说：“您说的有一定道理，但与实际情况稍微有些出入。”然后再不露痕迹地提出自己的观点。这样做既不会有损对方的面子，又可以让对方心平气和地认真倾听自己的意见。

商务洽谈高手往往努力把自己的想法用委婉的方式伪装成对方的意见，增强说服力。比如在提出自己的意见之前，先问对方如何解决问题。在对方陈述之后，若和自己的意见一致，就要让对方相信这是他自己的观点。在这种情况下，对方会有被尊重的感觉，因而容易达成一致，获得洽谈的成功。

3）洽谈问题先易后难，循序渐进

在商务洽谈中，要说服对方接受己方的条件是巨大的“攻关项”。对于双方要讨论的问题，应先权衡其难易程度，按“先易后难”的次序，先解决容易达成协议的问题，这样更容易达到预期的效果。如此循序渐进，每一个问题的解决都为下一个问题的解决奠定了良好的基础。

刘安擅长做当地人爱吃的绿豆板栗粽，他做的粽子销量很好，常常供不应求，大家都称他的粽子为“刘家粽子”。当地一家粽子厂商看中他的配方，想邀请他以入股的形式加盟自己的品牌。刘安在洽谈的时候，把要商谈的问题按从易到难的程度列了出来，与厂商进行

洽谈：

（1）入股形式为技术入股；

（2）销售收入的分成比例不低于四成；

（3）拥有独立品牌，自己占品牌所有权全部权益的一半以上。

在与粽子厂商的洽谈中，刘安知道对方看中了他的配方，技术入股应该是十拿九稳的事情。接下来的销售收入分成也问题不大，关于这一点双方洽谈的重点是分成的比例，因此他提出了“四成”的分成比例。而拥有独立品牌可能会增加厂商对自己独立门户的顾虑，才是最难解决的问题，因此这个问题放在最后谈。三个问题由易到难，洽谈的问题逐渐触及核心利益，难度递增。

4）认真倾听，灵活应变

在洽谈的过程中要注意倾听对方的谈话，这不仅可以帮助我们准确把握对方的意图，还有助于我们发现对方的破绽并加以利用。

在商务洽谈中，形势的变化是难以预料的，可能会出现一些令人意想不到的尴尬问题，这就要求谈判者具有灵活的语言应变能力和技巧，巧妙地摆脱困境。比如，当对手让你立即做出选择时，你若是说“让我想一想”“暂时很难决定”之类的语言，便会被对方认为缺乏主见，造成心理上的劣势。此时你可以看看表，然后有礼貌地告诉对方：“真对不起，9点了，我得出去一下，约定与一个朋友通个电话，请稍等5分钟。”于是，你便很得体地赢得了5分钟的思考时间。

5）巧妙提问

提问在人际交往中起着推波助澜的作用，是一种非常有用的主动沟通技巧。同样，在商务洽谈中，提问也是一种非常有用的洽谈技巧。提出问题有时是为了了解对方的目的，有时是为了获得信息，有时是为了回避问题或拖延时间，有时干脆是没话找话。

提问的方式有很多，问题也有很多类型，在洽谈中通过适时、适当、适度地提问，可以掌握洽谈的主动权，给对方施加压力，达到我们的目的。在商务洽谈时，我们可以通过提出不同类型的问题来获取我们需要的信息，达到预期目的。洽谈时所提问题的常见类型如图2.3所示：

试探性问题	具体问题	进攻性问题
能从对方的主张中发现弱点的问题。例如：您是否可以解释一下，这次的价格高于上一次，是用什么方法计算出来的？	需要提供数据回答的问题。例如：给出设计图样需要多长时间？	有导致洽谈停滞或失败风险的问题。例如：您怎么能证明您的报价是合理的呢？

图 2.3 洽谈时所提问题的常见类型

试探性问题一般在洽谈的第一次提问中出现，是一种试探性进攻，目的是发现对方的弱点，从而确定己方的攻势和进攻方向。

进攻性问题是一种既有价值又危险的提问方式，容易引起对方的不满，并且可能引起冲突。一般来讲，要尽量避免冲突，进攻性提问要在深思熟虑之后，认为冲突是必要时才提出的。

不能盲目提出具体问题和进攻性的问题，提问人必须事先知道对方的底线，预测对方的回答或至少知道部分答案，才能向对方发起进攻。

6）巧妙应答

商务洽谈还需要掌握如下的应答技巧：

（1）重复延时。如果不能快速回答对方的问题，可采用重复的办法来延长时间，然后再给对方所希望的答复。比如说：“据我理解，你是要求……”接着把问题用自己的语言重新描述一遍，然后再进行回答。这样不仅可避免直接回答问题，而且使己方有时间考虑对策。

（2）笼统作答。当对方为了解详细情况而提出具体问题时，我们可以用范围更广的笼统概念来回答。如对方问：“你们是如何制定材料价格和收费标准的呢？”我们可以这样回答：“很明显，通货膨胀的影响是我们必须考虑的问题。我们不是要在这方面追求盈利，但我们不愿意亏本。”

（3）回避。对于对方提出的问题，不便直接回答时，可采取回避的办法。如对方问：“你方能保证在规定的日期前完成吗？”我们可以这样回答：“让我们来看一下计划，你可以看出存在的问题以及我们所保证的宽限余地。”

（4）转折。当面对一个直接的问题时，我们本该给予否定的回答，但为了不冒犯对方，我们可以在不给予肯定许诺的前提下使用“但是”技巧。比如，对方要求缩短交货期，我们可回答：“是的，我也认为交货期稍长了些，但有好几个因素要考虑，比如生产口罩的材料严重短缺、工人数量不足、生产计划还没完全定下来，这些都影响着口罩的生产周期。”

（5）反提问。与“但是”技巧密切相关的是用反提问法来回答问题。如对方问：“为什么不接受交货期限是20周，而是25周？”我们可以这样回答：“我们何不从另一角度看此问题？你计算出的交货时间的期限是20周，根据是什么？能否算一下细账，看看你方在这个问题上的设想？”

（6）提出“稻草问题”。所谓“稻草问题”，是指问题本身对己方并无价值且无足轻重，之所以提出，是为了给己方创造机会以对对方做出真正的让步给予回报。因此，我们可在洽谈开始时提出的各项条件中包括一个或几个“稻草问题”作为“储备”，到时候可以将这样的问题作为给对方所做的让步的补偿。比如，本来已经决定给对方增加10个参加技术培训的名额，为了使对方接受交货时间提前一周的提议，可把增加培训名额作为“稻草问题”向对方提出。

7）恰当使用肢体语言

姿势、手势、眼神、表情等肢体语言往往在商务洽谈过程中发挥重要的作用，我们要避免一些不礼貌、不自信的肢体动作。此外，在有些特殊环境里，有时需要适当的沉默，恰到好处的沉默可以取得意想不到的良好效果。

※ 在职场环境中说话，点点滴滴都可能关系到工作质量、办事效率，所以特别要考虑听者的现场感受。总体而言，要做到讲话目的明确、思路清晰、语言简洁扼要、逻辑性强，便于听众把握讲话思路和内容要点。

※ 求职面试的表现直接关系能否获得眼前的工作机会，需要慎重面对。事先应当尽可能全面了解应聘单位，面试时说话要有良好的心态，以简洁扼要、个性鲜明的语言以及真实可信的事例表达自我，突出优点、重点和个性，展示自己的优势，从而赢得应聘单位的信任，获得心仪的职位。

※ 在工作环境中，无论是个别交谈还是当众发言都要考虑说话的场合与目的，实现良好的双向沟通。在向上级做汇报时，保持恰当的节奏，有针对性，既反映情况，也提出问题，同时提供解决方案供领导参考。主持会议时，能够根据会议类型设计语言风格，引导与会者发言，体现强大的控场能力。做工作总结关键要做到真实、清晰、简明，保证实效。对外商务谈判要灵活运用多种语言技巧达到预期目标。

五、提高说话能力的基本途径

无论是在日常生活中，还是在职场中，抑或在社会交际中，面对不同的交际对象、不同的交际场景，我们说话的方式自然有所变化。但万变不离其宗，要想说得对、说得好、说得妙，无外乎是明确自己要说什么、怎么说。会说话不是天生的，我们有很多途径和方法去提高自己说话的能力，相信你循径而行、依技而练，终有一日也会成为他人眼中会说话的人。

（一）大胆开口

很多时候，不少人有这样的体验：心里有一万个想法，脑子里有无数好词妙句，却羞于开口，怕旁人的议论，怕自己出错，怕遭到别人的冷落，怕……尤其是在一些正式的场合进行当众发言，更会让许多人望而却步。不敢开口，与他人的交流则无从谈起；极少开口，也很有可能对自己的生活与工作造成不良影响。

缺乏勇气的例子比比皆是，这种心理有的是与生俱来的，有的是后天环境造成的。无论什么原因，都要努力克服这种心理障碍，调适出良好的心态，大胆迈出第一步，通过适当的方式获取说话的勇气。

（1）增强自信。心理学书籍《秘密》讲到“吸引力法则”：当你只想着快乐的事，快乐也就会来；而你只想悲观的事，坏的事情也就会来。那么如果你是一个在公众场合比较怯于开口说话的人，不妨以心理学知识为指导，在与个人交流或当众发言时，尽可能多地给自己积极的心理暗示，以此增强自信心。

必须克服不自信的种种心态。比如，一旦需要面对听众有所表达时，心中立刻升起“我的口才太差了”的念头，或是老想着“我天生就不是讲话的料”“人们根本不喜欢听我讲话”“说得不好，让别人笑话就太尴尬了”等。这是一种消极的心理，它只能让人在各种说话场合更为胆怯，务必克服。在特定场合开口说话时，要善于给自己以积极的心理暗示，应该想着“我还不错”“我说得挺好”“没什么可怕的”等。心理学的研究证明，积极的心理暗示是能够有效增强自信心的。

（2）勤加练习。对于不少人来说，与人交往或当众发言的勇气并非与生俱来，这就意味着这些人需要通过后天的锻炼来获得说话的勇气。大量的实践经验告诉我们，这种胆量与勇气是可以练就的。努力寻找机会、创造机会，大量进行说话实践，是增强说话勇气的有效办法。

说话练习可从易到难，循序渐进。比如，走廊里的一次寒暄，上学路上的一次闲聊，社团或班会活动中的一次发言，学生会里的一场讨论或干部竞聘演说……这些都可以成为我们练习的好机会。整个训练可由熟悉人到陌生人，由人少到人多，由浅易问题到复杂问题，坚持一天天一步步踏实地往前走。只要对自己有所期望，设下目标刻苦练习，终有一日你会发现自己在人前说话的勇气大大增强。

（3）借鉴他人成功的经验。我们不妨通过各种途径，观察了解他人由失败走向成功的经历，分析总结其间的奥妙。这种真实事例很有借鉴意义，既可以教给我们训练说话的方法，又能够极大程度地激发我们的信心，使我们鼓起勇气，大胆地开口说话。

（4）勤于读书，广泛学习。腹有经纶胆自大，胸无点墨气自虚。如果说他人的成功经验可以成为一种借鉴，那么多多读书、广泛学习可以很好地充实自己。丰富的学识、严谨的知识结构不仅是睿智谈吐的前提，而且是增强勇气的必要条件。

当我们在某个方面的知识和经验多于周围其他人时，我们就在这个方面获得了发言权，这会带给我们充分的自信。所以要行动起来，多读多学，储备知识，丰富阅历，日积月累，你说话的勇气必定会增强。

宝剑锋从磨砺出，梅花香自苦寒来。

——《警世贤文》

（二）掌握技巧

（1）言之有物。言之有物是指在说话时我们的观点正确、鲜明、深刻、新颖，分析的角度独特而又不偏离主题，对问题的分析透彻，提出的方法具有较强的操作性和说服力，总之，显示出一定的思想高度。

简言之，言之有物就是指所说的话要有思想、有见地。如果人云亦云，缺乏自己的看法，再华丽的语言都无法弥补思想的苍白。

（2）言之有序。言之有序需要我们艺术地安排思路结构，说话要有逻辑性。当我们说话时，心里要有思路，想好怎样开头、结尾；如何把要表达的内容合理安排，即先说什么，再说什么，中间怎样过渡、呼应，用什么线索贯穿始终，等等。

开口说话之前，我们不妨通过问自己三个问题来整理思路：我要说什么（陈述问题或事实），为什么这么说（摆出原因），说这些是为了做什么（提出建议）。

要提高说话的逻辑性，使说话的思路更清晰，我们可多使用表示逻辑关系的连接词，比如：表示层次关系用“首先……其次……再次……最后……”；表示并列关系可用“同时”“况且”；表示因果关系用“原来”“由此”“以致”；表示转折关系用“然而”“不过”“但是”。连接词能帮助交流对象把握说话的思路和重点。

（3）言之有蕴。言之有蕴即说话要有蕴味。在说话时，仅有说话的内容和思路还远远不够，我们还需要精心锤炼用语，根据交际的环境、方式的需要，选择恰当的词语，组成意思完整的句子，既充分又合情合理地表达意图、观点和愿望。

在现实生活中，如果能用贴切、优美的词句进行交流沟通，精当地遣词造句，那么将会给生活、工作带来便利，令人心情愉快，甚至获得美的享受。

（4）言之有情。“感人心者，莫先乎情。”言之有情指在说话时能深切传达真挚情感，以情动人。言之有情需要我们以听众为中心，具有共情的能力，学会换位思考，急人所急，想人所想，从而引起共鸣，获得认可。比如，参加求职面试时，每个人都会对面试官说“各位面试官好”，而最后一个面试的人进来时说的是：“各位面试官辛苦了，快中午了，希望我能用最短的时间让各位面试官充分认识我。”这就做到了换位思考和共情，自然会比其他人一句简单的问好让人印象深刻。

（5）言之有理。言之有物要求我们说话有思想、有内容，言之有理则要求我们说话要有道理。需要注意的是，这里说的“有道理”并不是空谈大道理，而是要有理有据。比如，可以摆出事实和数据，以此为基础精要地阐发道理，令人信服。如：北京大学刘媛媛的演讲《寒门贵子》，通过自己的成长经历和纪录片《人生七年》的例子，说明“寒门也能出贵子”，唯有拼搏奋斗才可能获得成功，驳斥了网络上“寒门再难出贵子”的荒谬观点。

The Art of 说话的艺术 Speaking

※ 提高说话能力从大胆开口说话开始，建立自信，大胆交流，多读书、勤练习，借鉴他人经验。

※ 与人交流的过程是“听”与“说”的双向过程，要提高说话的能力就要学会倾听，重视倾听能力的训练。

※ 说话的技巧包括：言之有物、言之有序、言之有蕴、言之有情、言之有理，这就从主题观点、思路结构、措辞用语、情感表达、逻辑思维几个方面对我们提高说话的水平提出了具体要求。

案例剖析

在生活和工作中，我们时时、处处需要与人交流，身边也有非常丰富的关于“说”的案例。我们一起来分析下面几个案例，希望你能从中获得启发。

案例一

欢迎词

亲爱的20××级新同学：

你们好！

在这丹桂飘香的季节里，我们迎来了你们。你们带着青春活力，带着对知识的不懈追求走进了这个校园，你们将是新学年里一道亮丽的风景线。相逢是首歌，相聚是欢乐，学校全体师生对你们表示最诚挚和最热烈的欢迎——欢迎你们，新同学！

“宝剑锋从磨砺出，梅花香自苦寒来。”带着父母的嘱咐，带着期盼，带着新奇，你们踏入向往已久的大学校园。很快你们会发现，这个拥有100多年办学历史的学校有着深厚的文化底蕴、良好的学习环境，有着一支以教书育人、管理育人和服务育人为宗旨的教师队伍，有着一群团结友爱、善于创造、朝气蓬勃的学长。相信你们将很快适应这里的学习生活，因为这里有领导和老师们父母般的关怀与教导，也有同学们兄弟姐妹般的帮助。

来到这里，你们将拥有更加广阔的舞台，学校团委、学生会、青年志愿者协会等各种学生社团将为大家提供展现自我的平台，为你们的成长提供助力。大家的课余生活也将是丰富多彩的，可以参加演讲比赛、现场书画大赛、舞蹈大赛、朗诵比赛、创业大赛，等等。总之，只要你有勇气，总能有机会大显身手。

同学们，希望你们从今天开始，踏实走好每一步，用激情、智慧和勤奋努力在这片新的天地里，谱写属于你们自己的绚丽多彩的青春之歌！

亲切而庄重的称谓，很有亲和力。

开门见山，表达欢迎之情。言语热情真挚、优雅自然。

热情欢迎的同时自然转入对学校基本情况的介绍。

介绍新生即将开始的大学生活，言语简洁自然而内蕴真挚情感。

充满热情地表达对新同学的期许。

欢送词

尊敬的某某某先生：

再过5个小时，您就要起程回国了。一个多星期以来，我们双方本着互利互惠的原则，经过四次会谈，达成了四个实质性协议，取得了令人满意的成果。

在此，我们对您在洽谈中表现出的诚意与合作态度深表感谢！衷心地希望您和您的同事们今后一如既往地为进一步发展我们双方的经济贸易往来而不懈努力！

称谓礼貌得体。

开头点明送别，同时在回顾中畅谈收获，让惜别情感有落实的基础。

不但回顾，而且展望，增强表达张力。

会谈过程中，我们不但顺利达成了经贸合作，而且建立了真诚的友谊。此时此刻，我跟大家的心情一样，依依不舍。语言难以表达尽我们的感情，真诚期待明年您和您的同事们再次来访，我们再叙友情，共同推进双方的进一步合作！

最后，让我们共同举起酒杯，为我们的成功合作干杯，为我们的真诚友谊干杯，为我们美好的未来干杯！

以举杯同庆再次传达送别情，情感真挚热烈。

【总结】

这两篇例文虽是书面成文，但实为供欢迎、欢送现场致辞使用的发言稿，细读体会应当对你有所帮助。

作为欢迎新生走入大学校园、开启新阶段学习生活的致辞，第一篇发言对新生的到来表达了真诚、热烈的欢迎之情。它的长度适中，使发言者能够在不长的时间里既尽情表达欢迎之意，又简明介绍了学校的基本情况及新生即将开始的大学生活，充分满足了新生的心理期待。其内容丰富而言简意赅，措辞较为精练而又不失亲切自然，感情表达真诚而不虚浮，态度热情而不过度煽情。

在欢送经贸合作伙伴的酒会上的致辞，真诚表达了惜别之情。发言不蔓不枝，寥寥数语就概括了洽谈的成果、双方建立的友情以及对未来进一步合作的期待，内容丰富而要言不烦，热情洋溢而抒发有“度”。热情、礼貌、简洁、得体，情感表达的分寸拿捏得恰到好处，是这份欢送词的突出特点。

案例二

求职面试之自我介绍

（3 分钟标准版）

面试官您好！我是 2019 年应届毕业生，毕业于 ×× 学校 ×× 专业。

礼貌开场，介绍基本信息。

在大学里我注重专业知识的学习，学习成绩优秀，较好地掌握了专业理论基础知识，熟练掌握了 PS、网络技术，已通过全国计算机二级考试和大学生英语四级考试，并连续三年获得学校励志奖学金。

介绍在校的学习情况，用证书和奖学金做佐证材料。

在校期间我还担任过班级团支书和校学生会宣传部部长。这些工作帮助我养成了良好的思想品格，也培养了我快速高效的做事能力，帮助我拥有了较好的文字功底，锻炼了我敏锐的观察力、优秀的口头表达能力和关注追踪社会热点的能力，也培养了我不怕困难、勇于挑战、吃苦耐劳的性格。

简要介绍学生干部任职情况和自己的工作能力。

我有过三段实习的经历。第一段是在 ×× 公众号和头条号的视频负责策划和制作，包括选题策划、编写脚本、录制、后期剪辑和配音的全流程，最高播放量达到 8 万。第二段是在《××××》报社参与记者出镜采访和前期准备、后期剪辑等工作，我负责脚本、校对、剪辑、合成等具体事务。第三段是在 ×× 资讯部负责 APP 话题热搜榜的热点运营工作，深入

针对应聘岗位的能力需求，用具体数据和实例详细介绍了自己的实践经历和能力。

参与推广素材筛选、调整、选词等工作。除了实习工作，我主动参与各类比赛，比如：在省新闻部门组织的视频剪辑比赛、独立商业广播剧的花絮制作比赛，获得全省第四名；新闻短片获得过省新闻间采编类二等奖；在校期间也有过节目制作的相关经验。

这次我面试的岗位是新媒体运营，希望能有机会来公司任职。我将会在产品宣传、推广和营销方面为公司贡献自己的力量，也希望未来能在这个方向深入发展。谢谢！

结尾表达了对求职成功的期许，以及自己能为公司带来的贡献。最后表达了谢意。

求职面试之自我介绍

（1分钟精简版）

面试官您好！我是2019年应届毕业生，毕业于××学校××专业。大学的学习给我奠定了扎实的专业理论基础，培养了我务实的工作作风和良好的为人处世能力。在校期间我有过节目制作的相关经验。我在公众号、报社等部门有过三段实习的经历，深入参与过选题策划、脚本、录制、后期剪辑、合成等工作。除了实习工作，我还主动参加各类比赛，获得过全省第四名、省二等奖的成绩。

这次我面试的岗位是新媒体运营，希望能有机会来公司任职。我将会在产品宣传、推广和营销方面为公司贡献自己的力量，也希望未来能在这个方向深入发展。谢谢！

针对应聘岗位，语言精练地介绍了自己的能力、素养和实践经历。结尾表达了对求职成功的期许，以及自己能为公司带来的贡献。最后表达了谢意。

【总结】

以上两篇是求职面试时进行自我介绍的文字稿，一篇为3分钟的标准版自我介绍，一篇为1分钟的精简版自我介绍。两篇自我介绍都能根据应聘岗位的能力需求，有针对性地介绍自己的理论知识、能力和实践经历；礼貌周到，开场有问候，结尾表达谢意。总体思路清晰，语言精练，注重用数据和具体实例作为佐证材料。

求职面试谈及自己的经历、能力优势时不是说得越多越能打动面试官。面面俱到反而缺乏重点，面试官难以从看似完善的陈述中抓住他关心的部分，即你能做什么、你能为企业带来什么。显然，上面那位应聘者在面试前做足了功课，充分了解了应聘企业、具体部门及岗位的基本情况，针对应聘岗位的特点及要求，从自己的经历、能力和特长中筛选出与之相匹配的内容进行有针对性的介绍，告诉面试官自己能适应岗位要求，尤其介绍了自己能为企业做出哪些贡献，很有说服力。

两篇自我介绍因时间要求不同而详略不同。3分钟标准版的自我介绍把与应聘岗位相关的学习情况、学生干部任职情况、实践经历及收获做了详细描述，让招聘单位有了直观深入的了解。1分钟精简版的自我介绍言简意赅，在1分钟之内把工作经历、所获奖项等与所求职位相关的信息进行概括性描述，让招聘单位能够从整体上了解求职者的情况。

案例三

工作汇报

以下是两个员工在周例会上向领导做的工作汇报：

员工 A：

这周我开发了几个新客户，继续跟进 ×× 公司和 ×××× 公司，解决了话费系统的售后问题，完成了网站页面的超链接优化，帮公司和客户的公众号写了推送文章。

缺乏充分的数据进行说明。

我发现最近公司有一些老客户联系得不那么密切，我已经做了一些调查，了解了大致的原因。

未提出解决问题的建议。

员工 B：

这周我开发了 8 位新客户，已经说服 6 位客户体验我们的新产品，其余 2 位客户已有合作意向，我打算下周继续跟进。

此外，我帮助 8 家企业做了网站文案的优化，分别是 ×× 公司、×××× 公司……完成了网站上 60 个超链接优化设计，跟进了 50 个客户的充值售后问题，完成了 15 篇文章的编写发送，其中 5 篇是公司的，余下 10 篇是帮客户代运营的。

用充足数据说话，让领导在有限时间内清晰了解工作情况。

同时，对于公司近期出现客户增长速度减慢的问题，我已经做了调研，并且初步写出了调研报告，今天整理完成后马上发送给您。对于这个问题，我设计了三个解决方案，稍后也会和调研报告一起发送给您。

不但汇报了存在的问题，并且提出解决问题的方案供领导参考。

【总结】

案例中员工A的汇报虽然列出了具体工作内容，却缺少必要的数据支持，领导难以从中得到更为清晰有效的信息以了解其工作成效。在汇报所发现问题时，仅止于陈述问题而没能给出解决方案，这等于把问题抛给了领导。这不是一个成功的工作汇报。

员工B的工作内容与员工A相似，但是在汇报时注意列出具体数据，用事实做支撑，并且说明了下一步的工作计划。在汇报所发现的问题时，不仅说明已形成了调研报告，并且给出了解决方案，这些内容可供领导参考、选择。所说的这一切不但让领导清楚了解其工作情况，并且给人认真负责、工作效率较高之感。在语言表述上，层次清晰，衔接紧密，逻辑严谨。通过三个方面的汇报，让领导能够快速从汇报中把握要点、了解情况，这为之后领导的快速决策提供了很好的帮助。

实境演练

要想把理论知识运用于实践，我们还需要在日常的学习、生活和工作中多加练习。请大家一起来完成下面的任务吧！

任务一

【目标】通过练习掌握欢送致辞的说话要点。

【任务】本班同学张越即将休学参军，请在班级欢送会上代表全班同学致欢送辞。

【提示】（1）注意感情要真挚强烈。

（2）措辞精当得体，语言要口语化。

（3）发言时间控制在3分钟以内。

（4）可提前拟写发言稿或发言提纲。

【实训】熟悉发言稿或发言提纲，大胆登台致欢送词。

【评估】主要从感情是否真挚强烈、措辞是否精当得体、言语表达是否口语化、礼貌是否周全、讲话长度是否适宜方面进行评估。

任务二

【目标】通过练习掌握会议主持的说话要点。

【任务】根据学校安排，各班级要参加五四青年节特色班会评比活动，你作为班干部，组织班委召开一场组织策划会议。

【提示】（1）了解学校的相关通知要求。

（2）明确会议目的，说话要围绕议题展开。

（3）说话准确朴实、简明扼要、重点突出，措词恰如其分。

【实训】会议前理出要讨论的议题，草拟主持提纲，围绕议题组织讨论。

【评估】主要对是否做到准确朴实、简明扼要、重点突出、恰如其分进行评估。

任务三

【目标】通过练习掌握求职自我介绍的说话要点。

【任务】学校学生会换届工作开始了，如果你想竞聘校学生会体育部部长，请在竞聘大会上做3分钟的自我介绍。

【提示】（1）了解校学生会体育部部长的工作职责和岗位要求。
（2）介绍时要大方得体。
（3）介绍要重点突出、思路清晰、语言精炼。
（4）可在发言前拟写自我介绍的发言稿。

【实训】熟悉发言稿并反复练习，登台进行自我介绍。

【评估】主要从自我介绍是否做到大方得体、重点突出、思路清晰、表达流畅、语言精炼等方面进行评估。

任务四

【目标】通过练习提高在正式场合当众说话的综合能力。

【任务】（1）为刚入校的学弟学妹们做一次专业介绍，并分享自己的学习经验。
（2）作为刚入校的新生，登台向全班同学介绍自己选择本专业的原因和对本专业的认识。

【提示】（1）查询、收集相关资料，了解本校本专业的设置情况，为专业介绍做好充准备。
（2）通过多种途径了解本专业所对应的行业发展状况，拓宽发言思路。
（3）提前拟写发言提纲或讲稿。
（4）可制作 PPT 辅助发言。

【实训】根据实际情况选择一个适合自己的任务，做好事前准备，登台进行发言:
若是为新生做专业介绍，则应让学弟学妹们既了解本专业概况，又由衷生出对专业的热爱；
若是作为新生向全班同学分享自己的认识、体会，则注意把自己从新生入学教育、资料查询中获得的专业信息与个人的职业发展规划结合起来进行综合思考，大胆真诚地表达出自己的所思所想。

【评估】主要从是否做到从容流畅、自信大方、内容集中、思路灵活而清晰、言语得当等方面进行评估。

素质拓展

2021年7月1日，中国以一场盛大仪式欢庆中国共产党百年华诞，习近平总书记在庆祝大会上发表的重要讲话吹响了向着实现第二个百年奋斗目标、实现中华民族伟大复兴奋勇前进的号角。在讲话中，习总书记还充分肯定、殷切勉励、深情寄语青年，这是中国青年的无上荣光。青年学子们必须认真学习总书记“七一”重要讲话精神，以实现中华民族伟大复兴为己任，保持昂扬斗志，笃定奋斗意志，努力做出贡献，展现青春作为！

请组织策划一场以“请党放心，强国有我”为主题的畅谈会，同学们向伟大的党、伟大的祖国敞开胸怀、畅谈心声。各位同学在畅谈会组织、举办的过程中尝试不同的角色，在不同角色中进一步锻炼提高说话能力。

畅谈会分两个阶段进行：第一阶段为各学习小组组内畅谈；第二阶段为各学习小组代表在班上畅谈。

前期准备：

组建班级畅谈会工作团队。同学们自愿报名参加畅谈会策划组织工作，团支部统筹决定人选，组成畅谈会工作团队。

组建学习小组。全班同学以自由组合的方式组成学习小组，每组4～6人；学习小组民主推选组长；组长负责组织小组畅谈工作，全员认真参与，最后推选1～2名优秀代表面向全班同学分享心得。

同学们行动起来，自觉学习，努力尝试不同角色，在参与活动的过程中锻炼和提高个人说话的能力：

作为畅谈会工作团队成员，为充分激发同学们的热情，保证畅谈会顺利高质地举办，你需要：

与工作团队成员、各学习小组组长良好沟通、精诚合作；

注意组织策划工作过程中与他人的言语交流，善于通过不同途径、利用不同的方式方法沟通彼此，讲究说话艺术，努力做到“沟”而能“通”，从而成功举办畅谈会；

在活动开展过程中，适时向辅导员做工作汇报、向全班同学做工作总结，口头表达时注意讲究汇报、总结的艺术。

作为学习小组组长，为有效调动小组成员自觉性、积极性，保证大家能够畅所欲言，你需要：

善于通过多种途径、利用不同的方式方法与小组成员、班级工作团队成员进行言语交流，推动小组畅谈活动顺利进行；

小组畅谈会前，组织小组成员学习建党百年庆祝会上习总书记的“七一”重要讲话，尝试为同学们进行学习辅导，以精确流畅的语言解读讲话精髓要义。

作为心得分享人，为能顺畅地与同学们分享自己的感悟、体会，你需要:

结合自身学习、今后规划，选取恰当的角度切入，大胆、真诚地与同学交流自己的思想情感，表达自己将力学笃行，深学细悟，以实际行动践行“请党放心，强国有我”青春誓言的决心。

模块要点

说话的艺术
说话的意义
表达观点
交流思想
实现目的
说话的基本原则
胆大自信
态度诚恳
姿态正确
话题投合
仪态大方
讲究技巧
提高说话能力的途径
大胆开口
掌握技巧
交际活动中如何说
语音标准，语调准确
思路清晰，见解深刻
措辞贴切，大方得体
感情真挚，控制时间
语言口语化
职场工作中如何说
目的明确，事前准备
思路清晰，双向沟通
语言精当，有针对性
掌握套路，把控节奏
提出问题，提供方案

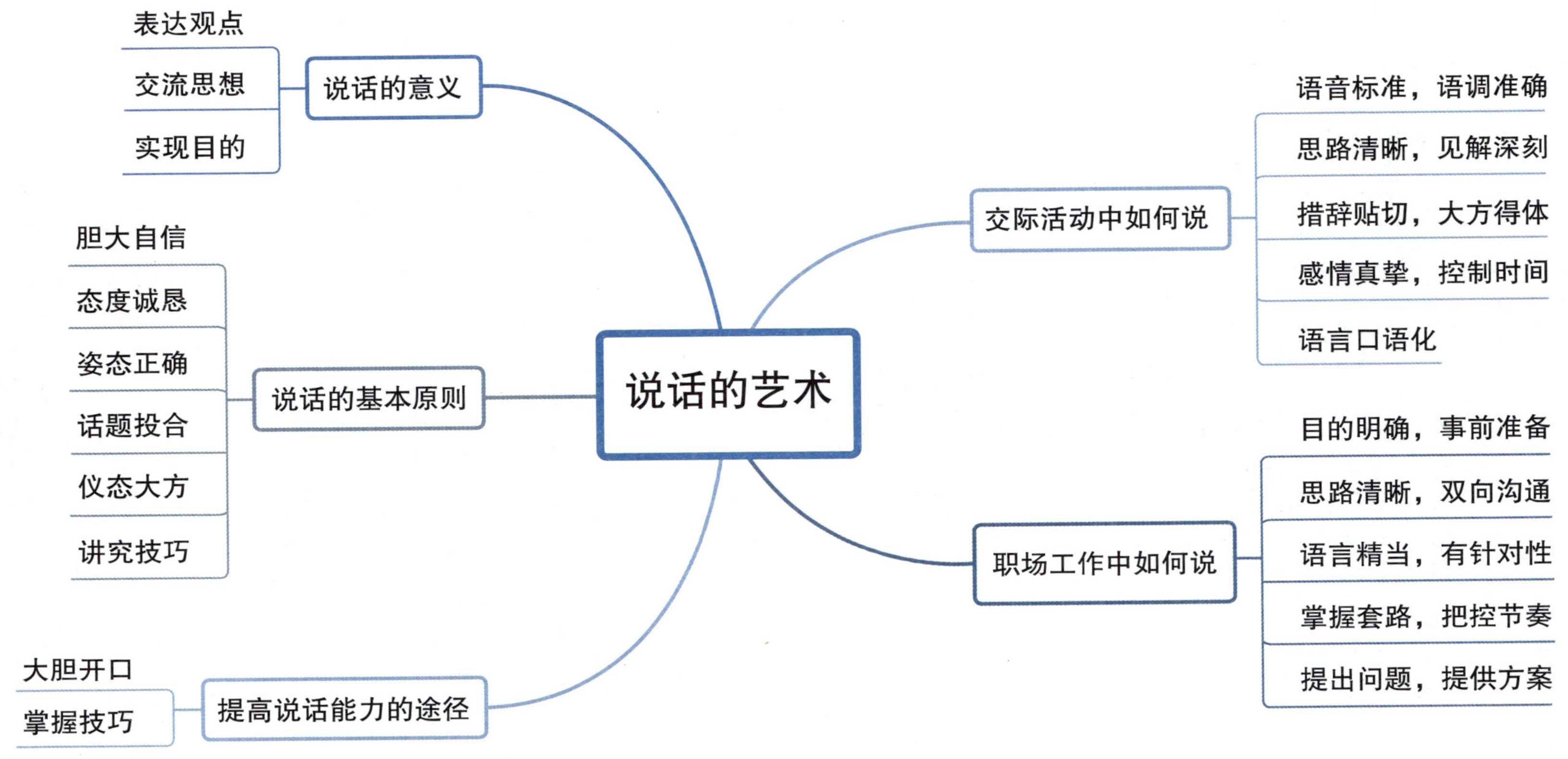

模块三

阅读的艺术

The Art of Reading

1940年10月22日，英国遭受空袭，位于伦敦的荷兰屋图书馆几乎被炸成废墟，墙壁倾颓，砖石满地，但有3名男子竟不顾敌机刚刚离去，在尚未倒塌的书架前翻检书籍。战火的残酷与读书所展现的不屈意志两相对比，给人以持久的感动。每年的4月23日世界读书日，这历史瞬间总会被人提起。

或许有人不解：战火纷飞，还不忘阅读，为的是什么？这是因为很多人被生活的艰难折磨得心灵枯萎，但有书香滋润的灵魂不会。对于那3名男子而言，阅读绝非让他们暂时忘记战乱的“镇定剂”，而是勇敢面对现实、让精神再次振奋、让意志战胜泪水的方法。

阅读何以有这样的伟力呢？一位作家指出，阅读会给人两种收获：一种是通过读书知道原来不懂的东西；另一种是通过读书触发反思，知道自己本来就有的东西，并激活它。前者是知识，后者是智慧。

人如果远离了阅读，就等于一间房子没有窗户。书籍并非装点门面的饰品，而是精神的营养品。读书并不必然导向外在的成功，但它必然指向内在的丰沛。阅读让人生气象万千，这便是阅读之于人生的独特意义。

学习目标

知识目标：了解阅读的基础知识，掌握一般的阅读方法。

能力目标：在阅读实践中，能够灵活运用阅读方法进行基本文体、实用文体的解读，能够进行文学鉴赏。

素养目标：养成良好的阅读习惯，培养高雅的阅读情趣，提升审美能力。

知识点拨

一、“阅读”是什么

阅读，又称读书，一般指人们通过视觉（盲人通过触觉）从材料中获取知识、接受教育、学习技术的智能活动。阅读材料主要有文字、符号、图像以及数字化信息等，如我们常见的纸质或电子的书籍、报纸、刊物等。对大多数人来说，阅读是获得知识、信息的长期而重要的途径，也是适应信息社会的必备技能。

阅读的特质为对阅读材料做辨析性的、深度的“心读”。只有这样才能更好地将知识系统性地传播下去，使人类文明得以延续。在漫长的历史进程中，阅读的对象主要是纸质书籍。进入网络时代，一种针对电子视屏的阅读方式开始流行，即“屏读”。电子读物是信息社会发展的产物，它通过把文字、图片、声音、影像等组合在一起，让读者多层次感知信息。电子读物的信息储存量非常大，我们通过检索，可以用较短的时间、较快的速度掌握最新的实用知识。在看到电子阅读的优势的同时，我们也不难发现不少人面对电子读物比较容易流于“浅阅读”，即以实用为主，而深度有限。阅读者的深层次思考不足，不利于自身的发展及社会的进步。可见，在当今时代，我们不可忽视甚至摒弃传统的“阅读”，将不同介质的阅读材料、特点各异的阅读方式相结合，是个人进步、社会发展的重要保障。获得“人民艺术家”荣誉称号的著名作家王蒙强烈呼吁人们在新时代仍要保持这种良好的阅读习惯：

网络时代的一大好处就是广泛的参与性，但是这也容易有一个问题，就是用浏览替代阅读，用数量替代质量。海量的浏览会替代阅读，人云亦云会替代分析，兴趣会替代求知的决心。网络如果随性而至地发展下去，会使人白痴化。我们在善用网络的同时，不能放弃认真的学习，不能放弃纸质书籍的阅读和研究。

按照接受美学的观点，读者在阅读过程中不是被动地吸收，而是主动地接受，甚至是积极地创造读物的内容。任何读物的教育、认知、审美等功能不能由作品自身来实现，必须由读者在接受过程中来实现，因而阅读是再创造的过程，也是阅读者提升自己的过程。阅读者需要具备一定条件并做出特定努力，阅读离不开思维，也需要一定的想象能力，而且在阅读过程中，读者也会有所发现。

时代在前进，文化也在不断发展。读者在阅读时会面临一些矛盾：一是无限的读物同有限的时间之间的矛盾；二是呈几何级数增长的读物同读者阅读能力的矛盾。所以读者必须通过学习改进自己的阅读方法，培养阅读能力，提高阅读效率。

我们所强调的“阅读能力”具体指什么呢？

阅读能力是指在阅读中的理解、分析、概括、联想、鉴赏和评判的能力。阅读效果的好坏与阅读能力的高低密切相关，而阅读能力的高低又取决于阅读者的文化素养和认识水平。

具体来说，阅读能力大致有以下四种，如图3.1所示。

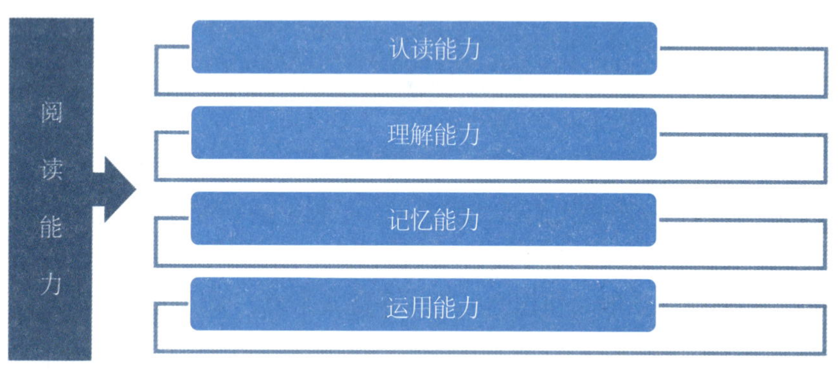

图 3.1 阅读能力的构成

（1）认读能力：即阅读的必备能力。读懂是阅读的第一步，即能够了解词句的意思，明白篇章基本结构层次。

（2）理解能力：把握要点的能力。理解能力是由表及里地对阅读对象进行分析、归纳的能力，以及独立思考、辨别真伪的能力。

（3）记忆能力：吸收和储存阅读所得并能随时令其复现的能力。记忆分为机械记忆和理解记忆。机械记忆主要针对各元素之间没有明显内在联系的对象，理解记忆则主要针对各元素之间逻辑关系紧密的对象。

（4）运用能力：把书本知识在实践中转化为技能的能力。可表现为善于写文章、精彩地做口语表达以实现顺畅交流沟通；亦可表现为在正确解读书面材料的基础上，良好地执行工作任务、提高工作效率等。

了解了阅读能力的基本构成之后，我们再来看看阅读的“妙用”。

阅读是大学生活不可或缺的重要组成部分，也是构建成功人生的必经之路。我们在大学期间，除了学习专业知识，练就专业技能，还应该大量涉猎专业以外的书籍，不断充实自己，让自己成为内涵丰富、素质全面的人才，也就是爱因斯坦所说的“和谐发展的人”。

用专业知识教育人是不够的。通过专业教育，他可以成为一种有用的机器，但是不能成为一个和谐发展的人。
——爱因斯坦

中央电视台主持人白岩松说：“读书不仅能让个人变得更加优秀，也能让我们的民族更加理性。对个体来说，读书让我们得到了乐趣和进步，但最重要的是，读书还给了我们面对世界的正确态度。”

那么，阅读可以为你带来什么呢？

1）获取知识，提升自我

“书籍是人类进步的阶梯。”书的社会功能首先在于保存人类社会实践活动的经验，即人类社会得以发展的文化知识。通过阅读这些书籍，无疑可以获得丰富的文化知识并将之代代相传。

同时，在文化知识的获取中个人综合素质也在不断地提升。培根说过：“鉴使人明智，诗歌使人巧慧，数学使人精细，博物使人深沉，伦理之学使人庄重，逻辑与修辞使人善辩。”可见，“学问变化气质”。阅读是我们获取知识的渠道，也是提高个人素质的有效途径。

2）开阔视野，陶冶情操

读一本好书，就是点亮一盏心灯。我们可以在阅读中修养自我，在阅读中思考。有句话说得好：“不读书的人，天和地都是狭小的，他充其量只能活上一辈子；多读书的人，天和地都是广阔的，他能活上三辈子——过去、现在和将来。”

阅读可以让我们视野开阔，境界高远，心态平和，即所谓“腹有诗书气自华”。喜欢阅读的人，往往谈吐风趣，举止得体，情趣高雅，眼界开阔。阅读，为精神打底，为人生奠基。

3）更好地享受生活

在当今快节奏的生活中，阅读是一种享受生活的方式，可以让我们放松灵魂。为一份怡然自得，为那股淡淡墨香，让我们走进书中，在品读中享受属于自己的乐趣，在咀嚼中体味人生的美丽。

阅读是理性与感性的融合，它能够让人活得更有品味、更有意义。

二、常用的阅读方法

图书浩如烟海，如何在书籍海洋中快速汲取营养至关重要。科学、多样、灵活、高效的阅读方法能够大幅度提高我们的读书速度和记忆效率。

> 最有价值的知识是关于方法的知识。掌握了方法，就掌握了金钥匙。
>
> ——达尔文

阅读是一种口、眼、脑并用的语言训练形式，朱熹在《读书三则》中说到：“读书有三到，谓心到、眼到、口到。”

阅读的过程也是一个积累的过程，是将文字知识内化的过程。古人读书有“三功”。一曰“诵”，二曰“疑”，三曰“评”。“诵”，不是看，而是声情并茂地读。“疑”，不是一般的想，而是和作者探讨。读书不存疑，则不如不读。“评”，也不是一般的复述，而是评价阅读材料的优劣得失，提出自己的看法。

此外，根据阅读对象、阅读目的的不同，人们总结出多种阅读方法，其中4S阅读法在实践中常常被用到，我们不妨好好学习和掌握。

4S阅读法即浏览、略读、寻读、研读四种阅读方法的合称。

1. 浏览（Surveying）

浏览就是快速、简要地看。它可以帮助我们快速了解阅读材料的结构形式、主要内容，从而确定下一步将怎样阅读以高效达成阅读目标。因此，面对一个新的阅读材料，不要急于马上精细地阅读，而要善于首先快速浏览以决定最佳的阅读方式。

2. 略读（Skimming）

略读，也叫粗读、泛读，是一种以很快速度阅读并略去部分内容，以获取材料要点或个人所需内容的阅读方法。一般在缺乏充足阅读时间或没有必要做完整细致的阅读时使用。

常用的略读方法又有如下几种。

（1）纲目式略读：只阅读目录、标题（小标题），对材料做宏观整体了解。

（2）重点式略读：略去非重点部分，有选择地阅读部分重点内容，把握材料的关键点或个人所需要点。

（3）跳跃式略读：断续地阅读。读第一段或前两段以弄清大致背景；对于其他段落，则可重点捕捉那些往往标示题旨要义的首尾句或前几行；结尾段多为全篇总结，需要相对完整细致地阅读。

略读的时候，眼睛要敏锐捕捉，大脑迅速做出判断，灵活筛选有价值的信息。

3. 寻读（Scanning）

寻读又称查读，也是一种快速阅读方法。它是指根据需要从大量的资料中快速地把某些特定信息寻找出来，如人物、事件、时间、地点、数字等，对其他无关内容略去不读。这些特定信息找到后则需仔细阅读。

寻读与略读不同。一般而言，略读时，读者事先对材料一无所知，通过略读大致把握主要内容。而寻读则是在对材料有一定了解的情况下进行的。具体地说，寻读带有明确的目的性和针对性。阅读时要注意关键词，从材料中快速找出个人所关注的信息，不需要阅读全部。

4. 研读（Studying）

研读亦称精读，就是细致深入地咀嚼、分析、品评材料，研究各部分之间的联系，深入透彻地理解和把握整体内容。当我们需要对阅读材料做出评价或者吸收整体观点、理论时，必须进行这种思辨性的研读。

读者在精读中必须学会圈点、批划重要内容，弄清词句含义，逐段理解内容，理清线索，把握主题。还要学会做摘要、列提纲、绘图表等。在阅读中要提出问题，使阅读的目标具体、明确，如作品的社会意义、作者的情况、写作的背景等。有时还要停下来重读或思考，体会言外之意。

除了4S阅读法之外，一些特殊时候还可辅以朗读的方法。朗读需要眼、耳、口、脑多器官并用，其基本特征是出声。实际上，朗读是一个反复感知的过程：阅读材料的文字信息由眼睛传输到大脑，大脑分析处理之后指令嘴巴发声，声音信息通过耳朵再传回大脑，大脑进行再分析以便有效吸收。显而易见，在这一过程中眼、耳、口、脑多种器官协同作用，最后使大脑对阅读材料产生深刻认识。面对一些特殊的阅读对象，比如优美的诗文，通过朗读可以将其语言文字的抑扬顿挫、声韵气势尽情释放，让阅读过程有声有色、生动愉悦，可以极大程度地促进对作品精华的汲取，让读者心灵深受感染熏陶，顺畅进入阅读的美好境界。

上述阅读方法是相互交叉、互为补充的，阅读时可根据阅读的目的和个人习惯灵活运用。总之，我们应该选择那些在有限时间内能取得最大收获的方法，科学灵活地提高阅读效率。

在阅读过程中，还有一些事项需要我们牢记于心：

（1）除了朗读，一般的阅读不要出声。因为我们的发音器官的运动速度比眼睛和大脑的运动速度慢很多，如果读出声音，就会大大降低阅读的速度。

（2）学会提前寻找信息。眼睛看的速度超过大脑思维的速度，在大脑消化信息时，眼睛已经在识别新信息了，所以我们要学会用眼睛提前寻找有价值的信息。

（3）要一段一段地阅读。一般不要一字一字地看，要学会一段一段地阅读，甚至“一目十行”。简化、缩短大脑整理和贮存信息的过程，加快阅读速度。

（4）要学会利用工具书。在阅读重要材料时，我们如果遇到不懂的字词、概念时，要学会查阅相关工具书，包括字典、词典及各种相关书籍。

※ 4S 阅读法可以帮助我们在书籍的海洋中快速汲取营养，在阅读时我们可根据阅读目的，单一使用某种或综合使用多种阅读方法。

※ 精细阅读之前，应当首先采用浏览的方式初步了解作品，目的是知其大意，以便选择最佳的阅读方式。

※ 面对没有必要完整细致阅读的材料或缺乏充足的阅读时间的时候，可采用略读法以获取材料要点或个人所需的内容。

※ 已有明确的查找目标时，可用寻读法快速准确找出有关信息并仔细阅读，无关内容则略去不读。

※ 面对需要做出评价或吸收整体观点、理论的阅读材料，必须进行思辨性地研读。

三、基本文体阅读

要想提升我们的阅读效率，就要掌握一些基本文体的阅读策略。在学习和生活中我们接触得比较多的文本主要有记叙文、说明文和议论文，下面我们一起来看看对于这些文体应当把握住哪些关键因素，才能让我们的阅读更有效率。

（一）记叙文阅读

记叙文是以叙述为主要表达方式，以记写人物活动经历或事物发展变化为主要内容的文体，在生活中使用频率较高。记叙文有广义、狭义之分，狭义的记叙文特指记叙性的文学作品，如小说、散文；广义的记叙文则指对社会生活当中的人、事、物等的变化发展进行叙写、记录的文章，如消息、通讯、书信等。在这里我们主要针对一般的记叙性文体的特点来谈谈解读记叙文的主要策略，小说、散文等文学类记叙文体的鉴赏性阅读将在后面关于文学作品的阅读之处进行相关介绍。

1. 辨识不同类型，把握记叙主体

记叙文种类多样，记叙主体各有侧重，分辨不同类型的记叙文有助于快速把握文章记叙的主体对象。

以写人为主的记叙文的中心思想及作者感情主要通过对人物活动经历的叙写表现出来。其中有的是以写人为主的散文，有的是人物通讯。我们要学会通过分析对人物外貌、语言、行动、心理活动的描写，了解人物形象及文章中心思想。

以记事为主的记叙文的中心思想及作者的思想感情主要通过对事件经过的叙写表现出

来。这类文章大多要交代事情的发生、发展和结果。我们要能通过分析事情的经过，揭示事情的意义。如《人民日报》记者廖文根的《“神舟”五号飞船航天员出征记》，生动记叙了我国第一艘载人航天飞船“神舟”五号成功发射的历史事件，表达了人们对英雄的崇敬、对祖国航天事业的自豪。

2. 依循文体要素，整体感知内容

阅读这类文章，要注意认清人物、时间、地点、起因、经过、结果等记叙要素，由此可把握文章的基本内容；注意时间的先后、地点的转换，分析人与人之间的关系、各部分之间的联系，理清文章的思路及线索；同时善于找到并细品重点段落、语句和关键性词语，这些都是我们整体感知文章内容的关键所在。

3. 读解表达方式，领会文章精神

虽然记叙文以叙述为主要表达方式，但很多情况下，为了能够把人、事、物、景展现得更为细致深刻，还会运用描写、议论、说明等表达方式。叙述是叙说人物的活动或事情的经过，把人物的特点或事情的基本情况交代清楚，其作用是让读者对所写的人物或事件有清晰的认识。描写是对人、事、物、景进行具体的描绘和刻画，给读者以如闻其声、如见其形、如临其境的感受，可以加深读者对人物或事件的认识和理解。记叙文中的叙述与描写常常会结合起来使用，阅读时要注意体会不同的表达方式所带来的独特效用，这对深刻理解文章的中心有着很大的作用。

为了让读者对所叙写的人物或事件有更深刻的认识，记叙文在叙述过程中有时会加入议论。一般多为先叙后议，即在主体叙述的基础上进行精简议论，以揭示文章的中心思想，增加文章的深度。也有先议后叙，以此引导读者对将要叙述的人物或事件进行思考，从而对下文密切关注。记叙文中的议论性言语虽然不多，但它们的出现往往点明所叙写内容的意义，有的议论甚至直接揭示文章主旨。因此，阅读文章时要注意对议论语句做细致分析，把握议论与叙述之间的关系，这样有利于把握文章中心。

在记叙文当中，需要说明某种事物的状态、性质、功能时，也会用到说明的表达方式，但必须清楚文中的说明从根本上也是为写人叙事服务的，我们可以通过了解说明内容来理解所写人事。

4. 品味语言特色，感受文章情致

优秀的记叙文善于在客观记叙的基础上，辅以生动形象的描绘，以增强文章的表现力、感染力。我们可以从词汇语句的选择、修辞方法的运用等方面去细致品味揣摩其中韵味。

（二）说明文阅读

说明文以言简意赅的文字说明客观事物或阐释抽象事理，读之可对事物、事理有清晰、

科学的认识。在阅读说明文时，应掌握以下阅读策略。

1. 审读标题，判断文章类型

从说明的内容上看，说明文有事物说明文、事理说明文两类，明确其类别有助于我们沿着特定方向把握文章的核心知识，提高阅读效率。在实际阅读中我们可通过标题便捷识别文章类型。如果说明的对象是具体客观事物则为事物说明文，如《雄伟的人民英雄纪念碑》；如果说明的是抽象的事理，主要回答“为什么是这样”的说明文则为事理说明文，如《死海不死》。

2. 浏览全文，了解说明对象

浏览全文，可快速了解文章说明的主要内容，掌握说明对象的特征。如《死海不死》主要是说明死海“不死”的原因。

3. 梳理说明顺序、方法，准确快速把握整体内容

梳理说明的顺序和方法有助于知识的理解与记忆。事物说明文多采用时间和空间顺序，事理说明文则多采用逻辑顺序。某些介绍制作流程的说明文，则以生产过程的先后为序。常见的说明方法有下定义、列数字、打比方、做比较、分类别、举例子、列图表等。循着说明顺序探入，扣住说明方法读解，是准确而快速把握文章所介绍事物、所说明事理的有效途径。

4. 体会语言精准表达的特点，准确把握事物特征

说明文从语言上分为平实性说明文和文艺性说明文两种。平实性说明文的语言强调准确、简明。准确，就是恰如其分、实事求是地说明事物的面貌、状态、性质等。简明，就是对事物的介绍做到简洁明了。阅读时注意体会一些修饰限制性词语表达精准的特点，由此准确把握所介绍事物的特征。文艺性说明文的语言则有一定程度的形象生动性，读来别有趣味。但无论如何，语言表达准确，是说明文的根本。

（三）议论文阅读

议论文是一种通过评析、论理的方式来剖析事物、论述事理、阐明观点的文体，读之可以明事理、强思维。在阅读说明时，应掌握以下阅读策略。

1. 快速浏览全文，明确文章论题

阅读议论文，首先要明确其所论对象，即文章主要论述的问题。那么面对一篇议论文，可以先用快速浏览的方式阅读全文，这样利于迅速明确文章论题。

2. 精读关键内容，找到中心论点

明确文章主要论述的问题是什么之后，就要通过精读关键词句、段落的方式准确找到中

心论点。

中心论点作为议论文的核心，表明了作者的观点和主张，当然也就是我们阅读理解的目标所在。在文章中，中心论点一般会被概括为简洁的句子，而且往往是表示肯定或否定的判断句。从位置上看，中心论点一般在标题、开篇、中间或结尾处。精细品读这些关键之处，中心论点将会清晰呈现。当然也有些文章的中心论点渗透在全文当中，这就更需要慧眼辨析，从宽泛的词句、段落中进行归纳概括。

论点提出的方法也可以成为有效探寻中心论点的路径。中心论点的提出一般有如下几种方法：①摆事实讲道理后归结论点；②开门见山提出中心论点；③针对生活中存在的现象提出论题，通过分析论述，归结出中心论点；④叙述作者的一段经历后，归结出中心论点；⑤从故事中提出问题，然后一步步分析推论，最后提出中心论点。阅读时可依据这些规律精细辨析文字内容，准确把握文章的中心论点。

3. 分析论据材料，准确理解论点

论据是作者阐述观点的根据，是论点成立的基础。论据的类型主要分为事实论据和理论论据。议论文中用于证明中心论点的论据或是能反映事物本质的典型事例，或是能正确反映客观现实的真理，精细分析这些论据材料，无疑对我们透彻理解中心论点大有帮助。因此阅读议论文要善于分析论据材料，这是准确理解作者观点的基础。

4. 分析论证过程，把握论述逻辑

论证是运用论据证明论点的过程，揭示了论点和论据之间的逻辑联系。阅读议论文时要注意以下几点：①论点是怎样被证明的（用了哪些理论和事实，是否有正反两面的分析说理）；②联系全文的结构，看看文章是否有总结，论证是否完整；③分析用于证明观点的论证方法。阅读议论文时要注意分析这些严谨的逻辑论证过程、论证方法，这对于我们准确把握、充分理解中心论点至关重要。

5. 分析层次结构，通达文章中心

文章结构是开启读解之门的一把钥匙，是通达文章中心的重要路径。议论文是通过分析综合、判断推理的方式，引用各种材料进行论证说理的文体，因此阅读时还要注意分析其论证结构，以便于把握论点。议论文的基本结构形式是：引论（提出问题）—本论（分析问题）—结论（解决问题），即“三段论结构方式”。其他并列式、总分式、递进式等结构形式，都是以“引论—本论—结论”三段为基础演化而来的。我们沿着文章的基本结构框架去做分析，更能便捷清晰地探寻、理解文章所论观点。

6. 体会语言特色，感受论证力量

为使观点得到有力的证明，议论文的语言往往具有如下特色：①讲究修饰性、限制性词语的运用，使论证语言准确严密、逻辑性强，整体论述更具说服力；②提倡什么、反对什

么，文字表达旗帜鲜明；③措辞简明扼要，杜绝啰唆。我们在阅读议论文的时候，要注意感知措辞用语的准确、精炼、严谨以及强烈的感情色彩所带来的特殊表达效果，正是这些语言作为文章基础的层面实现了对中心论点的有力证明。

※ 阅读记叙文时可通过辨识文章类型快速把握记叙的主体对象；通过梳理和分析记叙文体要素、常用表达方式的作用等，整体感知文章内容，把握文章中心。

※ 阅读说明文时可通过审读标题、快速浏览、梳理说明顺序、了解说明方法等途径快速准确地掌握文章所介绍的核心知识。

※ 阅读议论文的目标是把握文章阐述的中心观点。那么阅读中应当首先快速明确文章的论题，然后通过辨析关键词句、段落以及提出论点的方法等准确找出中心论点。同时注意分析论据、论证过程及论述结构等文章要素，以便更为准确、深入地理解把握文章的中心观点。

四、文学作品阅读

文学被视为美的语言艺术，它以语言文字为媒介，塑造艺术形象，反映社会生活，表现人类精神世界。文学形象以个别的、具体的感性形象出现，传达丰富的内在意蕴；它融进了作家的思想情感和审美情趣，是客观生活同主观情感统一的产物；它具有审美价值，能够使人产生愉悦、悲痛等情感，在精神上得到艺术的享受。由此可见文学具有形象可感性、普遍概括性、情感倾向性和审美娱乐性。因为这些特点，生活中很多人喜欢读诗歌、散文、小说等文学作品，这是一个很有意义的爱好。

但也不难发现，不少人对文学作品的阅读还停留在较“浅”的层次。为了能够更好地感受文学的魅力，汲取文学的精华，我们希望大家努力让自己的“读”走向更“深”层次，努力从普通的阅读上升到“鉴赏”。在这里，我们所说的“鉴赏”与“阅读”，密切关联而又有所不同。鉴赏要在阅读的基础上进行，但阅读并不完全等同于鉴赏。阅读有消遣性的阅读，也有欣赏性的阅读，后者追求情感的陶冶升华与深层的审美享受。两相比较，欣赏性阅读超越了消遣性阅读，可以从思想、艺术上带给读者更为丰厚的收获。

希望大家能够真正走进文学作品所创造的艺术世界，用心感受和体验那些具有审美意义的艺术形象，由此深刻认识丰富的社会生活，并在心灵的启迪、情感的共鸣中获得审美的愉悦与享受，从而得到精神境界的升华。

下面我们来谈谈小说、诗歌、散文的阅读。

（一）小说阅读

小说是以塑造人物形象为中心，通过对完整的故事情节和具体环境的描写，广泛而深刻地反映社会生活的一种文学体裁。小说可以多方面细致地刻画人物性格，可以进行生动的描述，可以编织丰富完整的故事情节，还可以具体形象地描绘自然和社会环境。在阅读小说时，应掌握以下阅读策略。

1. 分析人物形象

塑造人物是小说反映社会生活、表达作者观点的重要手段，所以读小说时应当注重分析理解人物形象。在阅读过程中，我们可以通过人物的外貌、心理、语言、行动来把握人物的性格特征。在作者或概括或具体、或正面或侧面的描写烘托中，深入理解人物性格，进而发掘出人物善恶美丑的精神世界。

2. 梳理故事情节

阅读小说时我们还需要清晰地梳理小说的故事情节。

小说的故事情节构造是展现人物性格、表现作品主题的重要手段。小说情节一般分为开端、发展、高潮、结局四个部分。有的作品为了介绍人物和背景会在开头加上“序幕”，为了升华主题在结尾加上“尾声”。

阅读小说时，我们可以梳理作品主要叙写了哪些重要事件，依次加以概括；试着简明概括故事情节，分析出小说的开端、发展、高潮和结局几个部分。

分析情节不是鉴赏小说的目的，而是理解人物性格、把握小说主题的一种手段。所以，在分析故事情节的时候，要随时注意体会它对人物性格的形成及对揭示小说主题的作用。

3. 体会环境特点

小说的环境描写主要是为了交代故事发生的背景，推动情节的发展，或是为了烘托气氛，构设感情基调，突出人物的精神特质，为后文做铺垫等。

小说中的环境描写有社会环境描写和自然环境描写。社会环境描写的主要作用是揭示时代背景，这些描写能提示出人物性格的时代根源；自然环境描写主要包括地点、时间、季节、气候及景物等，其主要作用是表现人物的身份、地位、行动、心情以及渲染气氛等。我们要学会结合故事情节体会环境描写的作用。同时，分析环境描写要与分析人物形象结合起来。

4. 品味艺术特色

经典文学作品离不开精妙的写作技巧，即作家驾驭文学语言，运用多种艺术表现手法及表达方式、修辞手段等，来构思文学作品、塑造文学形象时所表现出的熟练的而又独具特色的艺术才能。

阅读作品时，我们可以关注具体的表现方法，比如细节描写、象征、对比、衬托、铺垫、照应、悬念、巧合等，体会这些表现手法在塑造人物形象和表现主题时所起的作用；分析小说中特有的表达方式，比如记叙、描写、说明、议论、抒情等是如何为作者表情达意服务的；分析小说在语言运用上有何特点，给我们提供了哪些艺术审美情趣等。

5. 挖掘小说主题

主题是小说的灵魂，是作者写作目的之所在，也是作品的价值意义之所在。主题的深浅往往决定着作品价值的高低，因此，欣赏小说必须善于挖掘其内在深意，体会其深层所蕴含的精神思想。

小说的主题主要有以下几类：歌颂、赞扬了什么；讽刺、批判、揭露、谴责了什么；揭示了什么人生道理；对什么社会现象做了反思；表达了什么情感，等等。

阅读小说要善于挖掘作品的主题。把握小说主题可以从题目入手；也可以从小说的情节和人物形象入手；可以联系作品的时代背景及典型的环境描写，认识人物形象的思想性格所打上的时代烙印，把握人物形象所折射出的时代特征，达到揭示小说主题的目的；也可以从小说的精巧构思中把握作品的主题。

（二）诗歌阅读

诗歌是一种通过精炼、形象的语言，高度集中反映社会生活，饱含丰富的感情和想象，富于音乐美的文学体裁。诗歌具有语言精炼、抒情言志、意境深远的特点，一方面提供给我们丰富的想象，另一方面也可能给读者带来一定的理解难度。那么，应当怎样快速地阅读理解一首诗歌、品味诗歌韵味呢？

1. 理解诗歌标题

诗歌标题往往是诗歌中心内容和情感思想的集中概括，它们或标明写作对象、写作重点，或表现感情基调，因此阅读诗歌应当注重对标题的理解。现代诗都有明确的标题，古诗词中除一部分词、曲只有词牌、曲牌之外，多数也是有标题的，我们应当善于借助标题追寻诗作情境。

2. 了解创作背景

不同诗人生活的时代有别、境遇各异，自然所写的内容、所传达的感情会各有特色。了解创作的具体时代背景和作者情况，才能准确地理解诗歌的内容和作者所抒发的情感。

3. 精心推敲词句

诗歌创作最讲究练词、练句、练意，所以阅读诗作必须精心推敲词句，分析品味关键词句所描绘的情境，这样才可能准确理解诗歌，更好地感受诗歌的魅力。

4. 感受节奏韵律

古诗创作讲究韵律、节奏、韵脚、平仄，在字数、句数的整齐和均衡等方面都有着严格的要求，读来有着独特的音乐美感。现代自由体诗虽然没有严格的格律要求，但依然注重节奏美、韵律美。我们欣赏诗歌时，可以反复朗读，充分体会由此带来的特殊美感。

5. 分析意象特征

诗歌的意象，即渗透着诗人特定情感的客观物象，具有主观情理和客观形象高度融合的特征。在诗歌中，诗人往往通过意象来营构意境、抒发情感，诗歌的立象寓意、托物言志、借景抒情等都离不开意象。中国诗歌创作非常讲究意象的运用，甚至经过历史的积淀，许多典型意象往往有着约定俗成的含义，例如“梅花”是高洁品格的象征，“月亮”代表思乡之情。因此分析意象就是在切近诗人的感情，沿此前行则能读解作品的思想内涵。

由此可见，在阅读诗歌的时候，我们不能仅仅停留于字面上的理解，而要善于分析、体会诗歌的意象，深刻领会其深层含义，只有这样才能领会诗歌所表达的思想感情。

6. 发挥丰富想象

诗歌创作的凝练性带来描写的跳跃性。体会不到这种跳跃性，有可能影响对诗歌主旨的准确理解。所以阅读诗歌时我们必须联系上下文，发挥丰富的想象，用联想去填补诗人留下的空白，只有这样才能更好地理解诗歌内容，以及诗人所要抒发的思想感情。

7. 品味深远意境

诗歌的意境，就是诗人要表达的思想感情与诗中所描绘的生活图景有机融合而形成的一种耐人寻味的艺术境界。比如有的诗慷慨苍凉、雄浑豪迈，有的诗恬淡自然、孤独冷寂。诗歌的意境可以引发联想，发人深省，让读者如临其境，获得特殊的审美享受。

意境是一首诗的灵魂，诗意之美源于深远的意境。我国近代著名学者王国维先生在谈到诗词创作时就强调“境界”的创造最为重要，明确地说“有境界则自成高格”，可见意境是诗歌艺术水平的重要体现，是诗歌的魅力所在。那么，我们要善于通过咀嚼精美的言词、分析独特的意象、展开丰富的想象去感受诗歌深致的情韵，充分领略诗歌的意境之美，从而获得心灵的启迪与审美的熏陶。

8. 重视注释的使用

为帮助读者理解作品，很多诗歌读本特意在诗作之后加上注释，或交代写作背景，或解释疑难字词，或揭示典故含义，这些对理解整首诗有很大作用，切不可轻易放过。

（三）散文阅读

中国六朝以来，把不押韵、不重排偶的散体文章（包括经传史书），统称为散文，以区别于韵文与骈文，后又用散文泛指诗歌以外的所有文学体裁。现在散文一般指抒发作者真情实感、写作方式灵活多样的记叙类文学体裁。

无论具体内容是写人记事，还是写景状物，总的来说，散文主要是表达作者对社会、人生、自然的深切感悟，这种感悟大多表现为对事物的特殊意义或美好品质的发现。散文阅读重在从作者的感悟中得到启示与美的享受，因此要注意由“形”入“神”，领略作品内蕴的思想美、艺术美。那么，如何阅读散文呢？

1. 了解写作背景

作品是社会的折射，内容是背景的产物，因此了解相关背景，是理解散文的一把钥匙。

2. 探寻叙写线索

散文虽“散”，但内容的展开实际有迹可寻，文中一定蕴含着一条贯穿全文的线索，以保证其“形散”而“神聚”。我们在阅读散文时，要注意理清作者思路，探寻叙写线索，这是准确把握文章立意的关键。

阅读散文可尝试抓住两条线：一是明线，通常是场景的转换、观察点的转移、事情的发展等；二是暗线，即作者的内在情感。通过这个途径我们可以顺利地把握作品脉络，理解作品深意。

3. 抓住关键词句

阅读散文要重视抓住关键词句，可重点关注以下几类词句。一是起始词句，不少散文作品全篇或段落开头处的词句紧扣主题，蕴含着作者强烈的情感，可以提供良好的理解思路；二是点明主旨的词句，它的呈现比较灵活，较多出现在文章末尾，抓住细品易于把握文章主旨；三是过渡词句，它往往是场面变换、叙述角度变化的过渡，抓住它能够理清文章脉络，从而通达中心。

实际上，我们所说的关键词句，很大一部分就是作品的“文眼”。所谓“文眼”，就是那类最能揭示主旨、升华意境、概括性强的关键性词句。文眼对文章的结构起着支配的作用，是窥探主题思想的窗口，抓住它就是抓住了理解作品的关键。比如著名作家老舍的《济南的冬天》，“温晴”就是该文的文眼，全篇紧紧围绕着“温晴”这个特点层层展开对济南冬景的描绘，写出济南冬天特有的、动人的景致，抒发对济南冬天的喜爱与赞美。阅读时若能准确抓住这个关键词，则能顺利地透过“温晴”的冬景体味到作者对济南这座城市的“温情”，而这份“温情”正是文章的意蕴所在。

4. 注意表现手法的效用

托物言志是散文常用的手法。作者常对事物做细致的描绘和刻画，即“形得而神自来焉”。读散文要抓住“形”的特点，由“形”见“神”，领会客观材料与作者主观感受的统一关系，准确把握作者的观点、态度。同时我们要根据文章想象出生动的画面，品出其中的韵味。此外，理解常用修辞手法和表达技巧的效用，如比喻、反衬、对比、渲染、铺垫、伏笔、悬念等，也有利于我们品读鉴赏散文。

5. 品味语言之美

散文的语言自然流畅，或凝练简朴，或铺陈华丽，在行云流水之间描绘出生动的形象，勾勒出动人的场景，显示出深远的意境。所以阅读散文时不可忽略语言之美。

一般可从准确性、严密性、句式、修辞、意蕴等角度对语言进行分析。杰出散文家的语言风格各异，如鲁迅的精炼深邃、朱自清的清新隽永、余秋雨的厚重优雅、周国平的诗意哲思。品味这些风格特点，不但有助于理解散文的内在情感，而且可以得到独特的享受。此外，阅读散文要坚持“字不离词，词不离句”的原则，把语言放在具体语境中去分析。

6. 把握内蕴精神

我们常常说的“形散而神不散”是散文的重要特征。“形散”指散文选材广泛，行文自由，表现方法不拘一格；“神不散”指散文的精神情感必须鲜明集中，无论文章内容多么广泛，表现手法多么灵活，一切都是为了更好地表现文章的主题。由此可见，“神”是一篇散文的最高价值所在，因此，也自然成为阅读欣赏散文的关键。

散文阅读必须把握作品的深刻含义，即作者深藏于字里行间中的精神情感，它是作者对自然、社会或人生的感悟。把握好作者融会在文章中的主观感受，才可领略文章的深刻意义。在阅读过程中，我们可以通过上述种种方法感知作者的观点、态度和感情，体味作品的内蕴精神。

※ 阅读文学作品的关键在于对作品主题的理解，把握主题才能把握文学作品所蕴含的价值和意义。

※ 文学来源于生活，文学作品阅读要与生活联系起来。联系生活去阅读和思考，才能更好地体会作品的思想感情和作者的精神世界，才能从中受到启发和感染，从而使自己的精神境界得到升华。

※ 经典文学作品是人类思想文化的结晶，是人类宝贵的精神财富。大学生应当善于品读经典、传承经典，让经典浸润心灵。

五、职场常见应用文阅读

应用文是国家机关、企事业单位、社会团体或个人在日常生活、学习和工作中，处理公务或私务所使用的具有某种惯用格式和直接实用价值的文章。职场应用文，简单来说，就是在职场中为了顺利开展工作所使用的实用性文章，它是应用文这个大家庭的重要组成部分。

应用文阅读不同于文学作品阅读。阅读文学作品，重在通过艺术形象获得思想启迪、审美感受，而应用文的本质特点为“实用”，所以应用文阅读的目的与策略都与文学作品阅读大不同。

职场应用文是为办事而写的，讲求实用，因此，解读职场应用文，首先应当理解文本主旨、准确把握基本信息。主旨即主题思想、中心观点。职场应用文的主旨要单一集中、清晰明确，只有这样才利于开展工作。那么阅读时就要注意针对这个特点，把它作为解读职场应用文的准绳，集中精力抓住中心。面对职场应用文，不可像阅读文学作品那样去发挥想象、去创新重构意义，而是要准确分析出文章的确切含义，理解该文针对什么工作而写，具体提出了什么问题以及为什么要提出这些问题，由此判断自己应该怎样回应。做好这点，才能使其应用价值真正得到实现。其次，阅读职场应用文要注意了解表达规范以提高阅读效率。以实用为目的职场应用文极其讲究表达的规范，这种规范主要表现在文章体式的规范及用语的规范。在文章体式规范方面，职场应用文一般都有比较固定的文章体式，这是在长期使用过程中发展演变而成的，有的甚至通过国家法规固定下来。在用语规范上，职场应用文要符合特定的应用文体的语言表达要求，比如要注意使用习惯用语。习惯用语是为了适应表达内容的需要而形成的，主要使用在文章的称谓、开端、表态、过渡、结尾等方面。体式及用语的规范既有助于作者的表达，又给职场文本的解读带来一定便利。了解这些规范要求并循此切入，可以提高阅读效率。

作为未来的职场人，我们需要学会阅读与职场工作密切相关的一些应用文。

（一）求职篇：招聘启事阅读

你努力数年，终于学有所成，在踏上社会、步入职场之际，你可能要在众多招聘启事中寻找适合自己的工作机会，因此，你需要掌握招聘启事的阅读策略。

启事是人们在工作、学习和生活中，需要向社会大众告知、说明有关事项或请求协助办理有关事情时所使用的一种常用文体。机关、团体、企事业单位和个人都可以使用。

招聘启事是企事业单位、社会团体等公开向社会招聘有关人员时所使用的一种启事。

面对招聘启事，我们该怎样正确解读，才能更好助力求职成功呢？

1）看标题，了解招聘单位

标题是招聘启事的“文眼”所在，所以我们的第一眼就要落在标题上，扣住标题的“事由”，由此判断是否有必要继续往下看。

比如阅读《柳州工程机械有限公司招聘启事》时，一旦抓住“柳州工程机械有限公司”这个“眼”，就可以从单位性质、特点上判断是否要继续往下阅读。

再如阅读《××饭店招聘公关部经理启事》时，只要抓住“××饭店”“公关部经理”即可获得丰富的信息，了解是什么单位在招聘什么岗位，从而做出相应判断。

总之，阅读招聘启事时首先要看标题，要善于抓住其中的关键信息，看看招聘单位或岗位是否为自己心仪的对象。

2）看正文，了解招聘岗位及要求

接下来，招聘启事的正文是阅读的重点。这部分会简明扼要地说明用人单位需要告知应聘人员的事项，主要包括招聘职位、应聘条件、聘后待遇及应聘办法等重要内容。

如《××公司招聘启事》的正文如下：

1. 招聘要求：大专以上学历，有责任心；营销专业毕业最佳……
2. 招聘岗位：销售管理人员
3. 招聘人数：4～5人
4. 主要职责：销售案场管理，联系房管局和银行……
5. 工资待遇：试用期基本工资××××元/月，试用期3～6个月……

我们在阅读时要把这些关键信息记录下来，与自己的需求相对照，看看自己是否中意相关岗位及待遇。同时也可以与其他招聘单位进行横向比较，选择最佳方案。特别是要看清楚岗位需求人数、应聘条件以及薪资待遇等，以免判断出现偏差。

3）看结尾，了解报名信息

招聘启事的结尾一般比较简单，但也不可忽视。

如《××公司招聘启事》的结尾如下：

6. 报名方式：发送邮件投寄简历或直接到××销售部报名
7. 报名日期：截止到××××年×月×日

联系人：×××

联系电话：×××××××××

面试日期：××××年×月×日上午9点

面试地点：××销售部（××路和××路交界口）

我们要看清楚报名方式、报名日期、联系方式及面试日期等重要内容。有一点要注意，报刊上的启事有时不署时间，阅读时要看清楚报纸版头的日期。

4）核实招聘启事中的信息

阅读招聘启事时，还有一点很重要，那就是对启事中的重要信息进行核实。特别是对于招聘单位情况和待遇等事项，可通过上网查阅资料、电话咨询等途径调查其真实性。

（二）入职篇

初入职场的你需要学会严格遵守单位各项规章制度，准确执行上级下发的各类通知、计划等；作为一线员工，你需要正确使用设备、规范进行作业，因此你需要准确解读规章制度、通知、工作计划、设备使用说明书、作业指导书。

1. 规章制度阅读

规章制度是在本企业内部实施的、关于组织劳动过程和进行劳动管理的制度，也称为内部劳动规则，是企业内部的法律。规章制度内容广泛，包括了用人单位经营管理的各个方面，主要包括劳动合同管理、工资管理、福利待遇、工时休假、职工奖惩等。

依法制定的规章制度可以保障企业合法有序地运作，将纠纷降低到最低限度；可以保障企业的运作规范化，降低企业经营成本；可以防止管理的任意性，保护职工的合法权益。作为普通员工，我们要学会正确、快捷地解读相关规章制度，以便于在工作岗位上严格执行，从而维护正常的工作秩序，提高工作效率。那么，如何阅读规章制度呢？

1）明确责任义务

规章制度是企业内部的法律，我们在阅读时应该明确自己需要履行的责任和义务，明晰工作流程和权限，这样可以保证日常工作顺利和高效开展，减少和避免工作中的错误。

2）明确边界管理规定

对于边界管理中有关不遵守、需裁减、做无关事、侵害利益等内容，我们要仔细阅读相关的界定标准及处罚规定，这样可以让自己在工作中避免踩踏雷区，更好地维护自身权益。

3）明确考勤制度

员工遵守考勤制度是保证正常工作秩序的前提。阅读规章制度时，我们要注意看清楚工作时间、值日、迟到、早退及请假手续办理要求等方面的规定，这样有助于让我们的行为符合相关规定。

4）明确奖惩制度

为了对有贡献的员工给予奖励，对有不良行为者给予惩处，进而促使员工奋发向上，规章制度会制定奖惩条例。我们在阅读时要注意企业会对哪些行为给予奖励或处罚，从而做到遵章守纪，努力工作，力争受奖，避免处罚。

5）明确培训制度

企业培训是指企业开展的一种有计划、有系统的培养和训练活动，旨在提高人员素质、能力、工作绩效和对组织的贡献。我们在阅读规章制度时要注意培训的相关规定、时间、内容等。可以根据自身的实际情况，选择适宜的培训内容，以利于自身的成长。

6）明确人事管理制度

阅读此内容主要注意工资福利、绩效考核及劳动合同签订方面的要求。工资福利即根据按劳分配的原则，给予工作人员的工资定级、升级和包括保险在内的各种福利。绩效通常用于评定组织、团队或个人在一定的资源、条件和环境下，完成任务的出色程度，是对目标实现程度及达成效率的衡量与反馈。阅读时要了解加薪的条件及相关步骤。此外，对于签订劳动合同的要求及各项说明也要仔细阅读，明确双方的权利和义务。

2. 通知阅读

通知主要用于发布法规、规章，批转下级机关的公文，转发上级、同级、不相隶属机关的公文，传达要求下级机关办理和有关单位需要周知或者执行的事项，是在职场中广泛使用的文种。常见的有会议通知、任免通知、放假通知等，学会阅读通知是职场工作的基本能力。那么，如何阅读通知呢？

1）看标题，知晓发文机关和主要事由

如果“通知”前加上“重要”“紧急”等词语，我们要高度重视；如果“通知”前加上“补充”字样，说明是对不久前发的文件进行补充，我们要找出原来的通知对照，以保证执行的连贯性。

如《关于举办安全生产培训的通知》就是最常见的通知标题，主要交代事由。单位内部普通工作事项通知，标题可略去发文机关。

2）看正文，明确具体事项及要求

先简要了解通知的缘由。发布指示、安排工作的通知，往往会说明发布通知的背景、根据、目的、意义等；批转、转发文件的通知，一般直接表达转发对象和转发决定，无需说明缘由。如上述通知的缘由：

为提高全体员工的安全生产责任意识，帮助员工掌握安全生产相关知识和技能，经研究，决定开展20××年度安全生产培训……

了解缘由后，重点看清通知的具体事项，明确各项工作安排和要求。如上述通知的正文包括：

一、培训时间及地点

培训时间：20××年×月×日 9：00—18：00

培训地点：公司四楼大会议室

二、培训内容

1.《中华人民共和国安全生产法》

2. 造成生产事故的原因分析

3. 安全生产事故处理原则

4. 从业人员安全须知

5. 生产区域的一般安全规则

6. 几种通用作业的安全要求

三、培训形式

理论学习＋技能考核

四、参加人员

全体员工，分四批进行（具体安排见附件一）。

五、培训要求

1. 请各部门安排人员准时参加，不得缺席；

……

对于通知的具体事项要仔细阅读，准确理解。如果有疑惑的地方，应及时向有关部门咨询，以免影响通知的执行。

3. 工作计划阅读

工作计划是对今后一段时间的工作提出目标，并制订出实现这个目标的具体步骤、方法和措施的文种，它在实际工作中被广泛应用。准确把握工作计划则有利于良好的执行计划，这是保证工作质量、提高工作效率的重要保障。那么，如何阅读工作计划呢？

1）看标题，了解计划基本信息

完整的工作计划标题由四个元素组成：计划制订单位名称、适用时间、计划内容、文种，如《××公司2021年生产计划》。也有时会根据实际情况省略某些元素，如《××公司生产计划》《关于加强质量管理的计划》等。阅读时首先注意通过标题迅速了解这是关于什么时段、针对哪方面工作制订的计划。

2）看正文，把握计划关键要素

工作计划写作最为关键的就是要把“四要素”交代清楚：做什么、谁来做、何时做、怎么做。一份合格的工作计划都会落实这“四要素”，这样才能够具体指导工作的开展。“四要素”是写作工作计划的关键，理所当然地成为阅读工作计划的关键所在。

一份工作计划往往内容丰富、篇幅不小，但只要在阅读时注意把握好如下关键点，就能提高阅读效率：

看清计划的目标任务是什么（做什么）；

看清负责具体工作任务的主体是谁，这个主体可以是某个部门或个人（谁来做）；

看清怎样安排具体工作进度（何时做）；

看清开展工作主要采取什么措施、策略（怎么做）。

捕获这几方面的关键信息，就是一个有效的阅读，可据此顺利开展工作。

3）看附件

有的工作计划会附有相关图表，作为计划的有机组成部分，这些内容也十分重要，可以帮助我们全面了解有关情况。

4. 设备使用说明书阅读

设备使用说明书，是生产单位为推销产品、指导产品使用而向用户提供的产品介绍资料。很多同学毕业后走进企业、工厂，在生产一线会接触到各种各样的设备，不可避免地要与种类繁多的设备使用说明书打交道。为安全使用设备，在使用前我们必须仔细阅读设备使用说明书。那么，如何阅读设备使用说明书呢？

1）了解清楚说明书内容的组成

设备使用说明书通常由八部分组成：①设备简介、用途描述、适用范围；②主要结构与功能；③主要技术参数、外形尺寸、其他各种参数；④操作使用说明；⑤常见故障及处理办法；⑥日常维护、保养说明；⑦工具及附件；⑧注意事项。

2）抓住重点内容

阅读设备使用说明书要学会抓重点。如对于主要结构与功能部分，我们要利用所附的实物照片或三维效果图，对照标注及说明文字掌握相关知识；对于各种要求及参数，一定要严格遵守；操作使用说明是最关键的内容，一般图文并茂、直观形象，我们一定要仔细阅读，认真按步骤操作；注意事项也是阅读的重点，比如使用前应满足的条件，尤其是严禁操作的事项。

3）注意说明书的科学性

阅读设备使用说明书，要特别注意其科学性。如果发现说明书的内容有问题，不可盲目迷信。要实事求是，找出正确的解决办法，以杜绝故障的发生。或者按照说明书上的电话号码联系厂家，寻求售后服务。

5. 作业指导书阅读

作业指导书，有时也称为工作指导令或操作规范、操作规程、工作指引等。它是作业指导者正确指导作业者进行标准作业的基准，是为保证操作过程的质量而制订的程序。“过程”可理解为一组相关的具体作业活动。在生产工作岗位上，动手是天经地义的，但这个动手又不是想怎么动都行的。比如电焊工必然要先阅读焊接作业指导书，那么此种阅读有何要求呢？

阅读作业指导书的重点是仔细分析、透彻理解每一项内容，对特别关键的内容要反复研究，熟记于心。

针对不同岗位编制的岗位作业指导书，内容会有所不同。比较复杂的岗位作业指导书一般包括12个项目。为了对基层的岗位工作有更好的指导性，这些内容会根据实际增加或减少。这12个项目的主要阅读要求如下：

1）了解岗位描述

通过阅读，我们要对岗位名称、工作概述、岗位关系、特殊要求、工作权限、职业资格和工作考核的基本情况有全面的了解。

2）明确岗位工作目标和要求

通过阅读，我们要对岗位各方面的工作目标、要求和标准有清楚的认识。

3）了解安全职责

通过阅读，我们要知道该岗位在安全方面应当遵守的职责，知道要做好哪些安全工作，要负什么样的责任。

4）明确岗位职责

通过阅读，我们要明确自己的岗位职责是什么并认真履行。

5）明确巡回检查路线和检查标准

通过阅读，我们要明确需要巡回检查的路线、检查点和检查的标准，掌握正常与异常的差别，出现问题能够及时处理。

6）了解工作规范（内容）

通过阅读，我们要了解岗位应做的具体工作、应该遵守的规范和执行的程序。

7）弄清隐患分析及削减措施

通过阅读，我们在工作实施前，要弄清楚工作存在的危害（隐患）和预防措施，知道所要做的准备工作、工作步骤及要达到的具体标准。

8）掌握设备操作规程和参数

通过阅读，我们要掌握相关设备的操作规程和基本参数，保证正确操作。

9）清楚工艺流程图

通过阅读，我们要对相关工艺流程一清二楚，掌握流程的操作标准、操作步骤和操作方法，出现异常情况要会处理。

10）了解管理制度

通过阅读，我们要知道在岗位上应当遵守的制度及内容。有的企业制度比较多，在此会只列制度目录，至于具体内容我们要查看相关的制度汇编。

11）清楚应急预案

通过阅读，我们要针对该岗位的实际情况，清楚如何应对各种突发情况。

12）了解常用法律法规、标准目录及附录

通过阅读，我们要清楚了解该岗位员工应当遵守的法律、法规和标准及其查阅的地点（路径）或来源。附录指根据岗位实际需要列出的内容，如岗位常用的安全知识等。

总之，阅读作业指导书，我们要在全面了解的基础上，重点研究关键内容如自己所在岗位的工作目标和要求、安全职责、岗位职责、工作规范（内容）、隐患分析及削减措施、应急预案，以保证科学操作。

（三）进阶篇：合同阅读

随着工作时间的推移，你日渐成熟，能力在不断提高，可能已成为某个部门或某些项目的负责人，那么在对外业务往来中，有时就需要制定或执行合同，因此准确地解读合同是你应当具备的一种能力。

合同是平等主体的自然人、法人、其他组织之间设立、变更、终止民事法律关系的协议。通过合同当事各方可以规定各自的权利与义务；依法成立的合同，受法律保护。由于合同一旦签订，当事双方就必须遵照执行，承担相应的义务和责任，所以在签字之前，我们一定要仔细阅读，反复斟酌合同文本条款，以免除日后的纠纷。那么，如何阅读合同呢？

1）整体通读把握基本结构

无论是哪类合同，其基本结构要素都会包括这几项：标题、合同订立方名称、正文、落款。通过全篇浏览，查看合同必备要素是否完整。

（1）标题。标题即合同的名称。通过标题可知合同的性质、内容和种类。如“××出版合同”“××买卖合同”。

（2）合同订立方名称。合同订立方名称即订立合同双方单位名称或个人姓名。为行文方便，订立方名称写全之外还需分别用“甲方”“乙方”或“买方”“卖方”简明代称。阅读时注意合同是否规范写明订立方全称，明确“甲方”“乙方”或“买方”“卖方”代称无误。

（3）正文。正文是合同的主体部分，一般由这几项内容组成：签订缘由、合同条款、合同生效日期及有效期限、合同的份数及保存。

签订缘由：订立合同的目的、依据等。此部分根据实际需要而定，可详可略。

合同条款：合同订立双方协商的具体内容，这是合同的核心所在，是最重要的部分。它写明合同订立双方要共同解决的问题、达到的目的，以及由此产生的各自权利和义务。阅读时要检查合同的基本条款是否都具备了，尤其是交易的内容、履行方式和期限、违约责任及解决争议的方法等是否已约定清楚。

合同生效日期及有效期限：阅读时还要注意查看合同生效的具体时间以及执行的时效，即合同的有效期限。

合同的份数及保管：阅读时注意是否写明合同的份数及保管方式。一般合同订立双方各执一份，有的合同还需送副本供相关机关保存。

正文后若附有表格、图纸等附件，也需一并把相关材料检查清楚。合同附件是合同的有机组成部分，同样具有法律效力。阅读合同附件，我们可了解有关条款的说明性材料及相关证明材料，并确认无误。

（4）落款。落款包括署名、签订日期，若是单位签订的合同还需加盖单位公章。阅读时要确认是否已按规范写明双方全称、地址、电话号码，银行信息是否有误，以免在执行合同过程中引起麻烦。

2）精细阅读合同条款

上文说明的合同条款是整份合同的核心所在，是最为重要的部分，当然也就成为阅读的重点内容。对于这一部分的内容，必须逐条逐句逐字地精细阅读。

（1）查看条款是否齐全。注意看合同必要的条款是否齐全，不可有遗漏，否则在履行合同时很容易发生纠纷。

（2）查看权利和义务、违约责任是否明确合理。注意看合同对双方的权利和义务是否交代清楚明确，这是双方利益的保障、责任的分担。违约责任又称为“罚则”，是对不按合同规定履行义务的制裁措施。不但要看这些内容是否都清楚，并且要推敲其是否合理，对于不合理的内容双方可进一步协商确定。

（3）查看语言表述是否准确。合同一经签订则对双方都具有法律效力，因此，阅读合同时，还要特别注意斟酌合同的文字，一定要注意看各条款的语言表述是否准确、明晰、严谨、周密，不能模棱两可，还要避免出现歧义。

3）明确合同的合法性、平等性和规范性

当事人订立、履行合同应遵守国家法律、法规、方针、政策，遵守社会公德，不得扰乱

社会秩序，损坏社会公共利益。阅读合同时，我们可查阅国家对合同涉及的内容有无特别规定，明确合同双方的权利义务是否合法有效。

检查合同的订立是否贯彻了平等互利、协商一致的原则，权利和义务是否对等，法律地位是否平等。

我们也可以向律师事务所或本单位的法律顾问咨询合同涉及的业务的实际开展情况，了解业务发生纠纷的概率和纠纷的起因、种类，然后检查合同中是否注意了相关内容。

为了强化合同的法律约束力，相关法律规定了一些重要的合同的范本，即格式条款。对于这种合同，我们不要因为其相对简单就掉以轻心，也要逐条逐字逐句仔细阅读。

The Art of 阅读的艺术 Reading

※ 职场应用文直接服务于我们的具体工作，因此对于与自己的岗位和职务相关的内容，一定要细致阅读。这是良好开展工作、提高工作效率的重要保障。

※ 也可以通过学习相应文体的写作技巧来掌握职场应用文的阅读技巧，因为通常来说，写作的主体、要点也就是我们阅读时应当重点了解和把握的内容。

六、提高阅读能力的基本途径

阅读是人们获得知识的最基本、最重要的途径之一。因此，提高阅读能力至关重要。青年人掌握了提高阅读能力的方法，就可以少走弯路，提升阅读水平。那么如何提高阅读能力呢？以下几点可供借鉴。

（一）激发阅读兴趣

孔子说过："知之者不如好之者，好之者不如乐之者。"兴趣是最好的老师，阅读的关键在于兴趣。对阅读有了兴趣才会产生动力，才能将"要我读"转化为"我要读"。有了阅读兴趣，我们就会努力寻求阅读机会，从中获得满足感，产生愉悦的情感体验。

（二）培养阅读习惯

阅读习惯是在阅读过程中逐渐形成的各种行为，包括阅读倾向和方法。好的阅读习惯不是一蹴而就的，我们可以有计划地制订个人读书计划，并不时检查计划的落实情况；我们也可以参加读书活动，谈谈读书给自己带来的乐趣，向大家介绍自己喜欢读的书或书中感人的人物、细节，朗诵一篇自己喜欢的文章……一起分享阅读的快乐，在潜移默化中培养良好的阅读习惯。

（三）勤于检索

在阅读的过程中，一旦遇到不认识的字词、不了解的概念或知识、理解不透的问题，一定要勤于检索。可以查字典或词典，或者利用网络资源。通过检索，我们既能学会原来不懂的东西，增加了知识，又能更为准确地理解阅读材料的内容。这种好习惯会让我们的阅读水平提高得更快，也使阅读不停留于浅尝辄止的表面。

（四）学会阅读原著

阅读原著可让我们全面地把握原著的精神、更准确地理解作者的意旨。若只是阅读一些关于原著的精减版、改编版等，则会失去对原著的整体感受，难以准确、深入地把握原著精神。还有一些娱乐化的改编版本，只是借原著的影响力编造庸俗内容以博眼球，往往可能歪曲原作，读来会被误导。所以我们应当尽可能阅读原著，从中获得真正的美的享受，并得到视野的开拓、境界的提升。

（五）勤做阅读笔记

俗话说“好记性不如烂笔头”。阅读要养成做笔记的习惯，这样可以促使我们去总结和思考，有利于阅读理解能力的提高。阅读讲究三到，即眼到、心到、手到。“眼到”是指“看”；“心到”是指“想”；而“手到”是指“写”，就是强调做笔记。李时珍的《本草纲目》就是在1000多万字读书笔记的基础上完成的。

读书笔记是记忆力的延长，阅读时把有用的资料随时记下来，不仅可以加深记忆，而且有利于资料的积累，有利于文字表达能力和分析解决问题的能力的提高。

做读书笔记有两种方法：一是在阅读过程中随时将重要的或精彩的内容记录下来，二是在阅读完毕后做概要性的归纳。

（六）捕捉机会阅读

读书不一定非要选择自己空闲的时候，也不一定要有大段的时间，而是可以随时随地进行的。正如鲁迅所说：“时间就像海绵里的水，只要愿挤，总还是有的。”毛泽东同志在敌军围困的井冈山上，在枪林弹雨的长征途中，在奔波巡视的专列里，只要一有空就拿起书。我们日常在等车的时候、排队的时候，也可以见缝插针地阅读，这样点点滴滴地积累，从量变到质变，就会在无形中提高我们的阅读能力。

（七）重视阅读交流

要想更好更快地提高阅读水平，我们就不要老是“孤军奋战”，要学会与人交流阅读的心得体会。著名作家巴金曾说过：“读书，是借助他人的思想，来开发自己的思想。”读有所感，读有所思，才是真正的读书。我们阅读了一本好书，看过了一篇好文章，把自己的所思所感拿出来，多多与人交流，在与他人思想碰撞的过程中自然就加深了对问题的理解。所以与他人进行阅读交流，也是一种非常有效的提高阅读能力的方法。

交流的方式多种多样，可以组织读书会，可以借助网络平台发起讨论，也可以与人单独对话。在交流中可以丰富知识、领悟精神，真切感到读书的快乐，进一步激发阅读的兴趣。

※ 提高阅读能力的最有效的途径就是多读书，发现书中的乐趣。让自己的生活书香缭绕，你一定会成为一个“会读书”的人。

※ 阅读习惯是逐渐形成的，每个人都可挖掘和总结适合自己的阅读方式，比如制订读书计划、参加读书活动、写读书笔记、记录读书心得等，从而形成适合自己的阅读习惯。

※ 我们提倡多读书，但必须注意要读好书。所谓好既指写作技艺的高妙，更指思想内容的正确、高尚。

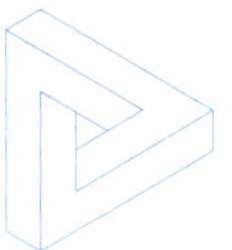

案例剖析

为了更好地掌握阅读方法，请大家跟我们一起进入案例剖析。

案例一

沁园春·雪

一九三六年二月

毛泽东

北国风光，千里冰封，万里雪飘。
望长城内外，惟余莽莽；大河上下，顿失滔滔。
山舞银蛇，原驰蜡象，欲与天公试比高。
须晴日，看红装素裹，分外妖娆。

诗题为“雪”，可知全诗借雪景抒怀。

品味冻冰、飘雪、银蛇、蜡象等典型意象，可欣赏

江山如此多娇，引无数英雄竞折腰。
惜秦皇汉武，略输文采；唐宗宋祖，稍逊风骚。
一代天骄，成吉思汗，只识弯弓射大雕。
俱往矣，数风流人物，还看今朝。

独特景象，感受生机勃发的壮美河山。

由“江山”句读出将由写景转入直接抒怀。评点之间展现无比自信与创造新世界的宏伟抱负。

【总结】

欣赏这首词，首先要通过查阅资料等途径了解它的创作背景，这有助于我们准确地解读。《沁园春·雪》创作于1936年2月，当时毛泽东率领红一方面军准备东渡黄河开赴抗日前线。2月的陕北普降大雪，天地苍茫辽阔，高原雄浑壮丽。眺望苍穹之下的北国风光，诗人满腔民族自豪感与使命感油然而升，于是欣然挥笔。

词牌之后有诗题“雪”，可知这是一首咏物词。

词的上阕由景入手，景中蕴情。开篇“北国风光”，落笔即囊括半个中国，气象恢弘，大气磅礴，奠定全词豪迈的情感基调。诗人以冰封、飘雪、银蛇、蜡象构建出极其形象生动的北国冬景，以长城、黄河、天公渲染出山河的雄伟壮阔，在动中有静、静中见动、动静交融之中赋予北国雪景以强烈而灵动的生命力。然后通过自然的联想“须晴日，看红装素裹，分外妖娆”而着墨于整体冰雪环境的阴晴变幻，描绘出雪罢初霁、旭日东升的美丽妖娆，展现了中华大地的无限魅力。层层铺开的雪景之中，爱国主义情感自然渗透，情境相生，意境初现。

下阕以“江山如此多娇，引无数英雄竞折腰”天衣无缝地承上启下，尽情抒写改造旧世界、创造新世界的浩然情怀。诗人睿智地评点历代英雄豪杰，精言要语之间尽现非同凡响的自信与气魄，对江山社稷、民族命运的关切之情被挥洒得淋漓尽致，诗意地向世人宣告无产阶级拯救中华民族、创造中华人民共和国的伟大抱负。

全词精心遣词用字，造境写意，慷慨豪迈之间营构出高远的意境，给人以强烈的情感激荡与崇高美的享受。阅读这首词，要精心推敲词句，分析意象，发挥想象，才能品味出诗人是借景抒怀，感到领袖毛泽东的博大胸襟与宏伟抱负。

案例二

人的高贵在于灵魂

周国平

看标题即可判断出本文的主题思想。

法国思想家帕斯卡尔有一句名言：“人是一支有思想的芦苇。”他的意思是说，人的生命像芦苇一样脆弱，宇宙间任何东西都能置人于死地。可是，即使如此，人依然比宇宙间任何东西高贵得多，因为人有一颗能思想的灵魂。我们当然不能也不该否认肉身生活的必要，但是，人的高贵却在于他有

细读开头，可见文章以名家名言自然引出主题思想。

灵魂生活。作为肉身的人，人并无高低贵贱之分。唯有作为灵魂的人，由于内心世界的巨大差异，人才分出了高贵和平庸，乃至高贵和卑鄙。

两千多年前，罗马军队攻进了希腊的一座城市，他们发现一个老人正蹲在沙地上专心研究一个图形。他就是古代最著名的物理学家阿基米德。他很快便死在了罗马军人的剑下，当剑朝他劈来时，他只说了一句话："不要踩坏我的圆!"在他看来，他画在地上的那个图形是比他的生命更加宝贵的。更早的时候，征服了欧亚大陆的亚历山大大帝视察希腊的另一座城市，遇到正躺在地上晒太阳的哲学家第欧根尼，便问他："我能替你做些什么?"得到的回答是："不要挡住我的阳光！"在他看来，面对他在阳光下的沉思，亚历山大大帝的赫赫战功显得无足轻重。这两则传为千古美谈的小故事表明了古希腊优秀人物对于灵魂生活的珍爱，他们爱思想胜于爱一切——包括自己的生命，把灵魂生活看得比任何外在的事物——包括显赫的权势——更加高贵。

细读第2、3段，可见文章紧扣中心，通过列举事例、引用名言说明：一切贤哲都十分珍惜内在的精神生活。

珍惜内在的精神财富甚于外在的物质财富，这是古往今来一切贤哲的共同特点。英国作家王尔德到美国旅行，入境时，海关官员问他有什么东西要报关，他回答："除了我的才华，什么也没有。"使他引以为自豪的是，他没有什么值钱的东西，但他拥有不能用钱来估量的艺术才华。正是这位骄傲的作家在他的一部作品中告诉我们："世间再没有比人的灵魂更宝贵的东西，任何东西都不能跟它相比。"

其实，无需举这些名人的事例，我们不妨稍微留心观察周围的现象。我常常发现，在平庸的背景下，哪怕是一点不起眼的灵魂生活的迹象，也会闪放出一种很动人的光彩。

细读字句，可知第4段承上启下，由名家贤哲转入平凡人事，充实例证。

有一回，我乘车旅行。列车飞驰，车厢里闹哄哄的，旅客们在聊天、打牌、吃零食。一个少女躲在车厢的一角，全神贯注地读着一本书。她读得那么专心，还不时地往随身携带的一个小本子上记些什么，好像完全没有听见周围嘈杂的人声。望着她仿佛沐浴在一片光辉中的安静的侧影，我心中充满感动，想起了自己的少年时代。那时候我也和她一样，不管置身于多么混乱的环境，只要拿起一本好书，就会忘记一切。如今我自己已经是一个作家，出过好几本书了，可是我却羡慕这个埋头读书的少女，无限缅怀已经渐渐远逝的有着同样纯正追求的我的青春岁月。

细读第5、6段，可见作者以普通少女、青年画家、少年时代的自己等普遍人为例，说明平凡人也常怀追求高贵灵魂之心。

每当北京举办世界名画展览时，便有许多默默无闻的青年画家节衣缩食，自筹旅费，从全国各地风尘仆仆来到首都，在名画前流连忘返。我站在展厅里，望着这一张张热忱仰望的年轻的面孔，心中也会充满感动。我对自己说：有着纯正追求的青春岁月的确是人生最美好的岁月。

若干年过去了，我还会常常不由自主地想起列车上的那个少女和展厅里的那些青年，揣摩他们现在不知怎样了。据我观察，人在年轻时多半是富于理想的，随着年龄增长就容易变得越来越实际。

由于生存斗争的压力和物质利益的诱惑，大家都把眼光和精力投向外部世界，不再关注自己的内心世界。其结果是灵魂日益萎缩和空虚，只剩下了一个在世界上忙碌不止的躯体。对于一个人来说，没有比这更可悲的事情了。我暗暗祝愿他们仍然保持着纯正的追求，没有走上这条可悲的路。

细读结尾段落，可见作者通过"祝愿"呼唤大众保始终"保持着纯正的追求"，自然呼应文章中心。

（作品选自《人的高贵在于灵魂》，周国平著，二十一世纪出版社）

【总结】

这是当代著名作家周国平先生的一篇哲理性散文。欣赏这篇作品要认真阅读、熟悉作品的内容，梳理作品的结构和线索，分析作品通过实例、名家名言来阐明观点的方法，品味它自然流畅、精炼严谨的语言之美，从而准确把握文章的主题，感受其间内蕴的思想精神。

标题“人的高贵在于灵魂”即是作品的主题思想，也是贯穿全作品的线索，全篇紧紧围绕这个主旨（线索）展开阐述，结构严谨，主题鲜明。

为了让主题思想得以成立，文章从不同层面列举实例加以支撑、展开阐述。首先，选取阿基米德、第欧根尼、王尔德的三个事例进行论述，说明“一切贤哲都十分珍惜内在的精神生活”。其次以少女读书、青年赏画以及少年的“我”眷恋图书为例，说明“平庸的”人也常常有着“纯正”的追求。作者每列举完一个事例，都有一段精要的分析，或议论，或抒情，起到了画龙点睛的作用。正是在这丰富事例、精要评析的有机结合之中，文章的说服力显著增强。再加上名家名言的引用，文章将一个抽象的道理——“人的高贵在于灵魂”变得浅显易懂，读来深受启发。

理解和欣赏这个作品并不难，我们还可以结合身边的案例，跟老师、同学或家人分享你们的读后感，让自己对作品有更深入的理解。

案例三

×× 银行 ×× 分行招聘启事

×× 银行是经国务院、中国人民银行于 ×××× 年第一批批准成立的股份制商业银行，在全国大中城市设立有 40 家分行，×××× 年 × 月 × 日成功实现 A 股上市。×× 银行 ×× 分行于 ×××× 年 × 月 × 日正式开业，为满足业务快速发展的需要，分行现面向全国公开招聘一批有志于金融改革创新、勇于接受挑战、品学兼优的应届高校毕业生加盟，我们将提供具有市场竞争力和成长性的薪酬福利待遇及广阔的个人事业发展空间。

了解招聘单位的基本情况，以判断是否前往应聘。

一、招聘条件

◆大专及以上学历；

◆品学兼优，身体健康，具有良好的仪表形象、沟通协调能力和学习创新能力；

◆优秀毕业生、学生党员、学生干部优先。

二、专业及人数

金融学（国际金融、金融工程）、货币银行学、会计学、经济学、工商管理、国际贸易（贸易经济）、市场营销等相关专业，约 40 人。

从主体部分了解此银行本次所招专业及对应聘者的学历、综合素养的要求等信息。

三、应聘须知

有意应聘者，请将以下资料于 ×××× 年 × 月 × 日前邮寄至我分行或参加我分行将在 ×× 市各高校举行的校园专场招聘会。

了解应聘所需材料、联系方式等。

◆毕业生推荐表原件（包括详细的个人学习、培训及社会实践经历、家庭情况、联系方式等）；

◆身份证、各类奖励证书、执业资格证书复印件；

◆近期全身彩色生活照片一张。

报名方法：应聘者请将应聘材料寄至 ×× 市 ×× 路 ×× 号 ×× 银行 ×× 分行综合部收，邮编：×××××。

电子邮箱：×××××× 联系电话：×××××× 联系人：×××××

××银行××分行
××××年×月×日

【总结】

这是一则招聘启事。阅读这则招聘启事，我们首先可以从标题和正文的第一段直接获取一些关键信息，如招聘单位的名称、招聘单位的基本情况、工作的地点，这样我们就知道这是否是自己理想的单位，是否有必要继续阅读该启事。若觉得有必要则进入正文部分的阅读。

阅读的重点应为主体部分。主体的第一点列出了招聘条件，应该仔细阅读，看看自己是否符合该单位的招聘条件，比如是否符合学历、能力、素质、外貌、身高等方面的要求。主体的第二点列出了招聘的专业，要看看自己的专业是否符合要求。若阅读第一点和第二点后确定自己符合招聘要求，有应聘的意向，要仔细阅读并记下第三点的内容，即需要准备的应聘资料、报名的具体方式、截止日期和要求。

案例四

关于组织用人单位参加 ×××× 届 ×× 综合性高校毕业生现场双向选择洽谈会的通知

各县、区人力资源和社会保障局：

为做好我市毕业生就业工作，满足各用人单位招聘人才的需要，我局决定由 ×× 市人才服务和人事培训考试中心组织用人单位参加 ×× 教育厅主办的“×××× 年 ×× 综合性高校毕业生现场双向选择洽谈会”。现将有关事项通知如下：

一、“双选会”时间

××××年×月×日 9:00—16:30（中午不休息）

二、“双选会”地点

×× 大学西校园田径场（×× 市 ×× 路 ×× 号）

三、报名及参会事项

（一）本次“双选会”采取网上报名方式，参会单位须于 ×××× 年 × 月 × 日前登录 ×× 毕业生就业网（www.××××.com）报名。完成报名

通过标题了解了通知的大致内容，可由此初步判断是否与己相关。若有关且有意参加则继续往下读。

阅读这两部分可了解举行双选会的时间、地点，以便提前做好人事上的安排。

阅读此处可了解参会报名、缴费要求等相关信息。

后，将需求信息表（附件 1）word 版、转账支付凭证扫描件或照片以电子邮件方式发送到 ×× 市人才中心汇总安排展位，邮箱：×××× @ 163.com；

（二）用人单位网上预定展位成功后，若无法参会请提前 3 天告知主办方，无故缺席将计入高校系统内招聘失信名单；

（三）展位费用及缴款方式：洽谈展位费 350 元 / 个（×× 毕业生就业网高级会员和钻石会员免费）。参会单位请于 ×××× 年 × 月 × 日前转账支付。个人转账的请注明"×××× 届综合双选展位费"、单位名称及信用代码证号，转账后请复印汇款单到报到现场领取发票。也可直接到 ×× 大学大学生就业服务中心缴纳展位费并开具发票。

主办方账户

账户名称：×× 大学生就业服务中心

账号：×××××××××××××××

开户行：建行 ×× 市 ×× 支行

（四）展位规格。展位规格为 3 米 ×3 米 ×3 米（长 × 深 × 高），每个展位提供 1 张双人桌，2 张单人椅，参会单位根据展位规格尺寸自备招聘海报。

（五）报到、布展。用人单位凭单位介绍信或缴费凭证复印件报到，并领取发票。报到和布展时间为 ×××× 年 × 月 × 日 14：30—18：00，或当天上午双选会前，地点为 ×× 大学西校园李宁田径场入口处。

报到联系人及电话：×××，×××××××××。

（六）本次双选会不统一安排食宿，会务当天每个展位免费提供 2 人中餐及饮用水。

阅读这两部分可了解展位规格及参会报到、布展的时间地点等关键信息。

阅读"联系方式"可知遇到问题时该找谁咨询并如何解决。

阅读此处可了解参会人员食宿上的基本保障。

联系人：××× 联系电话：××××××

邮 箱：×××× @ 163.com

附件

1.×××× 届 ×× 综合性高校毕业生现场双向选择洽谈会需求信息表

2. 参会报名方法

×× 市人力资源和社会保障局

×××× 年 × 月 × 日

【总结】

这是一则关于组织用人单位参加毕业生现场双向选择洽谈会的通知。我们应该先浏览一下标题，了解一下大致的事由以及通知缘由，看看是否与自己或所在单位有关。若是需要参加双选会的个人或单位就继续往下阅读，要抓住最关键的、有价值的信息，如双选会举行的时间、地点，参加双选会的报名事项等，以便按要求做好准备工作。特别要看清楚报名的方式、展位的费用及缴款方式、展位规格等主要信息，其中账户名称、账号和开户行的信息非常重要，不能疏忽大意，否则会影响具体工作。最后了解一下展会的食宿安排、联系方式，不重要的词句一扫而过即可。

实境演练

为了更好地将所学知识用于实践，我们一起进入实境演练。下面我们将在完成任务的过程中，进一步领悟相关的知识，在演练中不断提升阅读水平。

任务一

【目标】能够准确把握文章主题。

【任务】阅读《假如没有读书》，完成以下任务：

（1）复述文章的基本内容。

（2）讨论文章真正想表达的主题到底是什么。

（3）阐述你对本文中心思想的理解，要求有理有据，条理清晰。

【提示】这是一篇记叙文，阅读时应把握文章的内容，结合人物的语言和动作描写理解和分析文章的主题，领会作者的创作意图。

【实训】阅读文章并按要求完成任务。

假如没有读书

这是某电视台举办的一档谈话节目。嘉宾一共四位，都是风度翩翩的中年男子。他们来自这个城市的不同行业，引领着各自领域的潮流。他们事业有成，是无数人眼里的标杆和努力的榜样。

但他们又有一个共同点，那就是，都无一例外地生长在经济不发达的贫困地区，从小家境贫寒，衣食无着，完全依靠父母节衣缩食，供养他们读书，才改变了他们的命运，有了今天的成就。

谈话就是围绕着“读书和命运”这个话题展开的。四个男人的故事虽然各有千秋，却也没有多少出人意料的新意。节目在平静和缓的氛围里接近尾声。

接下来，照例要由台下的观众来提问。第一个获得提问机会的是位记者，他问了一个记者们都喜欢问的问题：“假如父母没有送你读书，你觉得你现在会是什么样子？”

第一个男人说：“假如父母没有送我读书，那我现在肯定不会坐在这里。前不久，我回了趟老家，发现村子里跟我一起长大却没有机会读书的男人，大都在家里守着几亩薄田。山里缺水，每天驮水吃饭，引水浇地，就是他们生活的全部。”

第二个男人说：“假如父母没有送我读书，你们说不定就会在城市里随便的一个建筑工地上见到我。念高中的时候，很多学生就是因为家里拿不出学费，背上背包出去打工了。说真的，当时，我也偷偷打好了背包，要不是母亲求亲靠友借来的钱，我也不会走到今天。”

第三个男人说：“我们那个村子现在是全乡有名的养鸡专业村，很多没有机会读书的男人，都在家里养鸡。假如父母没有送我读书，说不定大家餐桌上的烧鸡、炖鸡、叫花鸡，都是我养的呢。”台下响起了一片笑声。气氛轻松活泼，一切都朝着节目预定的方向发展。

最后，观众的目光落到了第四个男人身上。大家都觉得，在那样的场合，他也一定会照着这个思路说下去的。

没想到，第四个男人沉默了一会儿，却忽然用一种沉重得有些压抑的语气开了口，就像是迈进了某种痛苦的回忆。他说：“我念高中的时候，家乡正值旱灾，庄稼几乎颗粒无收。这对靠田糊口的村里人来说，无疑是个灾难。那时候，村里一共有三个人在县城读书，其他两个人都因交不起学费退了学。我也想退，父亲不让，父亲甚至为这件事打了我一巴掌。

“我不知道他们是怎么筹的钱，供我读完了高中，又让我念了大学。临毕业的那年，本想着可以挣钱养家了，没想到父母却双双病倒。他们的病都是能够治好的，要是放在今天的话。

“可是那时候，家里一贫如洗，能卖的东西都卖光了，还欠了一屁股债。为了省钱，父母都不肯住院，甚至连药也舍不得吃，就这样，不到一年的时间，他们相继离世。

“现在，每到夜深人静，我就止不住想，假如父母没有送我读书，我也就不会离开他们。就可以守在他们身边，为他们分担生活的重负，挣钱、养家、尽孝，他们也就不会这么早地死去。‘子欲养而亲不待’，一想起这句话，我就觉得，自己真是不孝啊……”

演播厅里出现了短暂的寂静，就连一向口吐莲花、应对自如的主持人，也像是忘记了自己的职责。

片刻后，不知是谁带头鼓起了掌，潮水般的掌声里，不少观众都悄悄抹起了眼泪。

（资料来源：https：//www.fun48.com/article-454199-1.html）

【评估】 主要从能否把握叙述主体、复述文章的基本内容，能否领会文章的精神、准确把握文章的主题等方面进行评估。

任务二

【目标】 快速阅读招聘启事，能够准确抓住关键信息，并做出相应判断。

【任务】（1）阅读《广西××机械股份有限公司××装载机公司招聘简章》，阅读后在学习小组内简明介绍招聘单位概况、招聘岗位及要求、工资待遇及福利、报名方式等关键信息。

（2）主要从个人专业特点、能力特长、职业爱好等方面进行分析，说明自己是否有意或能够应聘。

【提示】（1）假设自己作为大学毕业生正在找工作，仔细阅读本则招聘启事。

（2）在阅读时要细致，抓住关键词句，把握关键信息。

（说明：标题虽写作“招聘简章”，实属招聘启事一类；即便自己所学专业与该招聘单位所属行业没有关联，看标题即可知不适合自己，仍请按要求细读全篇、完成学习任务，因为本任务的目的在于训练相关阅读能力。）

【实训】 阅读如下招聘简章，按要求完成任务。

广西 ×× 机械股份有限公司 ×× 装载机公司招聘简章

发布时间：×××× 年 × 月 × 日　　工作地点：×× 市

职位类型：兼职实习　　专业标签：机械类

广西 ×× 机械股份有限公司（上市公司代码：××××××）始创于 19×× 年，19×× 年在深交所上市。公司曾荣获中国 500 强企业、世界工程机械 50 强企业、中国企业信息化 500 强企业、20××—20×× 年两度蝉联中国企业经营领域最高奖——全国质量奖，被誉为“中国装备制造业的示范旗帜”。

公司拥有全球领先的产品线，主要产品有：装载机、挖掘机、推土机、平地机、摊铺机、铣刨机、滑移装载机、挖掘装载机、压路机、叉车、汽车起重机、履带起重机、吊管机、矿用自卸车、强夯机等。

公司现有员工 ×××× 多名，拥有强大的产品研发、制造和营销能力。在全球拥有包括 ××、××、上海等 ×× 多个生产基地，其中 × 家海外制造基地分布在波兰、印度、巴西；拥有全球 ×× 家区域配件中心，×× 家海外子公司及 ×× 个研发中心，覆盖 6 大洲 ×× 个国家的 ×× 家经销商分布全球。

一、×× 装载机制造公司简介

×× 装载机制造公司主要承担 ×× 轮式装载机、平地机、正面吊产品及产品结构件的制造，装载机产品作为国际化先锋产品，为实现 ×× 战略目标提供了重要保障。

×× 装载机制造公司现有 ×× 个制造工厂、×× 个职能部室，员工合计 × 千余人，在员工培养与发展方面，多系列多渠道推进员工培养与培训工作，提高员工的能力与技能，促进公司和员工的共同发展。

×× 装载机制造公司在这里创下了月产 ×××× 台奇迹；在这里诞生了总公司 50% 的销售额；在这里诞生了总公司 80% 的利润。

×× 装载机制造公司现因发展需要，诚邀各界英才加盟，公司将为各界英才提供广阔的发展空间、系统的培训和良好的薪酬待遇，×× 装载机制造公司期待各界英才的加盟！

二、公司用人理念

人才理念：优秀的员工是 ×× 最大的财富。建立一支优秀的员工队伍是公司一贯的、长期的任务。

三、招聘岗位（实习生）

招聘职位	招聘人数	专业	工作主要内容
维修钳工 维修电工	5 人	维修类、机械类	机械设备维修及维护保养
镗工	5 人	数控技术、机械类、机加类	1. 理论与实际操作培训；2. 根据生产要求，按质按量完成零部件的镗铣加工或钻床工作，加工完工件后负责流转工件到指定位置。
电焊工	8 人	焊接或机械类	1. 理论与实际操作培训； 2. 按公司工艺流程，按质量、按要求完成产品的电焊工作、拼搭工作、料切割任务。
装配钳工	15 人	维修、机械、数控类	1. 理论与实际操作培训； 2. 按照生产计划、产品图纸和装配工艺保质保量，按时完成装配任务。

四、工资与福利待遇

补贴	工种	熟悉期	顶岗期
生活补贴	维修技术人员	80 元 / 天	根据公司维修岗位计薪，按照维修服务质量及维修技能水平考核月度绩效。（月薪：3000 ~ 6000 元 / 月）
	维修钳工电工		根据公司维修岗位计薪，按照维修服务质量及维修技能水平考核月度绩效。（月薪：2000 ~ 5000 元 / 月）
	拼搭工 气割工		以计件方式计薪酬，多劳多得。（月薪：2500 ~ 10000 元 / 月）
	镗工钻工		以计件方式计薪酬，多劳多得。（月薪：2000 ~ 7000 元 / 月）
	装配钳工		以计件方式计薪酬，多劳多得。（月薪：2000 ~ 7000 元 / 月）
说明	月度考评两次以上被评定为 E 等级的学生退回学校		

五、加班补贴

实习生在非工作日工作（调休除外），加班补贴参照在岗员工现行标准发放。

六、公司福利

1. 实习期间享受同岗位节日加薪补贴、高温补贴、伙食补贴；

2. 住房补贴：实习期经个人提出申请，可提供免费住宿，其他费用自理；实习期本人申请不需公司提供住宿的，交通补贴按公司员工标准发放；

3. 体检补贴：经公司指定医院体检合格，费用由学生先垫付，实习期满评估合格的人员，公司将补贴体检费用 120 元 / 人。

七、联系方式：

联系人：× 女士 × 女士

联系电话：××××××

联系邮箱：××××@××××.com

【评估】主要从能否抓住招聘启事的关键信息，如招聘单位、招聘岗位及其要求、工资福利、报名方式和方法等方面进行评估。

任务三

【目标】能够准确解读通知，把握通知事项，明确执行要求。

【任务】阅读应用文《关于遴选优秀学生献血者资助人选的通知》，完成以下任务：

（1）说出该通知的具体事项。

（2）说明申请的条件、需要提交的申报材料及相关要求。

【提示】这是一篇通知，在阅读时要仔细，抓住关键词，把握通知的具体事项。

【实训】阅读通知并按要求完成任务。

关于遴选优秀学生献血者资助人选的通知

各二级学院：

根据××（省）血液中心《关于开展××市第二届资助高校优秀学生献血者活动的通知》文件精神，我市拟在全市范围内资助××××名高校优秀学生献血者每人1000元，以激励更多大学生加入到无偿献血的公益行动中来。其中，我校获××个优秀学生献血者资助名额。为做好该项工作，现就有关事项通知如下：

一、申请条件和资助标准

（一）申请条件（须同时符合以下2个条件）

1. 在××市连续2年献过血的高校在校学生。

2. 在校期间遵守纪律，品德优良，热心青年志愿服务，各科学习成绩合格以上。

在名额受限的情况下，同等条件下，献血量大的优先选择。若同等条件下献血量仍相同，优先考虑学生干部。

（二）资助标准

我校资助名额为××××人，每人1000元。

二、申报材料及报送时间

（一）申报材料

1.《××市高（职）院校优秀学生献血者资助申报表》（见附件）。

2. 献血证明扫描件一份（包含无偿献血证姓名页及献血记录详情页）。

3. 大学入学后各学年学习成绩单一份；

4. 志愿服务时长证明（以 ×× 志愿服务网记录数据为准）。

（二）报送时间

请各二级学院于 × 月 × 日上午下班前将申报材料（仅需电子版）报送至校团委 ××× 老师办公系统邮箱。

三、材料审核及注意事项

1. 材料上报后，学校团委将通过 ××（省）血液中心核实献血次数达标情况及总献血量；通过学校教务系统查询个人成绩情况。请各学院广泛通知学生参与申报，并提醒学生务必认真核对申报条件，同时确保上交的有关材料真实有效。

2. 材料审核通过后，校团委将根据人选排序原则，对候选人进行初步排序，确定拟推荐人选并予以公示。

未尽事宜，请与校团委联系。联系人：×××，电话：××××××。

附件：×× 市高（职）院校优秀学生献血者资助申报表

校团委

×××× 年 × 月 × 日

【评估】 主要从能否把握通知的主要内容、能否准确找出与自己密切相关的内容、能否准确把握执行通知的具体要求等方面进行评估。

任务四

【目标】 能够准确把握规定的相关要求，强化遵守规章制度的意识。

【任务】 阅读某公司《生产车间防火安全管理规定》，完成以下任务：

（1）阅读后在学习小组内简明介绍主要规定事项。

（2）针对其中严禁事项说明为什么做此规定，其意义何在。

【提示】 这是一篇规章制度，在阅读时要仔细，抓住关键词，把握规定的具体事项。

【实训】 阅读如下规定并按要求完成任务。

生产车间防火安全管理规定

本公司为纺织类生产机构，根据本公司实际情况制定以下防火安全生产规定，公司员工必须严格遵守执行。

第一条　为贯彻公司《防火安全制度》，保证员工人身和设备安全，使生产顺利进行，针对生产车间环境特点，特制定本规定。

第二条　车间内要保持环境清洁，各种物料码放整齐并远离热源，注意室内通风。

第三条　保证车间内防火通道的畅通，出口、走道处严禁摆放任何物品。

第四条　车间内不得私接乱拉电源、电线，如确实需要，需报生产部经理批准，由动力设备室办理。用后及时拆除。

第五条　使用各种设备必须严格遵守操作规程，严禁违章作业。

第六条　燃油锅炉运行期间，要加强巡视，发现异常及时处理。

第七条　避免各种电气设备、线路受潮和过载运行，防止发生短路，酿成事故。

第八条　车间内禁止使用明火，如确实需要须征得安保部同意，在采取有效安全措施后，方可使用。使用期间须由专人负责，使用后保证处理妥当无隐患。

第九条　车间消防员按时对本部门内各部位进行检查，出现问题及时报告。

第十条　车间内，消防器材及设施必须由专人负责，定点放置，定期检查，保证完好有效，随时可用。

第十一条　当日工作结束前，应检查车间内所有阀门、开关、电源是否断开，确认安全无误后方可离开。

第十二条　发现火灾险情要积极扑救，并立即报警同时向安保部报告。

第十三条　本规定由生产部制定和检查，报生产总监批准后自发布之日起执行。

（资料来源：https://wenku.baidu.com/view/a4f50110f18583d0496459c1.html）

【评估】 主要从能否把握关键词、能否准确找出规定中禁止的具体行为、能否了解规章制度的要求等方面进行评估。

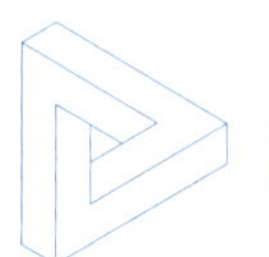

素质拓展

习近平总书记指出：“优秀传统文化是一个国家、一个民族传承和发展的根本，如果丢掉了，就割断了精神命脉。”我们要学会从中华优秀传统文化中汲取智慧，而汲取智慧的重要途径就是大量阅读中华经典文学作品。

同学们，我们来组织策划一个以“让读书为精神打底、为人生奠基”为主题、关于中华经典文学作品阅读交流的“读书沙龙”活动吧！让每一位同学都成为阅读分享人，把中华文学经典送入同学们的心中。在活动中还可以努力尝试其他不同角色，比如活动的组织者、主持人等。通过这个活动，让同学们形成良好的阅读思考习惯，同时锻炼大家的策划组织能力、与人合作能力和语言表达能力。

策划阶段不妨借鉴其他组织机构所举办的各类读书活动，周全考虑活动形式、流程，根据活动举办需求做好人员、物品等资源的准备。同时系统梳理阅读知识，提高阅读能力和语言表达能力，保证活动更具专业性。

请同学们积极参加活动，努力进行多角色锻炼。

作为活动组织者，为了保证班级读书沙龙活动的质量，让同学们能够在愉快的经典作品分享交流中激发阅读兴趣、切实提高阅读能力，你需要：

在班上寻找爱好读书且有一定组织能力的同学，与他们合作组成“读书沙龙”活动的组织工作团队，确定活动具体计划；

对全班同学进行阅读能力培训，讲授有关阅读知识，帮助大家了解阅读的基本方法。

作为主持人，为了保证活动的顺利进行，你需要：

努力拓宽阅读视野、深入经典世界，让自己的主持自然呈现“腹有诗书气自华”的风采；

根据读书沙龙活动主题准备主持词，热情大方、灵动流畅地串联各个分享作品，活跃现场气氛，带领大家充分感受阅读的魅力、感受中华经典文学作品的魅力。

作为阅读分享人，你需要：

广泛阅读优秀作品，选择自己所喜爱的一部中华经典文学作品，精细阅读、深入思考；提炼要点，梳理好思路，大胆上台与同学们热情分享你的阅读感悟。

模块要点

阅读的艺术
阅读能力
认读能力
理解能力
记忆能力
运用能力
阅读的意义
获取知识，提升自我
开阔视野，陶冶情操
帮助我们更好地享受生活
常用阅读方法
浏览
略读
寻读
研读
提高阅读能力的基本途径
激发阅读兴趣
培养阅读习惯
勤于检索
学会阅读原著
勤做阅读笔记
捕捉机会阅读
重视阅读交流
基本文体阅读
记叙文（把握叙述主体，领会文章精神）
说明文（了解说明对象，把握整体内容）
议论文（分析论据论证，把握中心论点）
文学作品阅读
小说（抓三要素，品味特色，挖掘主题）
诗歌（推敲词句，发挥想象，品味意境）
散文（抓关键词句，探寻线索，品味语言，把握内蕴）
职场应用文阅读
招聘启事（了解招聘岗位及条件，明确报名凡是和方法）
规章制度（明确责任和义务，了解相关制度和要求）
通知（了解通知事项，明确通知要求）
设备使用说明书（抓住重点内容，明确操作要点）
作业指导书（明确职责和要求，了解规范和制度）
工作计划（明确目标任务，明确措施步骤和要求）
合同（明确交易内容及要求，了解相关责任和义务）

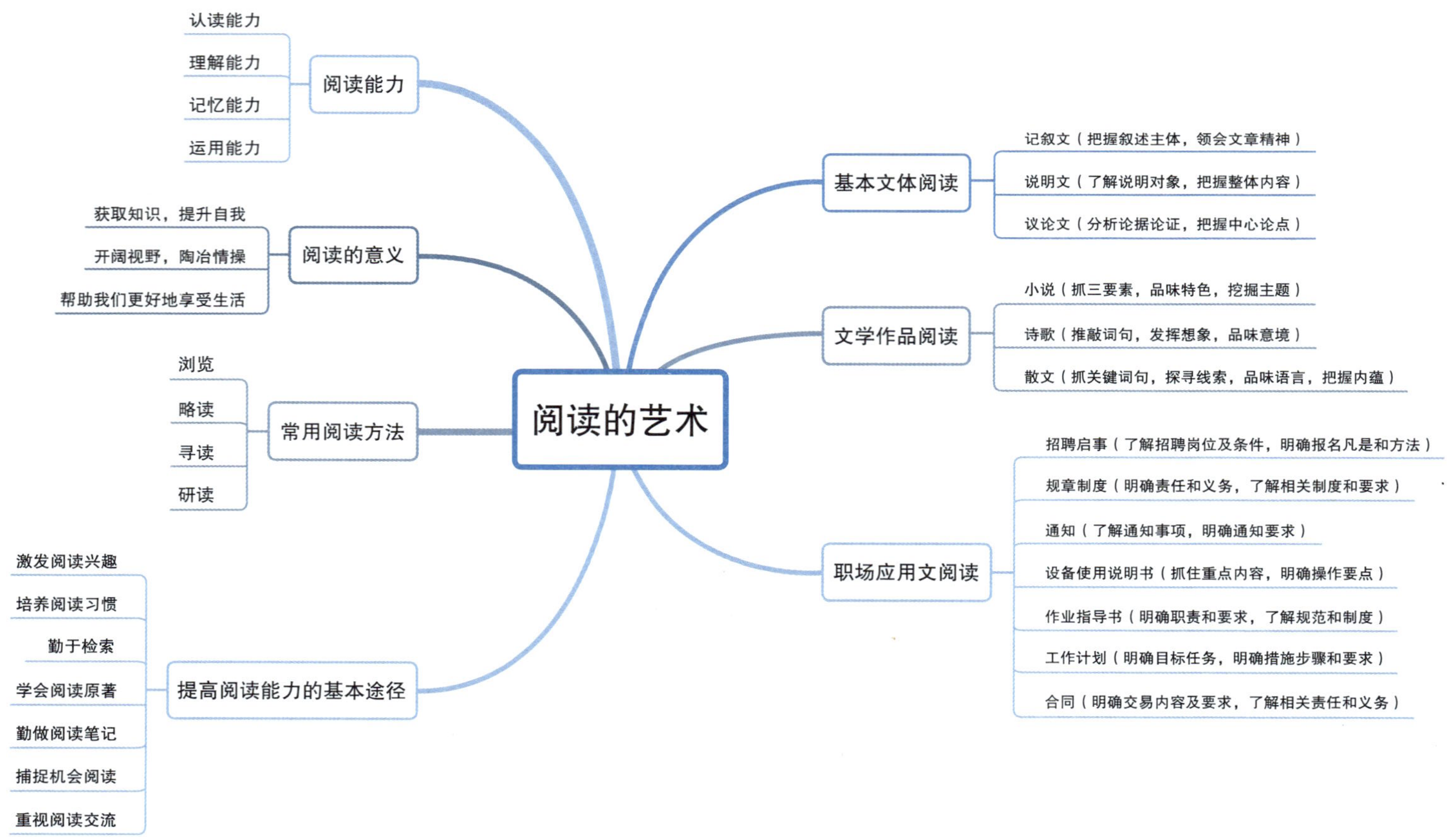

模块四

写作的艺术

The Art of Writing

法国著名作家莫泊桑曾写下许多作品，但都反响一般。焦急的莫泊桑于是去拜文学大师福楼拜为师。

老师告诉莫泊桑："你家门前不是天天都有马车经过吗？你就站在门口，把每天看到的情况，都详详细细地记录下来，而且要长期记下去。"

可是，莫泊桑站在家门口，看了几天大街上来来往往的马车，还是一无所获。他只得再次来到老师家，说："我按照您的教导，看了几天马车，没看出什么特殊的东西，那么单调，没有什么好写的。"

"富丽堂皇的马车跟装饰简陋的马车是一样的走法吗？烈日炎炎下的马车是怎样走的？狂风暴雨中的马车是怎样走的？马车上坡时，马怎样用力？马车下坡时，赶车人怎样吆喝？他的表情是什么样的？这些你都能写得清楚吗？"

"对你所要写的东西，光仔细观察还不够，还要能发现别人没有发现和没有写过的特点。如你要描写一堆篝火或一株绿树，就要努力去发现它们和其他的篝火、其他的树木不同的地方。你发现了这些特点，就要善于把它们写下来……"

依照着老师的指点，莫泊桑最终成了文学大师。

同学们，我们可能成不了莫泊桑那样的文学大师，但是我们依然可以像他那样去观察生活、感受人生、记录思想、传达信息。特别是在职场中，我们的工作离不开计划、总结、策划书等材料的写作。

我们需要在锻炼中成长，提高自己的写作能力，那么我们可以做些什么呢？

下面让我们一起走进写作天地，开启写作练习之旅吧！

学习目标

知识目标： 了解写作的基础知识，掌握基本文体、职场常用应用文的写作知识。

能力目标： 能根据实际需要进行基本文体写作，能根据工作需要进行常用应用文写作。

素养目标： 养成良好的写作习惯，提高文字表达的综合能力。

知识点拨

一、"写作"是什么

在生活中，我们常会说"写文章""写材料"，可见"写"是一种普遍的实践活动。那么，用什么来写？为什么而写？很多人可以脱口而出：用文字来书写，为传情达意、处理事务而写。把这些内容综合起来，我们就可以对"写作"有了基本的认识：写作是人们熟练运用书面语言文字，准确、严谨地传送心底的感情、表达内在的思想、分享丰富的信息，从而实现思想情感交流、知识经验传播、工作事务处理的一种实践活动。这种活动带来了丰富的精神产品，就是我们看到的各式各样、各门各类的文章。这个"文章"是个广义的概念，既包括文采斐然的文学作品、客观真实的历史著述、精深严谨的科学论说，也包括为处理实际事务而写出的简朴庄重的应用性文字材料。于是，我们不难发现无论在古代还是在今天，写作具有极其重要的意义。

写作与人类历史相伴而行，从远古走到了今天，成为人们重要的生活方式之一。上古时期，未有文字之初，我们的祖先只能结绳记事，一旦文字出现，写作便随之产生，从此人类社会进入以文记事的时代。"上古结绳而治，后世圣人易之以书契。"（《周易·系辞下》）这句话告诉我们的就是上古之人只能以结绳记事的方式治理天下，到了后世圣人们则用"书契"代替了结绳。毫无疑问，这个"书契"就是文字出现之后，人们为记录事件、传递信息、处理事务而形成的书面材料，或说就是早期的文章。由此可见，在人类历史发展过程当中，写作实际成为人们治理天下的重要工具。

写作不但可以用于治理天下，它还可以记录历史、承载经典、传扬文明。因为有了写作，我们能够读到以《史记》为代表的、展现中华民族上下五千年恢弘历史的"二十四史"，在数千年的历史变迁中明白何为"中国"、何为"中华民族"、何为"炎黄子孙"。因为有了写作，我们可以读到“四书”“五经”，从中了解到中国早期思想文化发展史上政治、军事、外交、文化等各个方面的史实资料以及孔子、孟子等著名思想家的重要思想；也可以读到《老子》《庄子》，在这些精要之作中感受道家别样的哲学思想，从而开启又一道奇妙的思想之门。因为有了写作，今天的我们才可以遇见一千多年前的杜甫、李白等令世人敬仰的文豪，从他们创作出的诗、词或散文之中体味世间百态、品味华章丰采。漫漫历史长河，撷英拾萃，伟大作品不胜枚举。放眼望去，实在不难发现，从远古到当今，在时代的进步、科技的发展、社会体制的创新中，无不可见“写作”的强势参与。

对于个人而言，写作又何尝不是人生旅途上时常要用的基础工具呢？人生在世，每个阶段都需要不断学习以提升自我，因此我们不断地倾听、阅读，通过这些方式领略不同的思想、获取各种信息，以此滋养自身。这是一个由外而内的摄取的过程。随着不断地学习、成长，我们日渐形成自己的思想、拥有自己的情感，当这一切日积月累到一定程度，自然会有向外“表达”的需要，把自己对生活的认知、对人情的感受表达出来。一旦进入“表达”，你就离不开张口说话、动笔写作。从前面的学习模块中大家已经知道“说话”之于现实生活的不可或缺性，深知它对于表达自我、沟通彼此是如此之重要，但在这里我们还要明确这一点，在社会生活当中仅有“说话”这一种“表达”方式是不够的，它依然不能取代“写作”。通过“说话”我们可以非常及时、灵活地传达自己的所思所想、沟通彼此，而对一些相对复杂的构思、特定的事物或工作，你就必须用语言文字进行精确、严谨的书写，而且书写出来的东西还可以突破时空的限制自由地传递。如此看来，写作其实是一种内容输出的方式。如果你拥有写作能力，你就可以多一个独特的途径来传达你的价值观、思维模式，让它们影响你身边的人，从而改变你身处的环境。而良好的写作能力需要不断地学习，所以注重写作实际可以让自己的内涵更深沉丰厚。

一提到写作，不少人立刻会想到写出经典名著，因此认为写作离自己很遥远，其实不然。求学时要制订一个学习计划，工作后要提交一份工作总结、拟定一份协议，甚至要发朋友圈、写微博等，这时你会发现写作就在我们身边。由此可见，写作不仅仅存在于文学创作领域，它更广泛地应用于现实生活、工作之中，它可帮助我们解决实际问题，提高生活质量与办事效率。因此可以说，写作能力是我们的必备技能。

对于大多数人而言，良好的写作能力并不是与生俱来的天赋，而是需要通过必要的学习训练才能获得的能力。相信经过刻苦努力，你也能够在日常生活、校园学习、职场工作中以“笔墨”顺畅地表情达意。

二、写作六步法

对于写作而言，“定体则无，大体须有”，意思是说虽然没有固定的体式，但也必须有大体的规则，这个规则就是基本的写作方法。练习一般文章的写作，可以参考以下六个步骤。

（一）提炼主题

主题是作者通过文章表达出的写作意图、流露出的情感和意向，简要地说它是文章的中心思想或中心观点。主题是文章的灵魂，文章质量的高低、价值的大小首先取决于它。主题统率着文章的其他一切元素，只有主题确定了，才能围绕着主题去选择材料、安排结构、选用表现手法、遣词造句等。因此在写作过程中,首先要明确的是主题。

主题的提炼要建立在作者对全部材料进行研究、分析的基础上，形成一个明确的、概括的题旨或观点，然后处处围绕这个题旨、观点展开书写。对于不同的写作对象，主题提炼的“点”会有所不同。如侧重写人的文章，一般着力于对人物思想精神的发掘；侧重记事的文章，则注重对事件意义的探求；侧重说理的文章，就要着力于事物内在逻辑的把握、此事物与彼事物之间矛盾关系的剖析；而对于应用性的文章而言，作者的写作“意图”往往就是其主题，一般表现为一种成熟的意见、办法、计划或条例等，主要在于有关情况、经验、信息的交流。

提炼主题的过程是作者全面把握写作材料，进行仔细分析、反复思考、深入发掘，最后做出判断和概括的过程。这是一个由朦胧到清晰、由浅显到深入、由感性到理性的思维过程。

1. 提炼主题的基本原则

提炼主题时应当注意把握如下基本原则：

（1）正确。一要杜绝歪曲事实的错误引导，二要防止以偏概全。在记叙类文章和文学作品中，主题一般表现为某种正确的思想、健康的情感和审美价值；在议论文中主题一般表现为正确的观点和主张，或体现某种客观的真理；在说明文和科学论文中主题一般表现为某种事物的规律或科学的信息。

（2）集中。无论文章中的材料有多少，每一部分材料的含意都必须紧扣主题，要做到集中。首先要一文一意，不能有多个中心；其次不要大而空，不可废话连篇，言不及义；再次注意不要跑题。可以在一篇文章中提炼出一两句精辟的话，放在关键的位置上，统贯全篇。

（3）深刻。即主题要有一定的高度、深度或比较有预见地体现事物发展趋势，不能仅仅停留在表面现象上。主题要尽量揭示事物的本质和规律，揭示事物最有价值的思想意义。这就要求作者仔细观察生活，深刻研究问题，并且站得高、看得远，这样才能让主题给人以深刻的启迪。

（4）新颖。主题要有新鲜感，能给人以启发。主题可以翻前人已发之意，扩前人已发之意，或创前人未发之意；可以克服思维定势，打破常规从相似、相关或相反的方向思考，所提出的见解、所抒发的感受有自己的独特性，能给人以新的启示，令人有新鲜醒目的感觉。

2. 提炼主题的主要方法

（1）抓动机。在接触生活、收集素材时把有用的信息与主题相联系，形成可以发展、提炼的“主题动机”。这个动机可以是一草一木、一颦一笑，也可以是一句话、一出戏、一个故事、一段资料……如李政道在复旦大学“李政道物理奖颁发大会”上做了题为《科学的发展——从古代中国到现在》的演讲，从中华民族的传统文化“五行”，谈到商朝的悬机，再到张衡的浑天仪，谈古论今，比较中西，最后提炼出主题：“是在我们这个时代，把微观的世界和宏观的世界用科学的方法连结起来。”

（2）炼意境。深邃优美的意境可以使主题诗意化，产生艺术魅力。在提炼主题时注意捕捉现实生活中具有诗情画意的场景和细节，描绘出深而美的意境，用以升华主题。如第一位获得诺贝尔文学奖的女作家塞尔玛·拉格洛夫在其授奖仪式上进行的演讲，述说了一个个她从家乡去往斯德歌尔摩路上的故事与场景，老房子、奔驰的列车、家人、阳光明媚的庭园、获奖的喜悦……而所有故事与场景最终只有一个指向：对父亲的深深的思念。

（3）找哲理。主题要具有深刻的内涵，需要提示生活的哲理，使主题散发出理性的光芒。丁肇中在《应有格物致知精神》中提到，“要知道竹子的性质，就要特别栽种竹树，以研究它生长的过程，要把叶子切下来拿到显微镜下去观察”，并由此上升人生哲理：寻求真理的唯一途径是对事物的客观探索；探索的过程不是消极的袖手旁观，而是有想象力的、有计划的。

（4）出新意。提炼主题要另辟蹊径，别具匠心，把对生活的独特感受、独立思考、独到评价贯穿其中。北大学生刘媛媛在题为《寒门贵子》的演讲中，开始便提出当今社会的普遍看法：寒门子弟要出头比上一辈更难了。但她接着描述自己的亲身经历，并用《人生七年》这个记录片证明寒门子弟依然可以通过自己的努力逆袭成功。这个演讲成为优秀的励志演讲案例。

（二）拟定标题

就像一个人要有自己的名字一样，一篇文章也要有个标题。标题拟写得好，可以抓住读者的心。此外，一旦有了个妥贴的标题，也便于写作者紧扣标题行文，更好地把握文章内容、基调、风格等而不至于偏题、跑题。因此标题实际上是文章的一个有机组成部分，在写作过程中需要好好推敲拟定。

1. 拟写标题的基本要求

在拟写标题时，我们应当注意如下几点：

（1）题文相符。保证标题与行文内容相一致，或者提示文章的观点、中心，或者提示文章写作的范围、内容等，让读者从标题就可以看出文章所要传递的主要信息，或由此引发相关的联想与思索。

（2）严谨求实。标题拟写要尊重事实，措辞用语恰如其分，切忌虚张声势、与内容不符的“标题党”。

（3）简明精练。有的作者过于求大求全，想在标题中尽可能丰富地表现文章内容，所拟标题较长。其实大可不必如此，只要抓住文章特色、简明精练地表达出来就好。

（4）新颖生动。新颖生动的标题具有独特魅力，可以引人入胜，甚至可以先声夺人，能够提高读者的兴趣。例如《听，花开了》《保鲜诚信》。

2. 拟写标题的常用方法

拟写标题的方式方法多种多样，以下是一些常用的方法以供参考：

（1）关键词法。提取主题中的关键词为标题，如鲁迅的《肥皂》。也可以对关键词进行扩充，如关键词为“幸福”，可以将标题拟定为《体味幸福》《追求幸福》等；关键词为“青春”，标题可拟为《我的青春我做主》《青春的旋律》等。

（2）修辞法。借助各种修辞手法拟定标题。比喻式如《父爱如山》《生如夏花》，拟人式如《愤怒的葡萄》《带上诚信上路》，夸张式如《一个直冲云霄的中国人》。

（3）逆向思维法。反常理而用之。如《有一种失败叫成功》《近墨者未必黑》等，用明贬实褒的方式来命题，反而更吸引人。

（4）符号法。如等式表达《1+1=？》《真诚+守信=真诚的友谊》，不等式表达《金钱≠幸福》《减负≠减副》等，这样的标题简洁明了，一目了然。

（5）设置悬念法。设置疑问，以唤起读者探究的欲望，激发阅读兴趣。如《一封来自天堂的信》《中国人失掉自信力了吗》等。

需要补充说明的是，应用文体的标题基本有着约定俗成甚至是规定的命名方式，不需要特别地费心推敲。

（三）组织材料

进行写作，材料不可或缺。如果以人体做比喻，主题是灵魂，材料可以说是血肉。文章能否做到内容具体充实、血肉丰满，还有赖于材料的贴切充足。

不同类别的文章有着不同的材料。如记叙性的文章的材料主要是人物、事件、情节、景物等；议论性的文章的材料主要表现为问题、观点、论据；说明性的文章的材料主要表现为事物的性质、功能、状貌、构造等。材料包括事实材料和思想材料，前者指自然界和人类生活中实际存在的客观事实，后者指公认的或被证明的原理、定律及各种观点。

写作过程中，在确定文章主题之后，就需要考虑材料的选择与安排的问题。

1. 选择材料的基本原则

选择材料，就是在写作过程中，按照一定的写作意图对材料进行鉴别、剪裁。

（1）围绕主题选择材料。主题是全篇的统帅，所有的材料必须听其调遣，即材料必须为表现主题服务。按照主题表现的需要进行材料的选择是首要遵循的原则。

鲁迅说文章写作“选材要严”，其所谓“严”即指材料要能够有力地表现主题。因此，不能孤立地考虑材料本身意义如何，而是要考量它与主题有没有关系，凡与主题无关的材料，即使本身很精彩，也是不能强塞进文章的。

（2）选择真实准确的材料。对于非虚构的常用文体的写作，材料必须真实、准确。

真实，就是指是真实发生的事情，是能够反映事物本质的而非偶然的、片面的事情。比如写议论文、说明文、工作总结、调查报告之类的文章，所用的材料必须是生活中确实发生过的、经得起核对和检验的真实事情。如果文中材料是虚假的或不够准确，就不可能得出合乎客观实际的、科学的结论。所以要注意核实，不可主观编造或偏听偏信，也不能以偏概全。

准确，即确凿可靠。比如说明文、工作总结、调查报告中的数据，议论文中的例证，记叙文中的人物、事件、时间、地点等都要准确无误，否则文章的可信度、价值将会受到损害。

（3）选择典型的材料。典型的材料是指那些最能够反映事物本质、特点，最为鲜明、最具有代表性，因而说服力最强的材料。

在搜集材料的过程中往往会发现不少材料都与主题有一定关系，但从文章质量及篇幅角度考虑，不可能把它们都用进文章，这时就必须对这些材料进行分析、比较，择取典型的材料入文。

典型的材料能够以少胜多，表现主题时极具说服力、感染力。

（4）选择新颖生动的材料。新颖、生动的材料可以使内容显得新鲜、活泼。

新颖的材料，既可以指社会生活各领域出现的新信息、新事例，也可以指过去已有但别人没有用过，或虽然有人用过但自己有着新认识的材料。我们可以从这一点体会到使用新颖材料的意义：有的文章虽然主题普通，但所用材料新颖，它对读者仍然具有良好的吸引力。

对于有些文章而言，材料只是新颖还不够，虽然新颖却很平淡的材料也难以引起读者的兴趣，所以还要选择生动的材料。材料的生动性并没有绝对的标准。一般来说，具体的比抽象的、个别的比一般的、曲折的比简单的、情感强烈的比平淡的、特点鲜明的比特点缺乏的材料更为生动有趣。

要注意的是，写作时不可机械追求材料的新颖生动，必须在符合主题表现需要的前提下，对同类材料进行比较选择。

2. 文章材料的安排顺序

写作时既要讲究对材料的选择，同时还要讲究对材料的编织，即要对材料进行合理、巧妙的安排。在写作过程中，当用进文章的材料较为丰富的时候，就存在一个如何有序组织安排材料的问题，所以还要善于根据材料的特点、主题表达的需要以及文章的结构特点等综合考虑材料组织的顺序。

常见的组织材料的办法如下：

（1）按事件发展顺序。在叙述事件时按事情发生、发展、结局的时间顺序来写，记事（如活动）、写人（主要指一人一事）的时候大多可以采用这种写作顺序。

（2）按时间先后顺序。按“早—中—晚”或“前—中—后”的顺序组织材料。即以时间推移为序，将文章的各个材料串成一体，或将情节发展的各个阶段连接起来，使文章形成一个相对完整的整体。无论是一件事还是几件事，无论是通过一件事写人还是通过几件事写人，或是按事理发展过程的先后来介绍某一事物时都可以采用这种顺序。

（3）按空间转换顺序。按空间转换顺序即按照方位、处所或地点的变换来决定材料的先后次序。在叙述活动空间不断变化的事物时常采用这种顺序。如在说明介绍性的材料中，可以按事物的空间结构的顺序来写，或从外到内，或从上到下，或从整体到局部。写景状物、参观游记、写人记事类的文章，根据主题需要和材料特点，也可以按照这种顺序写。

（4）按逻辑顺序。按逻辑顺序即按事物、事理的内在逻辑关系进行叙述。如果材料较多，则需要把同类的放在一起，写完一类再写另一类。

组织材料的顺序是多种多样的，在写作中可灵活运用。应该采用哪种顺序要依据材料的特点、事物的规律以及是否能够更好地表现主题来确定。

（四）布局结构

结构指文章内部的组织和构造，写文章要讲究对整体格局的布置与安排。前面我们说到，如果以人体比喻文章的话，主题有如灵魂，材料有如血肉，那么我们这里要说的结构布局则相当于“骨骼”。写文章，如果没能合理地安排结构，就像人体没有健壮的“骨骼”，必定是灵魂无处安放，血肉无所依托。

因此，当我们确立了主题、围绕主题选择好材料之后，就需要考虑怎样表现主题，结构就是寻找一种表现主题的最佳形式。如果说材料解决的是“言之有物”的问题，主题解决的是“言之有理”的问题，那么结构就是解决“言之有序”的问题。写文章必须考虑合理安排文章的结构层次。

不论是哪类文体的写作，在主题明确之后，都需要梳理思路，确定如何一步步、一层层有序地展开文章内容。梳理思路的过程，就是搭建思维框架的过程。一般情况下我们可通过拟写提纲的方式把这个思维框架相对固定下来。

拟写提纲就是把写文章的思路先记录下来。这不仅能便于安排文章结构，并且方便在整体上做出适当调整，同时可以有效避免写作过程中因思路中断而产生遗漏的现象。

为帮助大家练好基础写作，下面介绍两种常用的结构模式。

1. 解决问题模式

解决问题的结构模式就是先提出问题，然后分析问题的原因所在，最后明确解决问题的办法。如果采用这种模式进行写作，可以按照下面这个步骤来拟定文章提纲：是什么（提出问题的现象）——为什么（造成这一问题的根本原因）——怎么做（问题的解决之道）。例如写一篇中心为“沟通时如何提问”的文章，可这样设计安排结构：先引出因为不善提问而导致沟通障碍的现象（可用故事说明），接着分析解释造成这种现象的原因，最后给出解决问题的方案（沟通时的提问技巧）。

按照上述思路，就能够整理出来一个结构完整、逻辑清晰的写作大纲，如图4.1所示。

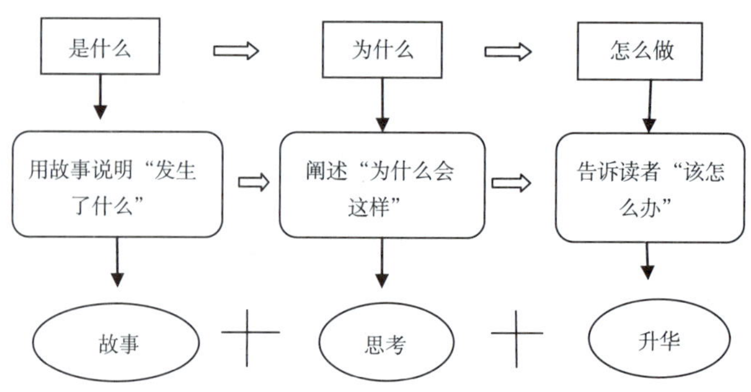

图 4.1 “解决问题模式”写作大纲案例

有很多人写的故事不见得就是名人或者成功人士的事迹，很可能就是身边的小事，这就是“故事”。但是他们会把自己看到或者听到的一些故事做深入“思考”，以小见大，说明这些故事反映了什么问题，让读者有所共鸣。到最后提出独道的解决办法，“升华”自己的主题。这种模式较容易把读者带入文章的具体情境之中。

2. 金字塔模式

金字塔模式遵循结论先行的原则。即先把文章的核心观点亮出来，再围绕着这个观点层层展开说明、论述，而不是长篇大论之后再给出结论。

以中心观点为“职场中的性别歧视严重”的文章为例，写作时不少人的思路展开模式是先从多方面提出有关现象，然后归纳出这一观点，如图 4.2 的左图所示；而若使用金字塔的模式来安排文章，则文章结构与图 4.2 的右图所示相同。

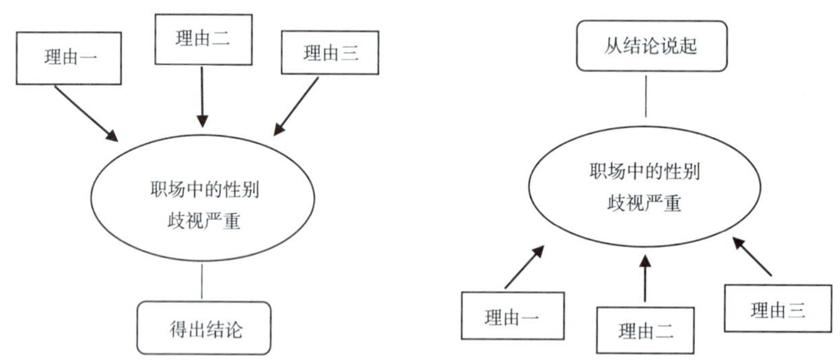

图 4.2 “金字塔模式”写作大纲案例

以金字塔模式安排文章结构，可带来观点鲜明、重点突出、逻辑清晰、层次分明的效果。

（五）遣词造句

在写作过程中，明确了主题、优选了材料、设计出结构，还只是做了前期的工作。一篇文章或一部作品最终还需要通过语言文字表达出来，这样才能成为有形的东西，否则则无所谓文章或作品，所以写作还必须讲究遣词造句。

遣词造句就是根据表达主题观点的需要，选择恰当的词语，组成表意完整、恰切的句子，进而由句子构成段落及篇章，从而既充分又合乎情理地表达作者的意图、观点和愿望。

词是能独立运用的最小语言单位，它是造句的基础，句子则是能够表达一个完整意思、构成篇章的基本言语单位。我们常说的“组词成句、组句成段、组段成篇”，清晰而通俗地显示了词、句、段、篇之间的密切关联。良好的遣词造句能力是准确表达主题、增强文章表现力的保证，因此，要写好文章，必须从基本的遣词造句开始。

那么我们主要从哪些方面来训练和提高遣词造句的能力呢？

1. 讲究表达的准确规范

写作最基本的要求就是要把需要传达给他人的内容写得准确清晰，无论是表达个人的思想情感，还是介绍知识、阐说事理，或是处理工作事务等等，必须保证基本的表意准确。所以写作过程中，要精心推敲字词，合理遣词造句，做到词能“达意”。

要做到词能达意，一个基本前提是要做到措辞用语的规范，这一点主要包括词汇的规范和语法的规范。除了一些特殊的文艺性创作之外，一般的文章写作都要注意按照现代汉语的规范要求，运用规范的字词来表情达意，要注意词语的搭配、语序的安排、成分的完整、语义的准确。

2. 讲究表达的流畅生动

表达的流畅指行文的气脉贯通，全篇前后上下为思路流畅、逻辑严谨的有机整体。这就要求语句之间的排列要遵循一定的规则。比如在特定的语境当中，所表达的话题要前后统一，具体包括上下文之间所表达的意思、所指称的对象、所描写的事物等要相连接、相一致；要根据事物的内在逻辑合理安排语句的次序，让句子的前后排列自然得当；要注意上下语句的相互连接和照应，前后语意紧密衔接，文意流畅。

表达的生动主要指遣词造句要生动、形象。相对而言这是个更高的要求，需要我们在写作过程当中精心地炼字炼句。在炼字方面，当年王安石对“春风又绿江南岸”句中的“绿”字反复推敲，一个字的精当传神造就了千古名句。此外还要注意炼句，比如要注意语序的常或变、句形的长或短、结构的整或散的选择。善于选择和调整句式，可以有效地增添文采，增强语言的表现力。

3. 讲究表达得贴切得体

这里所说的表达贴切得体主要指两个方面：遣词造句要适应阅读对象，适应语体要求。

（1）适应阅读对象。作品需要通过读者的阅读、理解、接受才能实现其价值，因此，写作时遣词造句需要考虑阅读对象。

作品需要读者实现价值，在受众越来越细化的时候，首先需要明确你的作品是写给谁看的，然后要针对读者的需求来提供合适的内容和文字。比如，在涉及专业术语的使用时，如果读者是非专业人士，那么就需要对专业术语进行解释，并尽量使用通俗易懂的语言。不然容易给读者造成不必要的阅读障碍。所以，在写文章时，要想着“读者是谁”，要明确目标读者。

（2）适应语体要求。语体是为了适应不同交流情境而形成的特定语言表达体式，一般可分为口头语体和书面语体两大类。口头语体是为适应口头交谈的需要而形成的，书面语体是在口头语体基础之上、适应书面写作的需要而形成的。根据交流情境、对象及表达内容等方面的不同，可对口头语体和书面语体做进一步的类别划分。正如不同的人有不同的个性特征一样，不同的语体自然有着不同的风格特点。

我们写文章，使用的当然是书面语体。书面语体大致可分为应用语体、科技语体、文艺语体、政论语体、新闻语体、网络语体。同样是书面语体，文体不同，遣词造句的要求也会不一样。如文艺语体的语言一般都是生动形象的，追求的是意境的创设；应用文体则特别要求语言表达的准确、严谨、简洁、朴实。因此，在写作过程中，遣词造句要注意切合相应的语体风格。

（六）修改完善

主题提炼、布局谋篇、遣词造句等对于写作的重要性自不必说，但在写作过程中，通篇写完之后并不意味着整个写作的完成。严格地说，初始写出的文章只能算是“草成”的材料，不进行细致的修改是无法使作品成为真正的精品的。因此，“修改完善”阶段必不可少。

1. 明确修改目标

文章修改的目标是：主题更为鲜明集中，结构更为合理严谨，措辞用语更为精当鲜活。修改时首先要注意主题、中心是否鲜明、集中，结构安排是否合乎逻辑，这是至为关键之处。此外要细致查校是否有语法错误，有无不恰当的措辞、表意模糊的语句。修改的过程就是发现问题、修正问题、提高质量的过程。

2. 获取他人反馈

闭门造车难有进步，因此，写出来的文章可请他人读一读，换个人看往往易于发现问题或提供新思路。如果别人的意见正确就接受它，这样会让你的文章更为漂亮。

3. 不厌其烦地修改

修改文章，我们不妨参考借鉴“三遍修改”法：

（1）第一遍通过浏览以调整篇章。这一遍主要是从宏观着眼，通过快速浏览全篇感受整体格局是否安排妥当。在浏览过程当中，以是否紧扣主题观点、集中传达文章中心为尺度，衡量文中材料是否充足典型、用以支撑中心的小论点是否恰当合理、层次安排是否足够严谨、段落表达有无啰唆。一旦发现这类问题，该增补的就增补，该删除的就删除，该改写的就改写。一旦发现有的地方不利于表达中心，哪怕文字优美，也要毫不犹豫地大刀阔斧“动手术”——删除。

这里我们强调的是初稿完成后，要通过这第一步的宏观调整以定下全篇之“型”。

（2）第二遍通过默读以修改词句。这一遍更多的是从微观入手，逐字逐句地默读，目的在于对文章的字、词、句进行细致地检查、校正。默读有利于获得特定的“语感”，这种语感很容易让人发现文字表述方面的问题。我们边读边思，斟酌体会，读到感觉语意不畅、句子不通、声调不谐之处则停下细品，看看是否有错字、错词或语法问题等，有则加以改正。有时可能语法等方面并无错误，但措辞用语乏特色、缺韵味、衔接不紧、气势不接、脉络不畅、繁简不当，这也需要在默读体会的过程中梳理出来加以修改调整。总之，通过默读进行逐字逐句地检查、加工修改的过程必不可少。

（3）第三遍通过闲置以备再度修改。初稿完成后的短时间内，写作者往往深陷于原有写作的情境当中，特定的潜意识容易影响着对问题的发现。针对这种情况，我们写完之后不妨把它闲置一些时间，做个冷处理，待自己心理沉静、头脑清醒下来再读一读，这样很快就能够发现有些原来不易看出的毛病。经过这一遍检查修改，我们所写的文章更趋完善。

“文章不妨千次磨”，为了让所写的文章从平庸中脱颖而出，切勿缺失修改环节。

※ 主题是文章的“灵魂”，它统率着材料的选择、结构的安排、词句的组织。无论写什么类型的文章，首先要明确中心写什么，即首先要提炼主题。注意一篇文章只能有一个主题。

※ 材料是文章的“血肉”，是文章内容充实、血肉丰满的保证，因此写作必须善于紧紧围绕主题表达的需要进行材料的选择及安排。

※ 结构是文章的“骨骼”，主题的传达有赖于精密、严谨的结构布局。所以动笔之前应当梳理思路进行整体布局，并通过拟写提纲的方式安排好文章的结构层次。

※ 遣词造句是写作的“实战”阶段，前期所有的构思都要通过语言文字来具体表现，因此对遣词造句最基本的要求是要表意准确，在保证准确规范的基础上力求表达的流畅生动、贴切得体。

三、基本文体写作

在中学阶段，我们学习的是写作的基础知识，而到了大学，对常见文体的掌握则有了更高的要求。此前对这些写作知识的学习是分步骤、片段化、循序渐进地完成的，大学写作则需要把这些知识在一定时间内概念化和集中化，整合成自己的写作思维，并深化和扩展，力求与自己的专业知识相融合，提升思维水平和文化素养。

此外，中学写作更多的是强调技巧，大学写作则着重培养我们综合性的书面表达能力，让我们能把自己的所见所闻、思想感情用语言文字充分地表达出来。

总之，我们学习这些，不是为了让自己成为一名文学家，而是要让自己成为一名合格的表达者，能够用文字准确、流畅地表情达意。

（一）记叙文写作

记叙文是以人物的经历和事物发展变化为主要写作内容的一种文体形式，可以写人记事，也可以写景状物。记叙文写的是生活中的见闻，要表达的是作者对于生活的真切感受。

写好记叙文应当注意以下几点：

1. 深入挖掘主题

写记叙文总有一定的目的，要表达一定的思想和感情。这里所说的思想感情就是我们常说的文章“主题”。主题是文章的灵魂，一篇记叙文有了主题才有精神，否则可能只是一份平淡无奇的流水账。因此，写作记叙文一定要注意主题的挖掘与提炼。

记叙文往往取材于身边小事，但写作过程中不能只是就事论事，而是要对这些似乎不起眼的素材进行深入挖掘，把小事所蕴含的深刻道理、普遍意义写出来，这就能够做到“以小见大”，提升文章的品质。

要做好记叙文主题的挖掘和提炼，非常需要我们在日常的学习、生活当中细心观察与点滴积累，并且勤于思考、善于发现，这样才能在平凡普通的生活中发现真、善、美，从而挖掘和提炼出积极的、深远的主题。

2. 明确写作要素

不管是什么类型的记叙文，都必须具有两个基本要素：时间和地点。因为人、事、物、景都是在一定的时间和空间中发生（产生）、发展或存在的。

同时要注意，写记叙文还要根据写作对象、文章主题的不同而有所侧重，这就增加了新的要素，即：时间+地点+侧重点。这个“侧重点”或是“人物”“事件”，或是“景”“物”“情”等。

在记叙文中，写人离不开事，写事离不开人，因为事在人为。此外，又有情景交融、睹物思人等现象，所以人、事、物、景、情往往是不能截然分开的，只不过在不同的文章里各有侧重罢了。

记叙文写作的重要一环就是明确写作要素，而侧重点不同的记叙文，其写作要素各有不同，具体如图4.3所示。

写人的：时间+地点+人物

记事的：时间+地点+事件（始末、因果）

写景的：时间+地点+景物

状物的：时间+地点+物

抒情的：时间+地点+情（喜怒哀乐等）

图 4.3　不同侧重点的记叙文相对应的写作要素

3. 合理安排记叙顺序

记叙文有顺叙、倒叙、插叙、补叙四种基本的写作顺序，一篇文章可以只使用一种顺序，也可以使用多种顺序，要根据主题、中心表达的需要合理安排。

每种记叙顺序的基本情况及优缺点如下：

（1）顺叙。顺叙是指按照人物成长或活动的自然时序和事件的发生、发展、变化的先后次序进行叙述的一种记叙方式，包括以时间的推移为顺序、以空间的变换为顺序、以事件的发展过程或事物的发展规律为顺序及以人物的情感变化或认识发展为顺序四种。

顺叙的优点：叙述循序渐进，人物活动或事件发展过程交代得有头有尾，来龙去脉清晰，比较符合大众接受心理。顺叙的缺点：如果处理不当，容易产生平铺直叙、记流水账的问题。在使用顺叙时应注意主次分明，详略得当。

（2）倒叙。倒叙是指打破自然时序，把事件活动、事件结局或某个突出的片段提到前面进行叙述，然后按事件发生发展的顺序进行叙述的一种记叙方式。

倒叙的优点：可以制造悬念，增强吸引力，激发读者的兴趣，凸显被提前部分，也有助于主题的暗示和深化。倒叙的缺点：容易使叙述脉络不清，头绪不明，影响表达效果。在使用倒叙时应注意顺叙和倒叙的转换处需有明显的界限或必要的文字过渡。

（3）插叙。插叙是指在叙述中心事件的过程中，根据表达内容的需要暂时中断顺叙主线，插入另一件事情的叙述，然后接上原来的顺叙主线进行叙述的一种记叙方式。

插叙的优点：使叙述内容充实，表达曲折有致。插叙的缺点：容易节外生枝、喧宾夺主。在使用插叙时应注意插入的内容必须与叙述主线内容相关，对主题的表达有辅助作用。

（4）补叙。补叙又称追叙，是行文过程中以简短话语对前叙人、事进行简单补充交代的一种记叙方式。

在使用补叙时应注意补叙的内容是中心事件的有机组成部分，某些情节缺失这部分内容则可能出现漏洞，令读者费解。

（二）说明文写作

说明文是一种以说明为主要表达方式来解说事物、阐明事理以给人知识的文章体裁。按说明对象的不同，说明文可分为事物说明文、事理说明文两类：前者主要解说客观事物，帮助人们了解事物的形状、构造、类别、关系、功能等；后者主要通过阐释抽象事理，帮助人们对事物的原理、含义、特点、演变等有科学的认识。

写好说明文应当注意以下几点：

1. 抓住事物特征

说明文必须善于抓住所说明事物的特征来写。所谓特征就是这一事物区别于其他事物的特点，抓住特征才能说明清楚。因此，写好说明文的前提是要对所说明的对象有着准确、深入的认识了解。事物往往具有复杂性的一面，因此要认识透彻某个事物则必须对其认真观察、深入了解，这样才能依据事物本身固有的逻辑进行说明。

2. 安排合理顺序

写好说明文要注意安排好说明的顺序。针对不同的事物特征选择好适当的说明顺序，文章才能条理清晰。

说明顺序一般有三种，即时间顺序、空间顺序、逻辑顺序。

（1）时间顺序。如从早到晚、从古到今、从过去到现在等。

（2）空间顺序。如从上到下、从左到右、从前到后、从远到近等。

（3）逻辑顺序。如从主要到次要、从整体到部分、从概括到具体、从原因到结果、从现象到本质等。

安排说明顺序要根据人们认识事物的过程以及说明对象本身的特征、规律而定。比如说明事物的形状、构造等，往往以空间为顺序；说明事物的成因、方法，往往以时间为顺序；说明事物的原理，往往以逻辑关系为顺序。

3. 选用恰当方法

写好说明文还要注意针对说明对象的特点选择恰当的说明方法。常用的说明方法如下：

（1）举例说明。列举有代表性的实例，把复杂的事物和抽象的事理解说得具体实在，能让人通过个别认识一般。举例说明可起到举一反三的作用。

（2）数字说明。运用数字精确地说明事物，从量的方面说明事物的特征和本质。

（3）比喻说明。比喻说明是一种用打比方的方式使抽象的事理或复杂的事物浅显易懂、具体生动的表达方法。比喻说明在科普说明文中使用频率较高，能达到增强文章色彩和可读性的效果。在运用比喻说明时，要注意比喻的贴切、准确，多用明喻。

（4）分类说明。按照一定的标准把被说明的对象划分成不同类别，然后逐一进行说明，是说明复杂事物经常运用的方法。运用这种方法要注意每次分类标准必须统一，避免不同标准交叉而致分类混乱。同时，还应注意每次分类要穷尽所有对象，不能有所遗漏。

（5）定义说明。运用简洁的文字对事物的本质特征或一个概念的内涵和外延进行确切说明。

（6）图表说明。将要说明的数据集中起来，按一定的内在联系列表格进行直观说明。图表说明节省篇幅，诉诸直观，便于记忆，是说明文、应用文、学术论文中常用的重要说明方法。

（7）比较说明。将两个事物相比较来说明事物的特征。比较说明的方法有两种，一是相同事物的比较，二是不同事物的比较。

（8）诠释说明。诠释就是注释，又称解释，是对定义的具体解说或对某一事物从不同角度所做的灵活解释，其语言要通俗易懂。

4. 讲究语言风格

准确、简洁、平实应当是说明文基本的语言风格。

说明文的目的在于帮助人们科学认识事物、事理，因此它的语言首先要注意保证准确性。比如表示时间、空间、数量、程度、性质等的内容要表述得准确无误。当然表述准确并非都得用确数，使用“估计”“可能”“大约”“左右”这类约数词汇，在特定的情况下（如实在无法统计确切数字）也是一种讲究准确性的表现。

因为说明文重在解说事物、事理，用简明的语言平实地展开说明也是写作说明文的基本要求。所以说明文的言语表达还应该简洁明了、质朴无华，即语言要“简洁”“平实”。但是讲究平实并不等于呆板，在保证准确的前提下，说明文的语言风格也可以生动活泼。说明文的风格要尽量做到“平实”与“生动”的和谐统一，既保证文章的科学性，又增强文章的感染力。

（三）议论文写作

议论文是对某个问题或某件事进行分析、评论，表明自己的观点、立场、态度、看法和主张的一种文体。我们面对生活中的人或事、某些问题或某种现象，往往会有自己的主张、观点，把这些主张、观点通过文章表达出来，并加以阐释、证明，这就是议论文的写作。议论文是以理服人的文章。

写好议论文应当注意以下几点：

1. 把握好三要素

写作时必须把握议论文的三要素及三者之间的关系。论点是作者对所论问题的见解、主张；论据是作者用以证明论点的材料；论证是作者用论据证明论点的过程。论点负责“需要证明什么”，论据负责“用什么来证明”，论证负责“怎样证明”。

2. 讲究论点的提炼

论点是议论的灵魂、统帅，一篇文章只有一个中心论点，它起着纲举目张的作用。确立好论点是写好议论文的前提。写作上对论点的基本要求是正确、鲜明、深刻。

（1）论点要正确。我们要弘扬正气、宣传真理，所以文章所表达的思想观点必须正确。

（2）论点要鲜明。作者必须鲜明地表明自己的观点，让读者明确理解。绝不可模棱两可，让人捉摸不定。

（3）论点要深刻。有价值的文章应当提出新鲜、独到的见解，能够深刻揭示事物的本质，给读者以思想的启迪。

3. 讲究论据的选择

为了使论点得到有力证明，必须围绕中心论点选择论据，并且论据要真实、典型、充分，这是对论点的基本要求。

（1）论据要真实。唯有论据真实，论点才具有可信度，反之论点就可疑。

（2）论据要典型。对于一个论点可能有多个论据可以证明它，要善于在众多论据中，选择最具有说服力的、能够深刻揭示事物本质的论据。

（3）论据要充分。要证明观点必须有充分的证据。作者要善于从不同方面选择论据，也可以提供不同类型的论据。可以列举事实、展示数据，以事实说话；也可以引经据典，用公认的真理或经过实践验证的哲理进行证明。

4. 讲究论证的严密

论证是议论文写作的重要环节，作者运用论据来证明论点，论点在论证过程中与论据形成严谨的逻辑联系。写作上对论证的基本要求是：论证过程必须严谨周密。

在一篇议论文当中，要达到论证严谨周密的目标，必须讲究论证方式和论证方法的合理、恰当运用。

1）合理安排论证方式

论证方式是指一篇议论文所采用的论证的基本形式。论证方式是就文章总体而言，即在一篇议论文中，作者要就某问题或某事件阐明自己的观点，是以正面论述为主，还是以批驳错误的或片面的观点为主，据此一般将论证方式分为立论和驳论两大类。

立论是针对客观事物或问题，直接提出自己的见解和主张，阐明其理由，表明自己的态度的一种论证方式。简而言之，立论就是运用充分有力的证据从正面阐明自己的见解和主张的正确性。

驳论是通过驳斥对方观点，证明它是错误的或片面的，从而证明自己观点的正确性的一种论证方式。驳斥的途径一般有三种：驳论点、驳论据和驳论证，即驳论可从驳斥对方的论点、论据、论证三个方面进行。其中，驳斥论点最为重要，因为推翻对方论点是驳论的根本目的。驳论据、驳论证，都是为了达到反驳论点的目的。

（1）驳论点。直接驳斥对方的论点。文章主要用正确的道理和确凿的事实直接证明对方论点是错误的或荒谬的。有时可首先证明与对方的论点相对立的论点是正确的，以此来证明对方的论点是错误的。

（2）驳论据。通过批驳对方的论据来驳倒对方的论点。文章主要通过对对方的论据进行反驳，证明其虚假性、错误性来达到驳倒对方论点的目的。这可谓是“釜底抽薪”的方法，因为论据是论点得以成立的依据，若论据被驳倒，则论点也就无法成立。

（3）驳论证。通过批驳对方论证过程的谬误来驳倒对方的论点。文章主要通过揭示论点与论据在逻辑关系上的矛盾达到推翻对方论点的目的。因为论证是联系论点与论据的桥梁，一旦这个桥梁被拆跨，论据也就无法支撑论点，于是论点自然被驳倒。

需要注意的是，具体写作中立论、驳论并非截然分开，“破”与“立”是辨证的统一。在立论为主的文章中，有时也要批驳错误的观点，即论点的成立是在“破”的基础上进行的，即“先破后立”或“边破边立”。在驳论为主的文章中，也要在批驳错误观点的同时阐明正确的观点。因此，立论和驳论在议论文中常常是结合起来使用的。

2）恰当运用论证方法

论证方法是指论证过程中运用论据来证明论点的各种方法，它是论点和论据之间逻辑关系的纽带。论证的方法多种多样，常用的论证方法有以下几种：

（1）归纳论证。这是一种运用归纳推理的形式进行论证的方法。主要通过列举多个个别的、特殊的事例或分论点，然后归纳出它们所共有的特性，从而得出一个一般性的结论。其特点是从个别到一般。

（2）演绎论证。这是一种运用演绎推理的形式进行论证的方法。它以一般原理为前提推导出关于个别情况的结论，前提和结论之间的联系具有必然性。其特点是从一般到个别。

（3）类比论证。这是一种运用类比推理的形式进行论证的方法。将某些性质特点相同或相近的事物加以比较，根据某些特征上的相似推理出它们在其他特征上也可能相似，从而引出结论。其特点是从个别到个别。

（4）举例论证。通过列举事例证明论点。其特点在于说服力较强，易于被读者接受。

（5）引用论证。引用名家名言等证明论点。这种方法引经据典地分析问题，可以充实论述的内容，增强论述的底蕴，使论证具有权威性和说服力。运用这种方法要注意所引内容的科学性、针对性，同时要注意准确理解所引内容，不可断章取义。

（6）对比论证。把两个不同的事物或两类不同的情况加以对照、比较，突出它们的差异之处，从而证明论点。对比重在揭示事物间的差异性，其作用是增强论证的鲜明性，能给人留下深刻的印象。

（7）比喻论证。用具体、生动、形象的事物做比喻来证明抽象的道理。其特点是论述深入浅出、生动形象，富有感染力。

（8）归谬论证。采用“以子之矛攻子之盾”的批驳方法进行论证。先假设对方的论点是正确的，然后加以引申，得出荒谬的结论，以此来证明对方论点的谬误。归谬论证也称“反证法”。

在写作过程中，要善于根据具体内容灵活运用论证方法，一般会多种方法综合使用。用好论证方法，可以提高文章的论证效率。

※ 记叙文写作首先要注意“以小见大”，挖掘提炼积极、深远的主题。此外写作时要注意根据写作对象、主题的不同，把握好时间、地点、人、事、景、情、物等写作要素，合理安排叙述的顺序。

※ 说明文写作首先要善于抓住事物特征准确进行介绍说明。为让文章条理清晰、说明准确，还需合理安排说明顺序，恰当选择说明方法。

※ 议论文写作关键在于充分理解论点、论据、论证三者之间的关系，要搭建好论点与论据之间的桥梁，保证论证的严谨周密、逻辑性强。

四、职场常见应用文写作

写作是以语言文字为媒介进行交流的行为，但在工作中进行写作并不是为了一般的情感交流，更不像文学写作那样有审美的需求，而是为了“做好实事”。正因如此，职场应用文写作自然成为我们这些未来职场人的必修课。

同是文章写作，应用文体与其他文体有明显的不同，认清这点对于写好应用文至关重要。与其他文体相比，应用文体的主要特点有以下几个方面：

1. 具有实用性

应用文体与其他文体最大的区别就在于它具有鲜明的实用性。在职场中，任何一篇应用文都有特定的事由和需要解决的职场问题，目的明确，针对性强，与个人的实际生活和工作密切相关。

2. 具有真实性

文学写作可以虚构，可以进行艺术加工，所写的人与事具有典型性。但应用文不同，应用文所涉及的人与事必须真实，包括情节、数字、细节等，绝对不允许有虚构和夸张的成分，否则不但达不到解决实际问题的目的，而且还会给工作造成损失。

3. 具有时效性

文学作品一般不讲究时效性，但是应用文的写作和职场上的竞争一样，必须讲究时间和效益。职场上的工作效率决定了为之服务的应用文必然要更加及时、高效。

4. 具有规范性

职场应用文写作需要遵循一定的规范。各类应用文基本有着固定的文体模式，有的是在长期应用过程中约定俗成的，有的是国家有关管理机关以法规形式确定的。那么在进行应用文写作时，遵守基本规范极其重要。落实到具体行文则是要注意按照规范的结构格式要求去写，这样写着简便，读着快捷，可大大提高工作效率。

5. 语言严谨朴实

在语言表达上，文学写作的语言风格可以丰富多样，但应用文的语言要严谨庄重、恰当准确、朴实得体。例如，在文件用语中，使用“商榷”“批准”“颁发”“共同”“表彰”“拟”等书面语言，而不使用“商量”“答应”“发给”“合伙”“夸奖”“打算”等口语。这是因为口语表达比较随意。再如，不宜使用“尘埃落定”“浮出水面”等形象性的词语，而应改为“结束”“真相”等词语。

（一）求职篇

当你学成毕业，走出校门准备踏入职场，往往需要通过求职信向用人单位推荐自己，因此你需要了解求职信写作的基本规范并掌握一定的写作技巧。

求职信又称自荐信、自荐书，它是求职者主动向用人单位进行自我推荐，介绍与用人单位能力需求相关的个人情况，让对方了解自己，从而争取获得就业岗位的一种书信。

写求职信是目前毕业生求职择业非常重要的手段。用人单位出于节约人力、物力和时间的考虑，一般不采用大面积直接面试的形式，而是要求求职者先投送个人介绍材料，由他们进行比较、筛选，然后才决定求职者能否参加面试，因此写好求职信十分重要。其写作要点有以下几个方面。

1）落实基本结构内容

求职信的基本结构主要包括标题称谓、问候语、引语、正文、结语、落款这几个方面的内容，如图4.4所示。

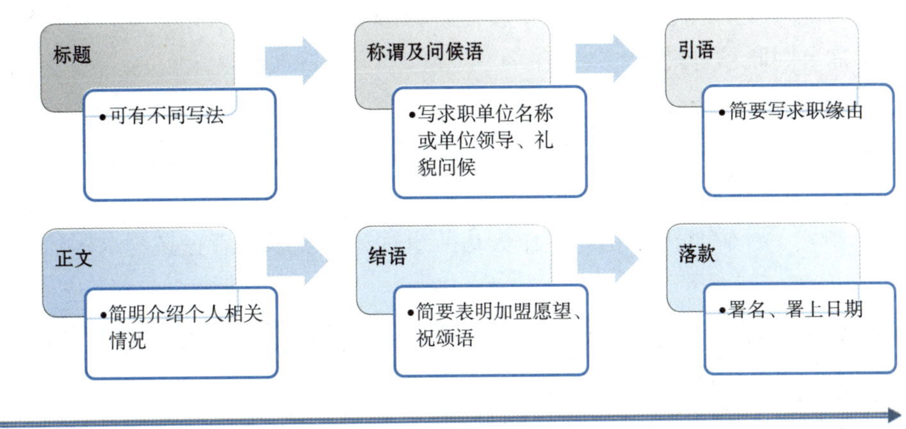

图 4.4　求职信的基本结构

（1）标题。首行居中书写标题。可以直接写“求职信”，也可写“自荐信”“自荐书”等。

（2）称谓及问候语。标题之下另起一行顶格书写称谓，注意使用敬语，如“尊敬的××公司领导”。称谓之后另起一行空两格书写问候语，如“您好”，表示对收信人的问候。

（3）引语。一般简要写明自己求职的缘由。

如果是在没有招聘启事的情况下主动前往求职，开头要写明写信的缘由，表明写信的目的；如果是在网络或报刊等媒介看到招聘启事之后而写，则以启事作为引子自然导入。

（4）正文。正文是求职信的重点部分，要求简明扼要地介绍自我情况。重点明确如下内容。

个人背景：介绍自己的学历水平、专业、成绩、经历等，让对方从阅读之始就对你产生兴趣。

个人能力：介绍与应聘单位或某个具体岗位的能力需求密切相关的能力，说明自己能够胜任有关工作。在此特别要注意突出个性，争取收到强烈吸引、打动对方的效果。这是求职信的核心部分，后面所讲的“针对性”重点在此体现。

若还有其他相近或相关的特长，可做适当介绍，让对方感到你有发展的潜能。但要注意，这方面内容是有则写无则止，即便写也只能极为精简，千万不可喧宾夺主。

（5）结语。主要表明自己加盟对方的愿望，期望得到认可和接纳。注意表达要自然、真诚、恳切。

最后以祝颂语结束，以示礼貌。如“此致，敬礼”“即颂工作顺利”等。

（6）落款。在全篇右下方签求职者姓名，最好用敬语“敬上”、“谨上”以示礼貌和谦逊。在姓名下方用阿拉伯数字完整规范地标注写作日期，如“2021年5月31日”。

日期标注不能以小数点或顿号代替年月日，如“2021.5.31”“2021、5、31”（其他应用文体标注写作日期的要求相同）。

提示：若只向用人单位单独呈送求职信，则应在求职信末尾写明自己的详细联系方式，如联系电话、电子信箱、通信地址、邮政编码。另外，不少求职者会将自己的经历、成果、荣誉等与求职信一起制作装订成一小本内容丰富的求职材料，有封面、目录、主体内容等，其中求职信会置于主体内容的首位，一般在材料最后附上个人联系方式，在这种情况下求职信末尾不需要附联系方式。

2）具有针对性

对于刚刚毕业走出校门的大学生而言，向具体单位投送求职信推荐自己，是寻找心仪工作的第一关，求职信的重要性不言而喻，以致它往往被人称为“敲门砖”。要想把这块“砖”打造得更为结实，让它真正为招聘工作人员所重视，那么求职者在撰写求职信之前应当知道以下信息：

招聘人员将要在短时间内从求职信中了解求职者是否具有胜任本单位有关工作的可能性，从而做出是否给予面试机会的判断。

招聘人员将要从求职信中判断出求职者属于下面哪一类：并非对本单位有所了解或有热

情，只是把求职信向各处投送，只求有单位录用自己就好；前来求职是基于对本单位基本情况的充分了解或对企业文化的高度认同，从而怀有满腔热情。后者才是招聘人员更为欢迎的对象。

根据上述情况可知，求职信必须具有鲜明的“针对性”。唯其如此，你才有可能入招聘人员的“眼”，进一步获得机会。这个“针对性”在求职信中具体表现为：明确向应聘单位表达求职的意愿；针对应聘单位或具体岗位的能力需求介绍自己相应的能力、特长或成果。

注重在求职信的字里行间传递出上述信息，实际上就是做到了针对用人单位的需求来撰写求职信。

求职者必须清楚这一点：招聘者最忌讳“海投”式的求职信！

什么是“海投”式的求职信？求职者仅仅从自我角度出发，追求全面展示个人信息，未能针对用人单位的个性需求对自己做“个性”化介绍，只将同一格式的求职信广泛投至不同的用人单位，这就是“海投”式求职信。这种求职信与上述讲求“针对性”的求职信迥然不同。

为什么招聘者否定“海投”式求职信？因为他无法从中明确、快速地找到与本单位需求相对应的信息，同时还可能由此感到求职者缺乏必要的诚意。招聘者需要求职信紧紧“针对”其单位或某个具体岗位而写，这样才能迅速判断是否给应聘者机会。因此，写作求职信至为关键的就是要保证具有鲜明的“针对性”。

怎样才能更好地针对用人单位的需求撰写求职信？简要地说，要依序做好如下几点：

（1）了解情况，知彼知己。写作之前通过各种途径充分了解所应聘单位的基本情况、相关背景信息以及独特的文化特征，做到知彼知已。

（2）分析需求，换位思考。写作之前要准确分析所应聘单位、具体岗位的能力要求，要站在招聘者角度考虑其希望在求职信中获得什么信息。

（3）开门见山，明确表达。具体写作时，要注意从开篇即明确表达向对方求职的意愿。

（4）重点介绍，针对性强。具体写作时，正文部分要注意重点介绍与所应聘单位或具体岗位能力要求密切相关的个人信息，把亮点明确地展示给对方。

3）注意求职信写作的基本特点综合要求

写作求职信，要注意以下几点基本要求：一是实事求是，真实介绍自己；二是简明扼要，重点突出，切忌篇幅过长；三是态度诚恳，表达朴实自然、庄重得体；四是杜绝错误，避免出现语法、文字、标点符号等方面的错误。

（二）入职篇

当你找到了一份如意的工作，试用期内广获领导、同事好评，在试用期满将要面临转正的时候，你需要提交一份入职申请书；工作初期在一般岗位上，或许你要为部门领导就某项工作拟写、发布通知，要就部门工作向上级提交请示或报告；或者为了把工作做得更有质量，在某项工作开始前你需要制订工作计划，在工作结束后要进行工作总结，等等。为此，你需了解申请书、通知、请示、报告、工作计划与总结的基本写作规范并掌握基本的写作技巧。

1. 申请书的写作

申请书是个人向组织、单位或有关部门表达愿望、提出请求时使用的一种文书。凡是需要请求解决的问题、希望得到批准的事项都必须按照程序向有关组织或单位递交申请书。其写作要点有以下几个方面。

1）落实基本结构内容

申请书主要由标题、称谓、正文、结语、落款五个部分构成，如图4.5所示。

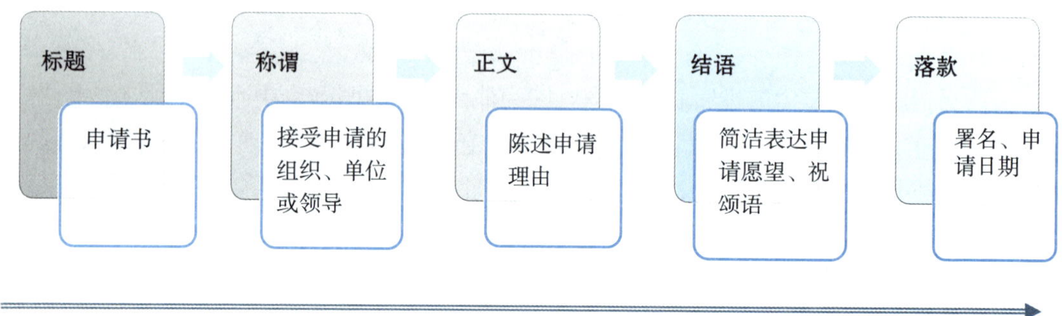

图4.5　申请书的基本结构

（1）标题。根据申请书主题，在首行正中写明标题。可以直接写“申请书”，也可以根据申请事项标明具体名称，如“入党申请书”“入职申请书”等。

（2）称谓。写明接受申请书的单位、组织或领导。

（3）正文。这是申请书的主体，是最重要的部分。这部分要写明申请的事项、理由，需要叙述的事实、理由较多时，应适当归类分段，以便于领导研究处理。注意做到事项清晰简洁，理由充分客观。

（4）结语。简洁表达申请的愿望，最后以祝颂语收尾。可写“特此申请”“此致，敬礼”等礼貌用语。

（5）落款。签署申请人姓名，注明申请日期，日期用阿拉伯数字完整标注。

2）注意申请书写作的基本要求

写作申请书，要注意以下几点基本要求：一是实事求是，不可杜撰，力避浮夸。二是申请事项简明、具体，数据准确无误，理由充分、合理。三是态度诚恳，表达朴实自然、庄重得体。四是语言准确流畅，避免语法错误；避免出现错别字、标点符号等错误。

2. 通知的写作

通知在企事业单位的日常工作中常常使用，它属于下行文，是上级要求下级机关（或群体）办理、执行或服从安排的文种，一般用于告知及时办理、执行或周知的事项。常见的有会议通知、任免通知等。其写作要点有以下几个方面。

通知主要由标题、主送单位、正文、落款四个部分构成，如图4.6所示。

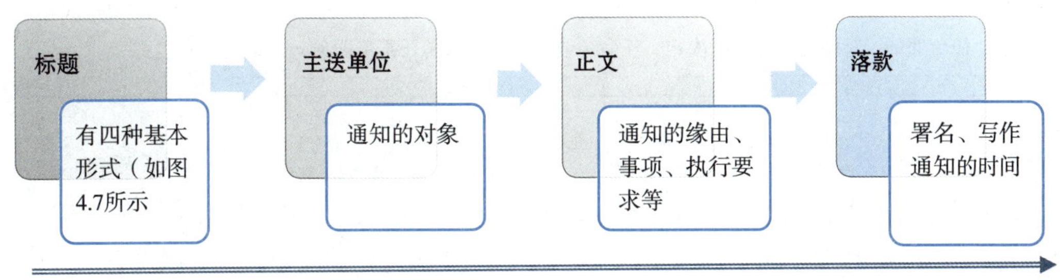

图 4.6　通知的基本结构

（1）标题。通知的标题一般有以下四种形式，可根据实际需要选择使用，如图4.7所示。

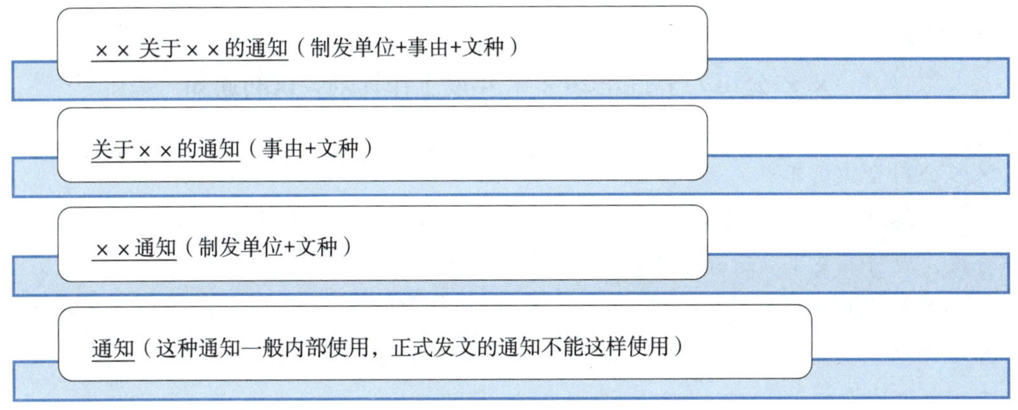

图 4.7　通知标题的写作形式

（2）主送单位。通知受理的单位或部门。应当写全称或者规范化的简称、统称。

（3）正文。主要包括通知缘由、通知事项、执行要求三个部分。

① 通知缘由。开头部分简要交代通知的缘由和目的，或是发文的根据、任务和目的。语言要简洁概括，篇幅不宜太长。

② 通知事项。这是通知的主体部分，所发布的指示、安排的工作、提出的方法、措施步骤等都在本部分有条理地表达，内容复杂的需要分条列款。

根据通知类别的不同，主体部分的主要内容也有所区别。常用类别如图4.8所示。

会议通知：告知会议相关事项

周知性通知、指示性通知：列出周知、执行的具体事项

任免通知：写明经某级组织决定，任命（或免去）某人担任某项职务

图 4.8 通知事项的写作要点

③ 执行要求。发布指示、安排工作的通知，可以在结尾处提出贯彻执行的有关要求，如“请遵照执行”。如果是内容简单的通知，可用“特此通知”；如无必要，可以没有这一部分。

（4）落款。如果标题中含有制发单位，落款可不再标注，只标注成文日期即可。一般的事务通知成文日期用阿拉伯数字完整标注（一些党政机关发布的重要通知用中文格式标注日期，如“二〇二一年五月三十一日”）。

参考格式：

××公司关于召开20××年度工作计划会议的通知

××公司全体员工：

为全面总结20××年度工作，部署下一年度工作任务，经研究，决定召开20××年度工作会议，现将有关事项通知如下：

一、会议时间

20××年×月×日（星期×）上午9:00开始，会期半天

二、会议地点

公司大楼8楼会议室

三、参加人员

公司全体员工。因故不能出席者需向人事部请假报备。

四、会议议程

（一）……

（二）……

（三）……

……

20××年×月×日

3. 请示的写作

请示是下级机关针对自己职权范围内无法解决或无权解决的问题，特向上级机关请求帮助、指示时使用的公文，它属于上行文种。其写作要点有以下几个方面。

1）落实基本结构内容

请示由标题、主送机关、正文、落款四个部分构成，如图4.9所示。

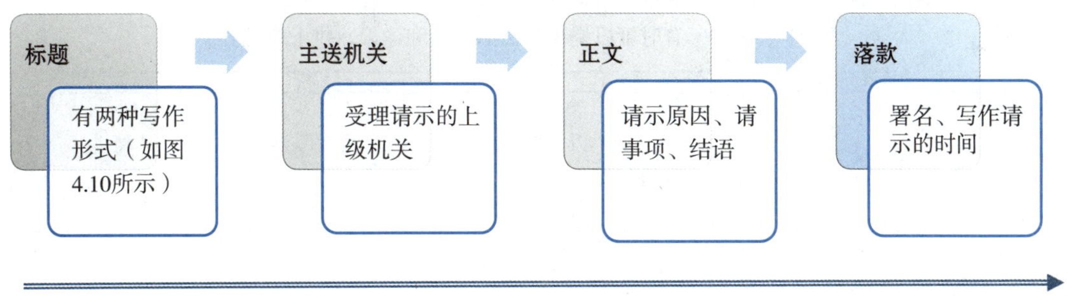

图4.9　请示的基本结构

（1）标题。请示的标题主要有以下两种写作形式，可根据实际需要进行选择，如图4.10所示。

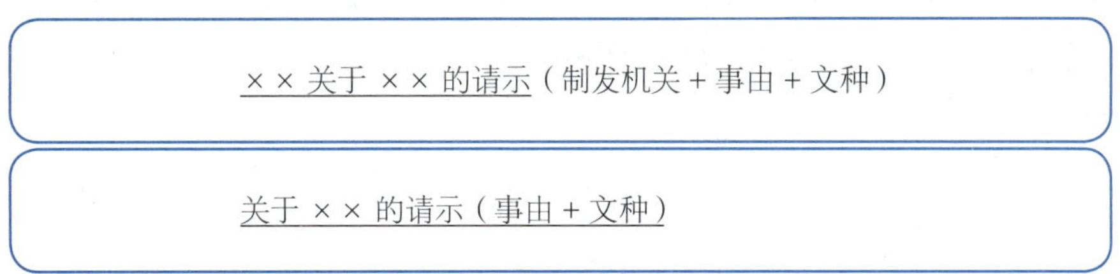

图4.10　请示标题的写作形式

（2）主送机关。请示的主送机关是指负责受理和答复该文件的直属上级机关。

每份请示只能写一个主送机关，不能多头请示。主送机关应当使用全称或者规范化简称、统称。不可越级请示。

（3）正文。主要由请示原因、请示事项、结语三部分组成。

① 请示原因。开头交代请示原因。它是请示事项能否成立的前提条件，也是上级机关批复的根据。原因要讲得客观、具体，理由要讲得合理、充分，才利于上级机关及时决断、予以批复。文字表达要求简洁。

② 请示事项。这是主体部分，说明请示的具体事项，即需要上级予以指示、批准的具体事项。这部分内容要单一，只能请求一件事。请示事项要写得具体、明确、条项清楚，以便上级机关给予明确批复。

③ 结语。即结束语。可用“特此请示”“妥否，请批示”“以上请示当否，请批示”等做结语。一般另起一段书写。

正文构成具体见图4.11。

请示原因	· 提出请示的理由、背景及依据 · 必须讲清情况，举出必要的事实、数据
请示事项	· 全文重点。要提出请求的具体事项，事项要求真实、具体、明确；事项复杂时需要分条列款 · 有时可以提出自己的意见和建议，供上级选择
结语	· 一般写“以上请示当否，请批示”“妥否，请批示”“特此请示”等

图 4.11　请示正文的写作要点

（4）落款。签署请示单位名称，用规范格式标注请示时间。若标题已写明请示单位，这里可不再署名，只标明成文日期即可，但需要加盖单位或部门公章。

2）严守“请示”基本规则

请示必须做到“一文一事”，如果需要请求解决的问题较多，必须分写几份请示。

请示的事项或问题的解决若涉及其他单位，应事先与有关单位商议达成共识，或在请示中加以说明。

不能错用请示、报告，不能将二者混合在一起，如写成“请示报告”。

参考格式：

关于追加××项目经费的请示

××公司领导：

本部经公司批准的××项目原计划投入经费××万元，在执行过程中资金额已近突破上述经费指标，但项目工作尚未完成，故需追加经费。主要原因如下：

1. 本项目研发过程中……此项支出金额共××万元。（详见附表一）

2. 本项目中××项工程……这项工程支出金额共××万元。（详见附表二）

上述两项支出共计××万元，原计划投入的××万元现仅余×万元。目前本项目尚有……工程待完成，尚需资金××万元（详见附表三），因此，特请公司予以调整经费投入计划，追加项目经费××万元。

以上请示当否，请批示。

附件：1《……表》（附表一）
　　　2《……表》（附表二）
　　　3《……表》（附表三）

××部
20××年×月×日

4. 报告的写作

上级机关单位为了及时了解下属机关单位工作情况，以便加强管理，一般会建立必要的报告制度。报告是下级机关向上级机关汇报工作，反映情况，提出意见或建议，答复上级机关的询问时使用的公文，它与请示一样，属于常用的上行文种，如常见的有工作报告、情况报告等。其写作要点有以下几个方面。

1）落实基本结构内容

报告主要由标题、主送机关、正文、落款四个部分构成，如图4.12所示。

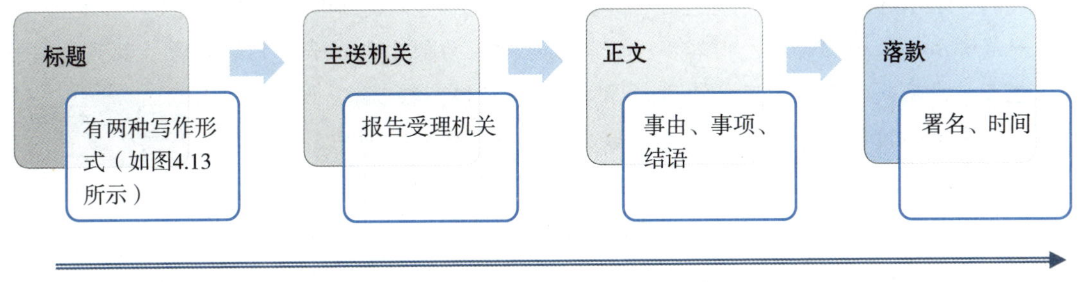

图 4.12　报告的基本结构

（1）标题。报告的标题有两种写作形式，包括事由和公文名称，如图4.13所示。

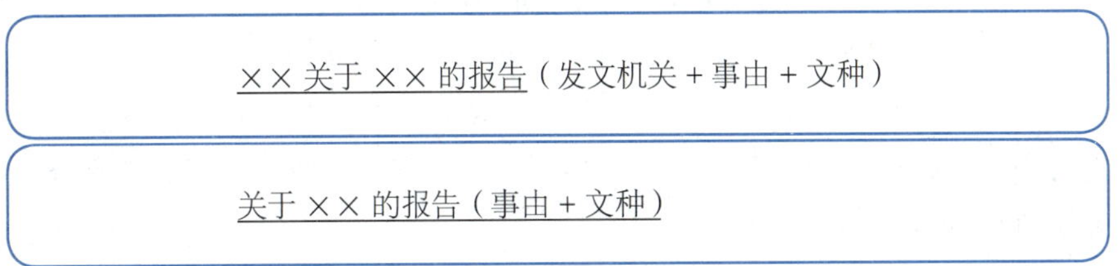

图 4.13　请示标题的写作形式

（2）主送机关。即发文单位的直属上级领导机关。

（3）正文。报告正文主要由报告事由、事项、结语三部分构成，具体写作内容参见图4.14。

事由	· 概括写明报告原因、依据或目的 · 一般用“现将有关情况报告如下”之类承启语转入报告下文
事项	· 或写明工作进展情况、采取的措施及取得的成效、存在的问题及不足、对今后工作的意见 · 或写明事情发生的基本情况，对事情做出准确分析、评价，说明处理结果或提出处理意见等
结语	· 用“特此报告”“请指正”或“请审查”等做结束语

图 4.14　报告正文的写作要点

（4）落款。写明提交报告的机关和成文时间，加盖公章。

2）注意请示与报告的区别

请示与报告同为下级提交给上级的上行文，现实工作中不少人容易将二者混淆起来，所以必须弄清楚二者的区别，以便正确使用，帮助提高工作效率。

我们将请示与报告放在一起进行对比，可清楚看到它们之间的主要区别：

一是请示要求一文一事，内容单一、篇幅相对较为短小；报告可内容广泛，既可一文一事，也可一文反映多事（但不能夹带请示事项），篇幅可较长。

二是请示必须事前行文，不能先斩后奏；报告在事前、事中、事后均可行文。

三是请示只主送一个上级机关；报告可以主送几个相关的上级机关。

四是请示的目的在于请求指示或审核批准，需要上级机关给予批复；报告的目的在于汇报工作、反映情况、提出意见和建议、答复询问等，上级机关可批复，也可不批复。

参考格式：

关于 ×× 项目进展情况的报告

××局：

……（简要写明提交报告的原因）。现将我司 ×× 项目的进展情况报告如下：

一、关于项目运转情况（略）

二、关于项目完成情况及规划（略）

三、关于项目出现的意外情况及处理措施（略）

四、项目主要落实措施

（一）明确分工，落实责任（略）

（二）采取市场化运作方式，多渠道筹集建设资金（略）

（三）加强行政监管，实行特许经营（略）

（四）……

五、阶段项目成果

（一）……（略）

（二）……（略）

总之，我们一定能够按时、保证质量完成该项目。

请审核。

××公司

20××年×月×日

5. 工作计划的写作

工作计划是对未来一段时间的工作做出整体安排的文种，它必须是表达明确并且可执行的，以便行有所依。制订工作计划是提高工作效率的基本保障。

计划是一个总概念，在实际写作中，根据具体内容的不同可有不同的名称。一般工作计划可以直接写成"××工作计划"，此外还可写成"××工作安排""××工作要点"等，后者一般适用于时间较短、内容较具体或只需提纲式地列出主要工作任务的计划。那些带有全局性、长远性、方向性的计划则称可为"××规划""××纲要"。其写作要点有以下几个方面。

1）落实基本结构内容

工作计划主要由标题、正文、落款三个部分构成，如图4.15所示。

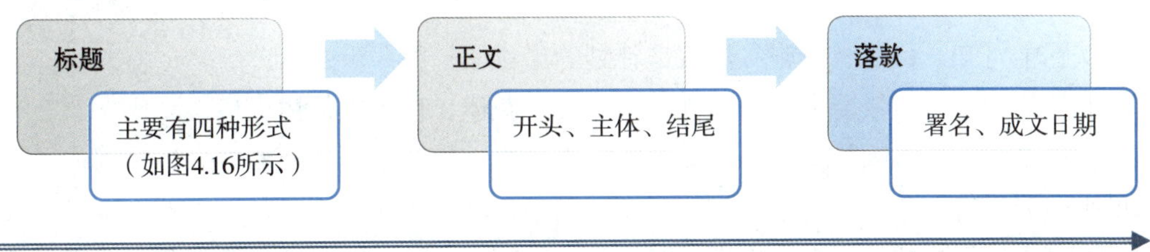

图4.15　工作计划的基本结构

（1）标题。工作计划的标题一般有以下四种形式，可根据实际需要选择使用，如图4.16所示。

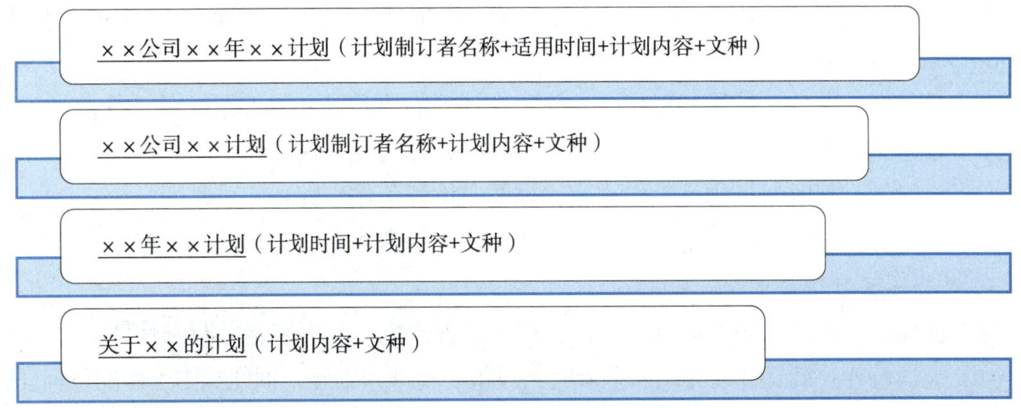

图4.16　工作计划标题的写作形式

（2）正文。计划的写作有三种常见形式。一是文章式，即把计划按照指导思想、目标和任务、措施和步骤等分条列项地编写成文，这种形式有较强的说明性和概括性，经常用于全局性的工作计划。二是表格式，即以表格的形式表述整个计划，经常用于时间较短、内容单一或量化指标较多的工作计划。三是时间轴式，即按照时间轴依次列开整个计划，按照实施先后顺序编制内容。不管采用哪种形式，其思路展开方式基本一致，如图4.17所示。

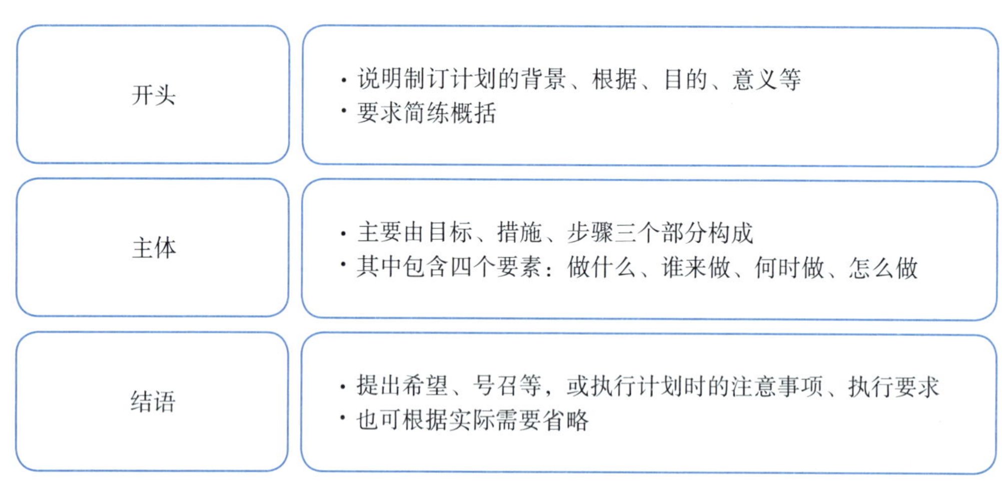

图4.17　工作计划正文的写作要点

从图中可知，目标、措施、步骤是计划的重点。

目标的数量和质量要求要具体化，可用文字叙述，也可以使用表格。

措施是完成任务的具体方法，如采取什么手段、需要创造什么条件、运用哪些方法、具体做哪些分工等。

步骤指时间分配，人力、物力、财力的安排等。如各个阶段任务的划分、各项任务的完成时限等。

（3）落款。写明制订计划的个人姓名或单位名称及成文时间。

2）重点明确四要素

工作计划四要素指的是工作计划应当回答的四个基本问题：做什么（What）、谁来做（Who）、何时做（When）、怎么做（How），简称3W1H。

（1）做什么。做什么指的是工作内容，工作计划需要简要说明工作目标任务。

（2）谁来做。谁来做指的是工作分工，应该明确部门或个人责任。

（3）何时做。何时做指的是工作进度，需要安排好工作步骤和完成时间。

（4）怎么做。怎么做指的是工作方法，即完成工作需要采取的措施和策略。

3）怎样落实好四要素

写作过程中主要注意如下几点：领悟精神、调查研究、实事求是、明确具体。

（1）领悟精神。制订计划必须以上级有关政策、精神为指导，据此提出工作的目标任务。

（2）调查研究。写作之前应该深入调查研究，收集信息资料，并分析评估各种因素。

（3）实事求是。要分析各方面的实际情况，考虑有利因素及存在的困难，合理安排工作任务，计划确定的目标应经过努力后能够实现。

（4）明确具体。一份方便执行的工作计划，应该写清楚工作任务、工作步骤、时间进度和责任分配，并针对任务提出具体的工作措施、方法和力量部署。如果模棱两可、责任不清，将会直接影响计划的执行及工作的监督和检查。

6. 工作总结写作

当我们完成某项工作后，应当认真回顾一下，进行一定的总结、评估，梳理成绩收获，找到缺点不足，总结经验教训，以便改进今后工作，这时我们就要写工作总结。工作总结是用文字撰写出的对过去某项工作的回顾思考、分析评价，它不仅要说明完成了哪些工作，而且要说明结果怎样、原因何在，从中找出规律，得出结论，从而指导今后的工作。工作总结的种类较多，比如从内容上划分有工作总结、项目总结等，从时间上划分有年度总结、季度总结、月份总结等。其写作要点有以下几个方面。

总结主要由标题、正文、落款三个部分构成，如图4.18所示。

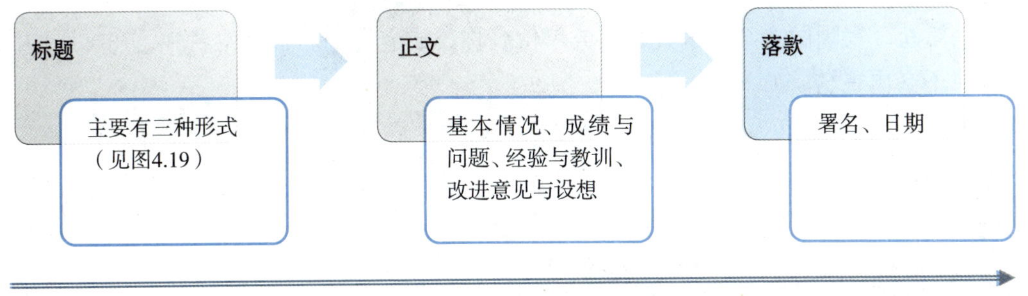

图 4.18 总结的基本结构

（1）标题。总结的标题形式主要有以下三种，可根据实际情况进行选择，如图4.19所示。

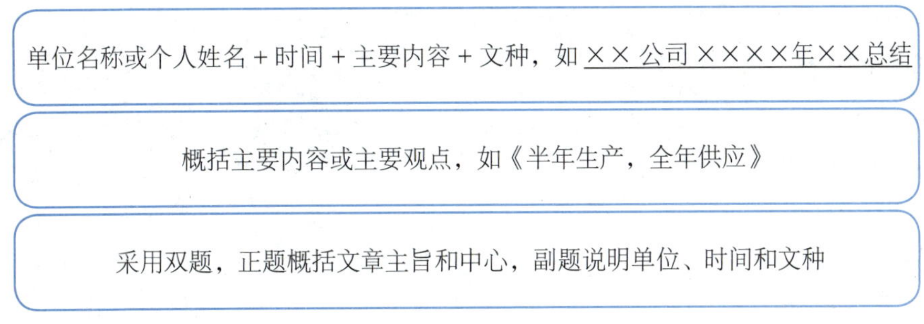

图 4.19 工作总结标题的写作形式

（2）正文。总结的正文一般由如下内容构成：概述基本情况、陈述工作成绩及存在的问题、总结经验教训、提出今后改进的措施和设想。具体写作要点参见图4.20。

基本情况	· 或概述工作的全貌、背景，或说明总结的指导思想、工作成果，或简要提出基本成绩、经验、问题等，为下文做铺垫 · 注意行文需简练
成绩与问题	· 先是肯定成绩。既要写明基本做法及成效（宜列出确切数据或典型事例说明），又要进行有理有据的分析综合，概括出规律性的东西 · 然后客观地指出现存问题并简要分析原因
经验与教训	· 通过对工作过程的分析，找出经验和教训，挖掘其内涵 · 从具体工作中总结规律，用以指导今后的工作
改进措施与设想	· 明确今后的方向，提出改进的措施和对未来工作的设想 · 这部分内容根据实际情况而定，若无必要也可不写

图 4.20　工作总结正文的写作要点

（3）落款。写明做总结的个人姓名或单位名称、成文日期。若单位名称已在标题中出现则此处可不必再署名。

参考格式：

艰苦的拼搏　丰硕的成果

——×× 车间 20×× 年工作总结

一、基本情况

二、主要成绩

（一）……

（二）……

（三）……

（四）……

三、存在问题

（一）……

（二）……

四、基本经验

（一）……

（二）……

（三）……

20×× 年 × 月 × 日

（三）进阶篇

经过不断学习和努力，不知不觉之中你已经成长为可以独当一面的优秀员工，所承担的工作任务也越来越丰富，这时你或许要代表公司与客户协商、谈判，并拟写协议书；或许要作为负责人为单位策划某项大型活动，并拟写策划书，因此，你需要了解协议书、活动策划书的基本写作规范并掌握基本的写作技巧。

1. 协议书的写作

协议书是当事双方（或多方）就某一问题或某些事项交换意见，经过协商、谈判达成共识后，由有关各方共同签署的具有法律效力的文书。协议书的使用范围比合同要宽泛，凡是不宜签订合同的合作形式，只要当事人双方协商一致，就可以签订协议书。意向式的协议书制作于正式合同之前，为正式签订合同提供依据和参考，是签订合同的“前奏”。其写作要点有以下几个方面。

1）落实基本结构内容

协议书主要由标题、当事人名称、正文、结尾、落款五个部分构成，如图4.21所示。

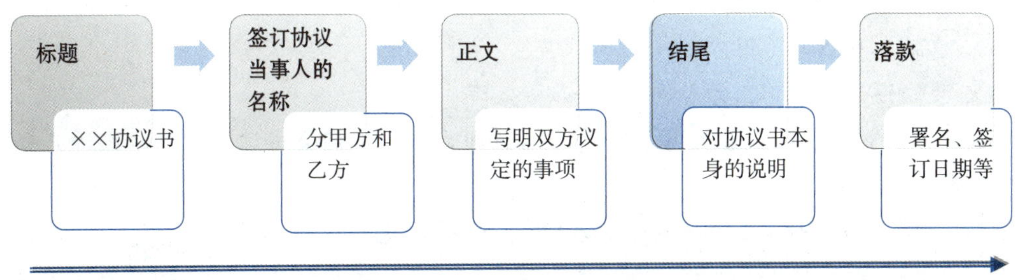

图 4.21 协议书的基本结构

（1）标题。协议书的标题可以有两种形式：一是突出协议书的中心内容，如《××公司与××公司联营协议书》《采购协议书》；二是突出协议书的性质，如《工程协议》《合作协议》。

（2）当事人名称。在标题的左下方，并列写上签订协议的双方当事人的单位名称及法定代表人姓名，或自然人姓名。为了下面行文方便，可规定一方为“甲方”，另一方为“乙方”，并在名称后面用括号注明。

（3）正文。正文是协议书的主要部分，必须写明当事人双方所议定的事项，写清楚当事人双方各自承担的义务和享受的权利、违约的责任等，即完成什么项目、达到什么要求、何时完成、所应得到的报酬、不能按时完成的责任、不能付酬的责任等。主要包括这几个要素：标的、数量、质量、价款或者报酬、履行的期限、地点和方式、违约责任。

（4）结尾。对协议书本身的说明，包括协议书的书面形式、打印份数、保存单位、有效期限等。

（5）落款。签署协议的当事人双方（或多方）的单位名称及法定代表人姓名，或自然人姓名，单位签署的需加盖公章；写明签订协议书的日期。

2）遵守基本原则

（1）遵守国家法令、政策。协议书的写作内容必须符合国家的法律法令、政策和方针，否则即使签订了书面协议，此协议在法律上也是不能生效的。

（2）坚持平等互利原则。签订协议的双方（或多方），不管单位大小、个人身份有怎样的差异，其法律地位都是平等的，任何一方不得把自方意志强加于对方，合作互利，具体内容协商一致而定。

（3）坚持修订共商原则。协议书内容的修订也必须经过当事人双方的同意，改动之处须由双方加盖印章。协议书的修订也可以不改变原来的书面形式，再另签一份补充协议书附在后面即可。

（4）表达明确、具体、清晰、简明。协议书要内容明确、具体，措辞用语要清晰、简明，不能语义含糊或出现歧义。

参考格式：

技术合作协议书

××建筑工程公司（甲方）

××装修设计公司（乙方）

为发挥双方的优势，共谋发展，并为今后逐步向组成集团公司过渡，双方经过充分友好的协商，特订立本协议。

第一，建立密切的技术合作关系，今后凡甲方承接的工程，装修设计任务均交给乙方承担。

第二，乙方保证，在接到任务后，将立即组织以高级工程师为领导的精干设计队伍，在10日内提出设计文案，并在方案获得认可后一个月内完成全部设计图纸。

第三，为保证设计的质量，甲方将毫无保留地向乙方提供所需的一切建筑技术资料。

第四，装修施工队伍由甲方组织，装修工程的施工由甲方组织实施。施工期间，乙方派出高级工程师监督施工，以保证工程的质量。

第五，甲方按装修工程总费用的千分之×向乙方支付设计费。

第六，本协议自签订之日起生效，有效期×年。

第七，本协议一式两份，双方各执一份。

附件：《××建筑装修工程集团公司组建意向书》一份。

甲　方　××建筑工程公司（盖章）	乙　方　××装修设计公司（盖章）
法人代表：×××（签字）	法人代表：×××（签字）
××××年×月×日	××××年×月×日
甲方地址：××××	乙方地址：××××

邮政编码：××××
电话：××××
银行账号：××××
联系人：×××

邮政编码：××××
电话：××××
银行账号：××××
联系人：×××

2. 活动策划书的写作

活动策划书就是对某个即将开展的活动进行整体规划设计并书写成文的策划文书，它可以帮助我们更为周密高效地组织开展有关活动。在实际写作中，可以有较为灵活的名称，既可以直接写为“××策划书”，也可以写为“××活动方案”“××活动策划案”等。其写作要点有以下几个方面。

1）落实基本结构内容

活动策划书主要由如下要素构成：标题，活动的背景、主题、目的，活动开展，经费预算，落款，附件。如图4.22所示。

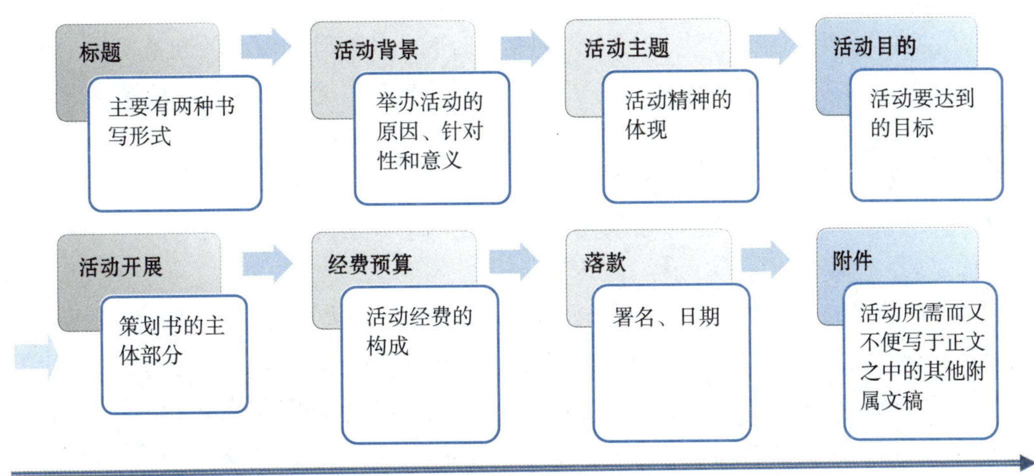

图 4.22　策划书的基本结构

（1）标题。活动策划书标题一般有两种书写形式：

① 单行标题。活动主体＋活动内容＋文种名称，如：

××公司乡村教育捐助活动策划书

② 双行标题。由正标题与副标题构成，正标题一般要反映活动的主旨，如：

梦想·爱心·成长

——××公司乡村教育捐助活动策划书

（2）活动背景。可从活动开展的原因、社会影响等方面说明活动背景，由此自然引出下面的具体策划内容。

（3）活动主题。这是本次活动核心精神的集中体现。活动主题一定要鲜明，语言表达要简明、精炼、典雅。

（4）活动目的。活动目的指本次活动的预期目标，文案应用简洁的语言说明活动要达到的目标。它既表明本次活动的意义，也成为活动评估的参照。

（5）活动开展。这是活动策划书的主体部分。

这部分主要包括如下元素：活动的组织者及参加者、活动方式、活动时间、活动地点、人员安排及工作要求等。落实好这些元素，则就基本保障了活动的开展。在具体的写作过程中，这些元素的呈现并无固定模式，而是根据活动开展过程的实际需要灵活融入。

对于有一定规模、较为复杂的活动，方案中应当分阶段、分步骤表述。一般大致有如下几个阶段：准备阶段、实施阶段、善后阶段。一般应当根据具体情况针对每个阶段写明活动的时间、地点、人员安排及工作要求等，并将其进行动态的组合。从某种意义上说，这就是实际活动在文本上的预演，策划书的可操作性和实践指导性主要体现在这一部分。

① 活动的组织者及参加者。需要写明负责组织活动的团队及参加活动的人员范围，这是良好地组织活动、开展活动的需要。

② 活动方式。需要写明开展活动的具体形式，比如座谈、展览、报告、影视欣赏、文艺演出，有的大型活动是多种形式的结合，总之方案中需要把活动形式交代清楚。

③ 活动时间。要明确写清各阶段工作的具体时间。什么时间做有关准备工作、举办活动，关系到活动的成败，因此，应当周密考虑到各种客观情况，必要时需请示领导再确定具体时间。

④ 活动地点。要明确写清举办活动的场地。活动场地的选择应当以方便场地布置和活动开展等为考量。有些比较大型的活动，还需要在活动策划文案中另列附件，写明场地布置的具体要求，以便于实际操作。

⑤ 人员安排及工作要求。首先是活动落实、实施的工作人员安排，明确各自职责分工。比如内部协调、对外联系、场地布置、材料准备、礼宾接待等工作各由何人负责，以及这些工作要在什么时间完成，在数量、质量方面有什么要求等，均应细致地予以考虑并拟定。

其次是组织领导的亮相。组织领导既是一个组织形象的代表，又是活动的决策者、指挥者、参与者。因此，组织领导在整个活动中该什么时候亮相、怎样亮相、亮相时该传播什么信息，在拟定策划文案时应当交代具体明确。也可在附件材料中交代，如在作为附件的工作流程中具体写清楚。

再次，大型活动中如有嘉宾、评委成员、媒体代表及其他相关人员参加，对这些人员的安排也要妥当周全，并且在方案中书写清楚。

（6）活动步骤。进行策划时，往往要把上述各个因素综合起来考虑，并据此确定活动开展的具体步骤。

一般来说，一个有一定规模、较为复杂的活动应包括如下三个步骤。

① 准备步骤：主要包括活动正式实施前的一系列工作。例如，选择并布置活动场地；联系落实出席活动的领导、嘉宾、媒体代表等相关人员，若是比赛活动则还要有评委成员等；通过有关媒体营造气氛；撰写活动主要文稿；准备要展示的实物、图片、音像资料；拟定活动的具体程序表，若是比赛还要拟定评分细则；有关人员的具体分工等。

② 活动步骤：该步骤又可分为两个阶段。前一阶段为“接待序曲”，其主要工作为有关人员各就各位；迎接来宾；分发活动宣传资料或礼品；检查活动场地的有关设施。后一阶段为“传播高潮”，其主要工作为开始正式程序；通过组织领导传播组织的主要信息；通过来宾传播有关组织美誉的信息；通过现场展示实物、图片、音像等资料全方位传播组织信息；通过主持人按照预定程序主持活动并制造必要的高潮气氛。

③ 善后步骤：安排活动结束后的有关工作，如招待、欢送来宾；整理、恢复活动场地；了解活动开展后的反馈信息情况；检查媒体传播活动的信息情况；经费核算；活动总结等。

以上各个工作步骤，仅是就一般活动而言。由于很多活动策划极富创造性，体现的是一种个性化的策划艺术，具体步骤则要根据实际情况而定。但是，作为活动，它总有“序曲”“高潮”“善后”的一般规律。

（7）经费预算。根据活动实际需要对各环节所需经费进行测算，并将每一笔经费预算开支在策划书中准确清楚地写出来。编制经费预算要实事求是，根据客观财力状况、活动开展的质量需求等进行精细考虑，金额较大的开支应先请示经费管理部门或领导再确定。

不同活动的项目开支各有不同，所以活动经费的构成也因事而异。下面介绍一般活动常有的几个经费构成部分供参考。

① 场地费用：场地租金。

② 物资费用：包括活动使用的各种道具、器材、设备、文具、礼品及布置场地物品所需的费用等。

③ 礼仪费用：礼仪性项目的开支，如邀请乐队、礼仪队等的支出。

④ 保安费用：活动期间保卫工作、安全设施等费用支出。

⑤ 宣传费用：用于活动宣传方面的开支，如摄影、录像、新闻宣传、广告宣传、宣传品制作、展示费用等开支。

⑥ 项目费用：包括交通运输费、差旅费、办公费等行政性开支。

⑦ 餐饮费用：活动中包括宴会在内的餐饮方面的开支。

⑧ 劳务费用：包括策划人员、具体工作人员以及相关人员的劳务报酬。

⑨ 不可预知的费用：包括应急费和大型活动常常有的许多不可预算的开支，通常都在这一类费用中列出，一般是以活动费用总额的5%～10%计算。

以上活动经费预算通常以编制预算书的形式完成，应该实实在在、一项一项地列示清楚。

（8）落款。最后签署活动策划组织名称、策划书完成的时间。

（9）附件。开展活动所需却因篇幅较长等原因而不便在策划书正文出现的其他文稿，可以附件形式呈现。比如评分标准、奖项设置、邀请函样稿、海报样式等可作为附件附于策划后书后面。

2）写作前要宏观规划整体活动

必须认识到，撰写活动策划书，实际上不完全是写作问题，它首先考验的是写作者对活动的设计能力，活动策划书只是活动设计思路的书面呈现。因此，动笔写作之前，你需要对活动目标、现有资源等进行综合考虑，通过调查、团队商议等方式，在头脑中形成对整个活动的主体创意，然后在此基础上形成文案。

在前期的思考策划过程中尽可能接近真实地呈现活动各阶段的工作，通过假设正在开展活动的方式，精细考虑活动的各个环节及各个方面的大方向、要点和细节等，这样具体动笔写作策划文案时才能轻松流畅。下面简要介绍在具体动笔之前的思考策划过程中应当重点考虑的几个阶段。

（1）第一阶段：确定活动的举办，并主要从活动策划、宣传、预算等方面着手开展相关工作（见图4.23）。活动规模越大，启动时间越早，筹备周期越长。

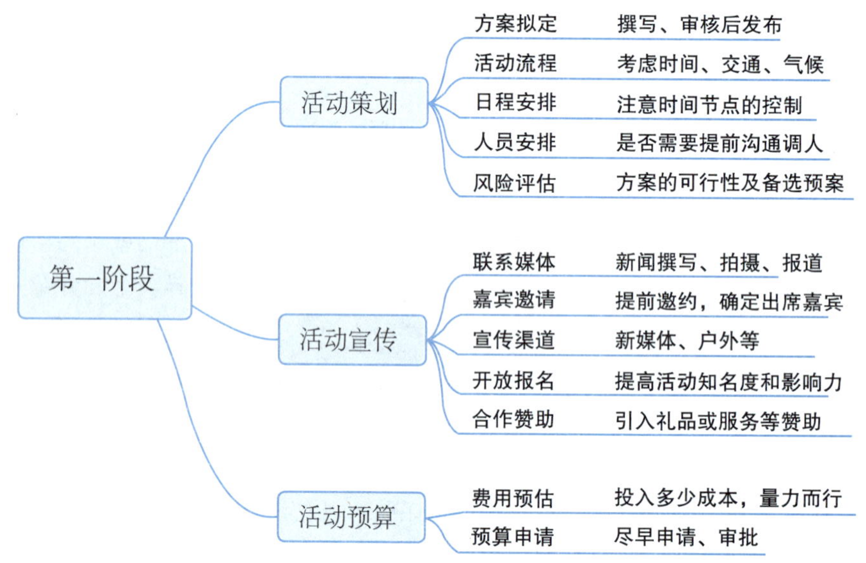

图4.23 活动策划第一阶段需确定的主要内容

（2）第二阶段：在活动确定举办之后到正式举办之前的筹备期，把细节安排好，特别是联系和预定活动场地；以及相关文件的准备，如活动资料、PPT文件等。

（3）第三阶段：活动正常举办前，布置现场，物料和人员要到位，注意交通指引。

（4）第四阶段：活动正式举办期间，需要注意多方面的细节，比如现场服务、各项安排、人员签到、嘉宾发言等。如图4.24所示。

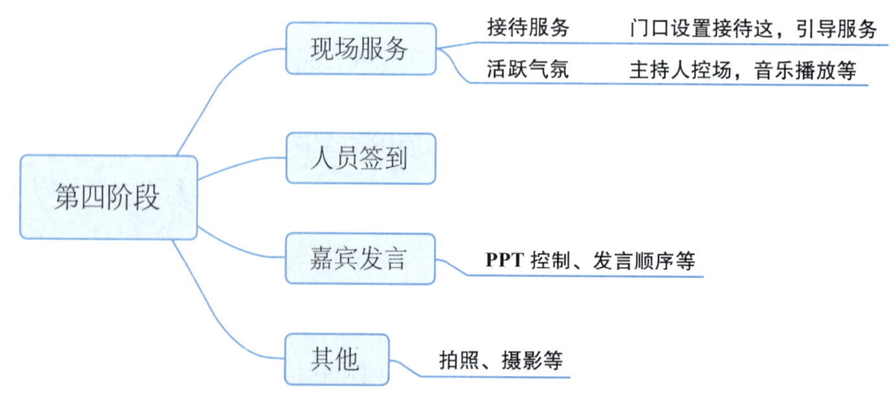

图4.24 活动策划第四阶段需确定的主要内容

（5）第五阶段：活动的后续整理，包括后续追踪，如活动报道等；数据统计，如人员数据、财务数据等；活动总结，如活动评估及改进等。

需要说明的是，活动策划书有基本要素但无固定模式，关键是要符合基本原则：明确，清晰，可操作性强。如果活动规模不大、内容不太复杂、形式比较单一，那么活动策划方案可以设计得简单一些，不一定具备本文所举的所有要素，甚至可以用图表方式简明列出实施步骤。总之要根据实际情况灵活处理，该繁则繁，该简则简，不应机械套用。

※ 职场应用文为做好工作而写，因此写作前要明确事项与目的，每篇应用文只能围绕一个中心展开。

※ 职场应用文具有较为稳定的通用格式和体例，有其规范性和严肃性，必须按格式体例的规范要求进行写作。

※ 职场应用文所针对的事务处理讲究时效性，因此要交代清楚执行时间、有效期和成文日期（即落款日期）等时间要素。写作时要注意考虑时间安排的现实可行性。

※ 职场应用文具有极强的针对性，因此要注意根据不同领域、不同业务、不同目的的需要选择恰当的文种。

※ 职场应用文的语言基本要求是严谨庄重、准确恰当、简洁朴实，写作时注意不带个人感情色彩，不必做生动描绘。

五、提高写作能力的基本途径

写作的重要性不言而喻，但还是有很多人怕写作，不愿或不敢动笔，其中一个重要原因是觉得写不好、很难写。那么没关系，只要循径而学，坚持练习，你的写作能力一定会有所改善。

写作能力反映着一个人多方面的修养，这也意味着要提高写作能力需要从不同方面入手。概括地说，就是要多读、多思、多练。

（一）多读——广泛阅读与精深阅读相结合

阅读是写作的“先导”，要想写作还得会读书。“读”与“写”，一个可以“吸收”，一个可以“表现”，二者紧密相连、相辅相成。

对于每个人而言，阅读是提高自己写作能力的必经之路。但书该怎样读，是必须注意的问题。

1）广泛阅读

写作需要有广博的知识，所以读书应当注意打开阅读面，即要广泛地阅读。

“读书破万卷，下笔如有神”。从这个人们耳熟能详的古训中，可见多读书对写作非常重要。但是很多人有过这样的纠结：这世界上那么多的书，我该看哪一本？这本书读了有没有用？也有人想，我也不知道自己对什么书感兴趣，不清楚自己喜欢什么口味的书。越是这样越是需要广泛阅读，读多了就有比较，一段时间之后，什么是好书、什么书更适合自己自然会有答案。

通过广泛阅读，一是可以开阔视野，激发文思；二是可以丰富自己的生活经验，可以将他人的、历史的丰富经验转化为自己的写作材料；三是可以直接学习他人的写作技巧，积累和丰富自己的语汇，提高写作能力。

现在的生活节奏日益加快，很多人认为自己没太多的时间，因而只能选当下对自己来说最实用、最速成的书来读。我们说，追求阅读的实用性确实重要，但因眼前的实用性而仅涉足某个领域，阅读面过窄，则非常容易导致自己的知识结构单一。单一的知识结构容易让我们思维僵化，这是写作的大忌。知识具有联结性，广泛阅读各类不同书藉，就像做不同的事可互相类比和印证一样，可以让我们组建一个更为丰富、严谨的知识体系，可以让我们举一反三，写作时可以文思泉涌。所以要提高写作能力，广泛阅读是必不可少的。

2）精深阅读

阅读只有“面”是不够的，还要有“点”，要点面结合。也就是说，还要注意在广泛阅读的基础上，有针对性地对某些图书资料做精深阅读，二者相结合。

广泛阅读有益于开阔眼界，但阅读不能止步于此。在广泛阅读的过程中，你会通过比较发现某些优秀的或对自己专业发展和工作生活有较大帮助的图书资料，这些就成为你着重要读的“点”。对这些“点”你应当深入进去，细致揣摩，且读且思，反复研究，带着分析与思考去读。光读不思，蜻蜓点水，浮光掠影，则有可能难知其事、难解其惑，无法领略其美。所以要在广泛阅读的基础上有针对性地深读、精读，抓住问题，深入思考，将书中知识与社会现实联系起来，悟出规律性的东西，这样才能融会贯通，甚至出神入化，这样才有利于写作能力的提高。

（二）多思——细致观察与深入思考相结合

无论是普通文章的写作，还是实用性文体的写作，要想把它写好、写活，让写出来的东西更有价值，则必须有自己的思想。也就是说，必须对现实生活有自己的认识与思考。因此，要想学习写作、提高写作能力，就不能对身外的一切视而不见、听而不闻，而是要主动深入生活、积极观察思考。

1）细致观察

要对生活进行细致观察。不管哪类作品，其实质都是现实生活、客观事物的反映。不熟悉社会生活，不了解人生百态，必定难写出好文章。积极接触社会，走进丰富的生活，尽可能多地进行细致观察，这样容易发现很多有意义、有价值的东西。写作能力的提高需要观察习惯的养成，要让自己对外面的世界有敏锐的观察力。

2）深入思考

观察只是停留在感性阶段，只有经过思考才能进入理性认识层面。所谓思考，就是头脑要高速运转起来，面对眼前看到的事物、发现的问题要多问几个“为什么”，要有一种求“真”的态度，要透过现象看本质，要在条分缕析中找出规律，这样才能有所发现。对于提高写作能力而言，仅仅走进社会、走进生活进行观察了解还不够，必须在细致观察的基础上进行深入思考，这样才能有自己独立的思想，才能在写作中鉴别真伪、判断是非，使所写的作品有鲜明的观点、充实的内容。

（三）多练——积累材料与勤奋动笔相结合

所有的准备最终都要落到具体动笔上。学习写作，必须尽可能地多写。熟能生巧，写得多了自然会进步。练习写作还要注意，如果没有一定的材料积累，具体动起笔来往往会无话可说。所以，动笔练写之前不能忽视材料的积累。

1）积累材料

写作材料更多来源于生活，写作者要注意生活材料的积累。在平时要留心周围的事物，观察形形色色的社会现象，捕捉生活中有意义的事、有趣的人，并记录下来。随时随地记下自己的所思所想非常重要。比如看了一场电影、听了一首歌、拍了一张满意的照片……对这些事情有了任何想法，都要马上记录下来。可以写在笔记本上自己保存，也可以发布在微博或微信等平台上。这些都可以成为我们的写作素材。这种记录积累的过程同时也是一个随时“动笔”练习的过程。

此外还要注意语言材料的积累。不少人写东西时感到脑中想法多多却不知该怎样表达出来，其中一个重要的原因就是语言的匮乏，这就需要平时的积累练习。比如看到富有表现力的字词句，听到生动优美的话语，不熟悉但觉得很棒的成语、名言警句等都要记录下来；对于不理解的内容则设法理解透彻，存于心中。这样积沙成塔，一步步地丰富自己的语言库。自己的语言丰富了，写文章时就可以进行有效、精确的表达了。

2）勤奋动笔

勤奋动笔是写作训练的关键，缺少这个实践则不可能有写作能力的提高。在学习写作的过程中，看别人的文章，走进生活，是一种必要的“吸收”过程，但最终目的还是把自己的所思所想“表现”出来。“多读乃藉人之工夫，多做乃切实求己工夫，其益相去远矣。”（清·唐彪《读书作文谱》）由此可见，对于写作而言，多读有益于借鉴，而多练的实践却必不可少。

我们强调“多练”，并非简单地求“多”，要讲究由浅入深，循序渐进。比如初期可以适度模仿，即把读到的精彩片段或文章记录下来，模仿练习。然后利用自己所掌握的写作知识，不断探索，总结更广泛、更深层、更适合自己的写作技巧。对于应用文来说，适度模仿更为必要。因为应用文都有相对固定的格式和写作规范，仿写多了，自然就能熟练地写了。

但要注意的是，模仿不是简单的照搬，应该是创造性的借鉴。刚开始时可以机械地模仿，但入门后，就必须追求自己的写法，形成自己的特点。

语言文字是人类的杰作，将其用于写作、表情达意是现实的需要。拥有良好的写作能力可以抒写我们的精神思想，可以便利我们的日常生活，在职场中更能帮我们提高工作效率。“言而无文，行之不远”。愿大家都能掌握写作的本领，使之为职场发展助力，为人生精彩助力。

※ 提高写作能力，关键在于多读、多思、多练。“读”，要“点”“面”兼顾；“思”，将要细察与深思相结合；“练”，要由浅入深、循序渐进。

※ 写作必须有生活基础，否则就是“无源之水”“无本之木”，所以要注意多经历、多积淀。

※ 写作讲究借鉴，但应当“始于学步，终于创新”。

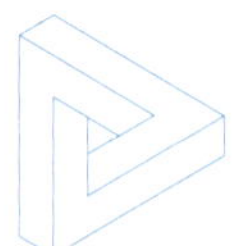

案例剖析

适度模仿、学习相对成熟的写作案例，可以提高学习的效率。我们一起来看看下面的案例吧。

求 职 信

尊敬的××科技有限公司领导：

您好！

我是××职业技术学院软件技术专业××××届毕业生，在××市人才招聘网上看到贵公司招聘电脑技术员的信息后，特前来应聘。

> 称谓在“领导”前加公司名称，说明本信专投此单位。
>
> 引语写明求职缘由及应聘岗位。

在校学习阶段，在老师的教诲及个人的努力下，我具备了扎实的计算机专业知识基础，VF数据库应用、VB.NET程序设计、JAVA程序设计、网页制作、FLASH动画制作等专业核心课程考试均为85分以上，综合成绩一直稳定在年级前十名。

> 正文针对所招电脑技术员的岗位能力要求介绍个人相应的专业知识背景、专业能力、实习经历及相关素养。

我具有较强的专业能力。大二上学期，个人参加××市软件技术开发技能比赛获一等奖，大三时我作为组长与同学组成比赛团队参加了××××年××省职业院校技能大赛“Web应用软件开发”赛项，在老师的精心指导及团队成员的共同努力下，本团队取得了一等奖的优秀成绩。这次比赛体现了我们良好的专业能力及团队合作能力。同时，在校期间我还考取了“软件工程师职业资格证书”（初级），全国计算机等级考试合格证书（二级），拥有软件测评师、微软认证专业开发人员（MCPD）等职业资格证书。

我曾在××软件公司实习六个月，主要负责网络维护工作。

实习过程中我认真负责，积极主动，与同事良好合作，工作成绩突出，得到公司领导和同事的一致好评，获得了“优秀实习生”的称号。通过这次实习，我积累了宝贵的工作经验，锻炼了实际工作能力。此外，在校期间我先后担任班长、学校口才协会主席、学生会副主席，连续三年获学校“优秀学生干部”称号，有较强的组织能力、团队协作能力。

真诚感谢您阅读此信，非常期待有机会为贵公司贡献自己的力量！

结语自然真诚地表达进入该公司的愿望。

此致

敬礼

求职人：×× 敬上

××××年×月×日

署名用敬语，日期书写规范

【总结】

这是一位大学应届毕业生看到招聘信息（下附《招聘信息》）后，为应聘××科技有限公司“电脑技术员”一职所写的求职信，它所呈现的写作特点值得大家参考借鉴。

首先，这封求职信具有较强的针对性。从称谓到引语做到开门见山，明确表达了向××科技有限公司求职的意向，并写明了拟应聘的岗位。最关键的是，在正文部分能根据招聘启事所说的“电脑技术员”的岗位能力要求，有针对性地介绍自己的专业背景、知识基础及专业能力。此外，在自我介绍时注意抽象概括与具体实例相结合，如简要概括说明自己“具备扎实的计算机专业知识基础”之后即以具体的专业学习成绩作为支撑，概括说明“具有较强的专业能力”之后则以优秀的专业技能比赛成绩、相关专业证书作为支撑，两相结合，简明清晰而令人信服地让招聘单位感到应聘者的实力，增强自己的竞争优势。

其次，这封求职信合乎基本格式要求。称谓、引语、正文、结语、落款五部分齐全，格式规范，文笔顺畅。称谓和结语礼貌周到、自然恳切，引语和正文简明扼要、重点突出。

附：××科技有限公司在××市人才招聘网上发布的招聘信息

招聘信息			
招聘职位：电脑技术员 **招聘单位：**××科技有限公司 **公司行业：**计算机硬件　金融/投资/证券 **公司性质：**民营公司 **公司规模：**大于100人			
职位信息			
发布日期	××××—××—××	**工作地点**	××市
薪水范围	3000—5000元/月	**招聘人数**	3

续表

职能描述： 技术支持 / 维护工程师 **岗位职责：** 1. 安装和维护计算机、应用软件。 2. 解决排除各种软硬件故障。 3. 掌握各种计算机软硬件、打印机、监控设备的操作，可独立进行安装、调试及故障排除。 4. 精通局域网的维护及网络安全知识，可熟练进行局域网的搭建和网络设备的基本维护和故障处理。 5. 工作主动性强，有责任心，耐心细致，能够良好与人沟通，具备团队合作精神。 **工作时间：** 星期一至星期 9：30—18：00 （星期六、星期天休息；国家规定的节假日休息。）

案例二

入职申请书

尊敬的公司领导：

您好！

我于 ×××× 年 × 月 × 日进入公司进行试用工作，现半年试用期已满，根据公司的规章制度，现申请转为公司正式员工。

> 开头简明提出转正入职申请。

在试用期间，我虚心学习，踏实工作，按要求完成公司所分配的各项任务，工作能力明显提高。在此向领导做简要汇报：

1. 参与 ×× 项目工程技术开发工作，良好完成任务。刚进公司我即按公司要求进入 ×× 部 ×× 项目组参与 ×× 工作，作为新人我迅速融入项目团队，与团队同事良好协作。项目工程时间紧、任务重，我不仅不辞辛苦与同事加班加点，并且充分利用所学专业知识主动对 ×× 问题进行深入分析，提出较为细致的解决方案并获采纳应用。这对快速推进项目进度、实现工程目标起到了积极的作用。

> 主体抓住试用期两项主要工作任务分条陈述，行文注意突出个人职责及工作成绩。

2. 参与 ×× 项目 ×× 工程质量管理工作，保证工程质量。在 ×× 项目实施进入 ×× 阶段时，×× 部领导根据我前期的工作表现，安排我负责 ×× 工程的量化管理任务。接受新任务后，我通过多种途径快速而深入地了解 ×× 工程内容，与同事合作，在原有基础上修订 ×× 工程质量管理量化标准并具体实施。负责此项工作过程中做到及时传达、准确领会上级质量管理部门的工作要求及工作精神，适时向上级汇报本部门质量管理情况，为保证项目工程质量做出了积极的贡献。

在这半年的工作中，我深受公司“诚信为本，质量先行”的文化精神的熏陶，充分感到公司为员工所创造的团结和谐、精进求实的良好氛围，以能够进入这样的企业工作而自豪。为此，特申请转正，恳请领导给予进一步发

> 结尾再次表达入职愿望，语言诚恳自然。

挥的舞台，让我将来能够更好地为公司做出自己的贡献。

此致

敬礼

申请人：×××

××××年×月×日

【总结】

这是一份结构完整的入职申请书。它最为突出的特点是根据转正考核的需要，重点说明自己的工作内容及工作成绩。

对于用人单位而言，特设试用期就是为了考查有关人员是否有能力胜任某个岗位的工作，那么试用人员在试用期满后提出转正入职的书面申请时，就必须保证所写内容能够让用人单位、审核领导充分感到你的工作能力，这是所提申请是否能够通过审核的根本所在。在这份入职申请书中，申请人紧扣自己试用期间的工作成绩进行汇报，这是正确的写作思路。为使表达清晰明了，申请人将自己所承担的不同工作分条列出，分别说明开展工作的基本情况及工作成效，让领导能够迅速判断其能力特点。

此外还有一点也值得我们注意：申请书虽未单列专项介绍申请人在与人合作方面的素养，但在说明工作开展的具体情况时，自然而清晰地显示出其重视且善于与同事沟通合作的职业素养。这自然增加了这份申请书的分量。

全篇行文基本做到表意准确，措辞简洁自然，诚恳得体。

案例三

××学院酒店管理专业实习计划

为了贯彻理论联系实际的教学原则，加强实践教学，让学生通过社会实践提高综合应用能力，初步具备酒店业相关岗位独立工作的能力，培养良好的职业素质和团队精神，为学生就业和专业发展奠定基础，因此面向我院酒店管理专业学生安排本次实习计划。

开头简练介绍制订实习计划的目的和意义。

一、内容和要求

1. 熟悉和理解现代酒店业经营、服务与管理理念；

2. 熟悉现代酒店业的组织及整体运作模式；

3. 掌握酒店业主要业务部门的工作程序与方法，培养所学专业知识与技能的综合应用能力；

4. 熟悉实习岗位的工作流程、职责与工作对象，具备一定的人际沟通能力、协作能力和自我发展能力，培养良好的职业道德与团队精神；

5. 在一个岗位上从事三个月以上的与酒店服务业有关的具体业务工作，在实际工作中树立服务意识、安全意识、规范意识和创新意识；

明确实习的工作任务，说明“做什么”。

6. 查询必要资料，独立撰写一篇 2000 字以上的实习总结。

二、时间安排

20×× 年 × 月 × 日至 × 月 × 日共五个月，分三个阶段，第一阶段（× 月 × 日至 × 月 × 日），实习动员及前期准备，定好实习意向岗位；第二阶段（× 月 × 日至 × 月 × 日），酒店实习；第三阶段（× 月 × 日至 × 月 × 日），校内实习总结、交流。

明确实习各阶段时间安排，说明“何时做”。

三、实习安排

实习地点及岗位安排表（略）

四、组织领导与实习管理

1. 由 ××× 负责实习领导，由 ×××、×××、××× 三位老师带队并担任专业辅导；

2. 聘请各实习点业务骨干为业务指导老师，协助完成实习中的教学工作；

3. 校外实习期间，由实习单位统一领导，服从实习单位的作息时间安排。

明确管理措施并且分工明确，说明“怎么做”“谁来做”。

五、实习生注意事项

……

××学院

20×× 年 × 月 × 日

【总结】

这是一份学校安排学生参加教学实习的工作计划，写作特点较为鲜明。

首先，工作计划写作的“四要素”得到落实。作者通过“内容和要求”部分明确这次实习的主要工作任务，回答了“做什么”的问题；然后通过“时间安排”部分写明实习起止时间，甚至实习期的各阶段时间都交代得非常具体明确，回答了“何时做”的问题；之后还通过“实习安排”“组织领导与实习管理”部分，交代了这项实习工作的管理措施以及人员责任分工，读来可据此严谨有序地安排实习的整体工作，并且能让相关工作人员明确认知个人工作职责，清楚知道自己每个阶段要做什么，这就回答了“怎么做”“谁来做”的问题。

全篇清晰地显示了工作计划必须回答的四个基本问题，保证了这份工作计划的实用性、指导性，即执行者有据可依，实施起来较为方便。

其次，这份计划条理清晰，注意用阿拉伯数字逐条列出复杂事项，让读者一目了然，提高阅读效率。

案例三

×× 公司迎新年会策划书

为展现公司日新月异、蓬勃发展的良好风貌，增强凝聚力，公司决定举办 20×× 年度总结表彰暨 20×× 年迎新年会，以此答谢各位员工一年来辛勤的工作。

开头简要说明活动背景，让人清楚为什么举办这个活动。

一、年会主题

融合梦想努力超越

简明概括活动主题。

二、年会目的

（一）总结20×× 年公司工作成绩，提出新一年的计划、方向和目标

（二）表彰优秀部门、员工，充分调动员工积极性

（三）加强领导与员工之间的沟通，加强各部门之间、员工之间的交流互动，增强团队协作意识，提升公司的综合竞争能力

（四）让员工充分展现自我，在年会中认知自我，加强对公司大家庭的认同感

分条陈述年会举办的目的，可见本次活动的价值、意义。

三、年会组织机构及职责

（一）年会组织部门

主办：×××× 部

协办：×× 办公室

（二）年会工作组

组长：×××

副组长：×××，×××，×××

工作组成员：×××，×××，××× ……

（三）职责分工

1. ×× 部：负责年会总策划及活动的组织、执行。

2. ×× 办公室：负责……。

3. 工作组成员分工

组 长：负责……（略）

副组长：负责……（略）

工作组成员：负责……（略）

交代明确活动组织机构、人员职责。

分工到位、责任分明，便于有关工作的开展。

四、参加人员及活动形式

1. 参会人员

公司股东、高管及各部全体员工。

2. 年会活动形式

（1）总结表彰。

（2）节目表演。

表演要求：

各部门以“自编自演、内容健康、形式新巧、精彩喜庆”为原则准备节目；

各部门至少报送3个节目，可以部门独立选送，也可以跨部门合作选送；

节目形式可包括：合唱、独唱、小品、相声、舞蹈、诗文朗诵、哑剧表演等。

明确参加年会的人员范围。

明确年会活动形式及有关要求，利于活动前有关工作的充分准备。

五、进程安排

（一）策划及准备期：× 月 × 日——× 月 × 日

本阶段工作负责人：×××

本阶段主要完成年会策划方案、通知发布、会场选址、节目报送。

（二）协调及进展期：× 月 × 日——× 月 × 日

本阶段工作负责人：×××

本阶段主要完成：节目审核与确定，演出彩排，演出道具、奖品、礼品及其他各类活动所需物品的确认及采购，年会场地预定，主持人、节目单等

按先后顺序明确各阶段时间节点、主要工作内容、具体负责人及活动举办的地点，便于有序开展工作。

的确定。

3. 正式举办：

本阶段工作负责人：×××

时间：× 月 × 日，上午 9：00 开始；

地点：×××× 大酒店

六、年会重点筹备事项安排

（一）表演筹备（负责人：×××）

1. 节目报送

负责人：××× 联系电话：×××××××××（办公电话）

节目报送方式：各部门将节目发送 ××× 的办公邮箱（略）。

节目报送时间：× 月 × 日——× 月 × 日。

2. 演出彩排

为保证演出质量，各部门报送的节目通过审核后，将进行一次整体彩排。

彩排时间：× 月 × 日

彩排地点：××××

3. 其他相关工作

（1）歌曲舞蹈类节目所需背景音乐自选，并复制一份提交年会工作项目组以备正式演出使用。

（2）表演服装、道具向年会工作项目组申请经费自行租赁。

（3）主持人参与节目顺序编排，并负责拟写主持词。

（二）贵宾安排（负责人：×××）

1. 与会公司领导的安排（略）

2. 与会嘉宾的邀请与安排（略）

（三）会场布置与酒店协调（负责人：×××）（略）

（四）年会物品采购（负责人：×××）（略）

七、经费预算（略）

八、附件

附件 1：年会流程

附件 2：会场横幅、背景板、海报等样式

×××× 部

20×× 年 × 月 × 日

特别列出活动准备阶段的工作，明确交代各项事务，可操作性较强。

列出详细的经费预算，附件中列出其他重要内容。

把年会流程及与会场布置相关的内容用附件置于正文之后，既可把有关事项交代清楚，又可保证正文的简洁明晰。

【总结】

这是一份针对某公司将有数百人参加的年会活动所作的策划书。整个文案结构完整，思路清晰，可保证相关人员能够按策划书要求便利地执行。该策划书先将年会主题和目的进行言简意赅地说明。然后在主体部分（第三点至第五点）对年会的相关事项、相应安排进行详细说明。第三点明确交代了负责年会的组织者及其职责，使年会的各项事务在总体上有了组织者，在大方向上有了负责者。第四点对参会者及表演活动做了必要说明。第五点“进程安排”按时间先后顺序对活动不同时段的工作进行说明，这种表述方式让各阶段人员的组织配置、相应权责及时间地点等一目了然。第六点“年会重点筹备事项安排”也是颇见写作者匠心的部分。这一部分把筹备阶段较为重要而操作相对复杂的工作单列出来，既保证筹备工作能够扎实开展，又可让“进程安排”部分的文字表述简明扼要。最后，将不宜放在正文却又必不可少的事项（年会流程、会场布置所需物品）以附件形式附于正文之后。如此，让我们看到本文案很好地落实了活动策划书写作的基本原则：明确、清晰、可操作性强。

实境演练

实践是能力提高不可或缺的环节，下面请将所学的写作基本知识、方法与技巧在具体工作任务中灵活应用起来，通过任务的完成不断提高写作能力。

任务一

【目标】 厘清写作思路，能有针对性地选择写作素材。

【任务】 学会运用思维导图构思写作思路，选择写作素材。

【提示】 可参考图 4.24 完成。

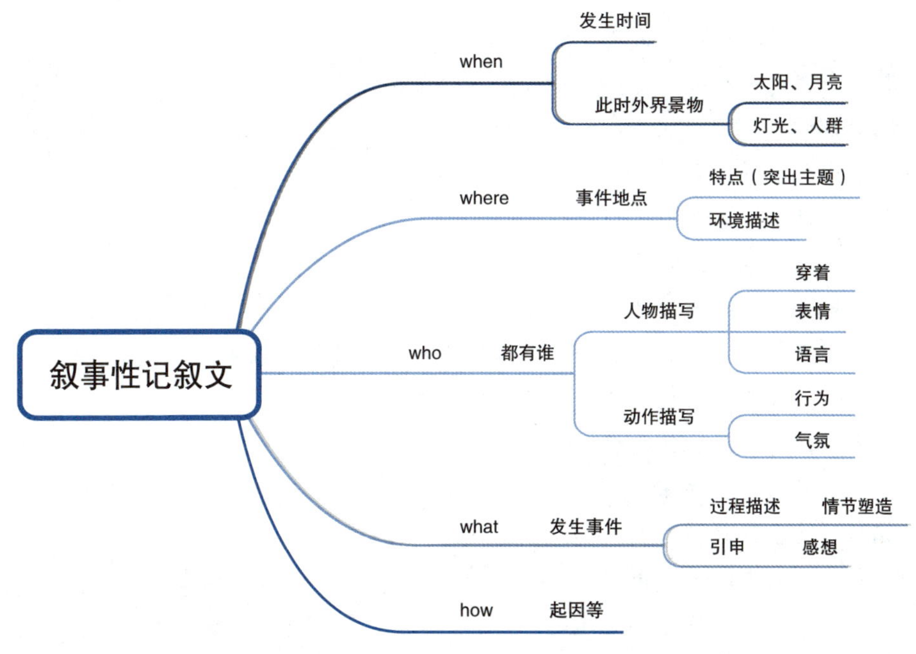

图 4.24　叙事性记叙文写作思维导图

【实训】思维导图是引导发散性思维的有效图形思维工具。许多同学在写作过程中不知道该从何处下手梳理写作思路，也不知如何收集素材。上面是一份关于叙事性记叙文写作的思维导图，它呈现出作者在叙事过程中的思路。请同学们参考上图画一份关于说明文或议论文写作的思维导图，展现自己的写作思路。文章主题自定。

【评估】主要从能否针对特定的主题画出主题明确、思路清晰、层次安排得当的思维导图，能否通过思维导图梳理写作思路并选择写作素材等方面进行评估。

任务二

【目标】能够写出格式规范、针对性强的求职信。

【任务】根据所提供的招聘信息撰写一份求职信。

【提示】（1）动笔写作之前，细致阅读招聘信息，分析具体岗位的能力需求。

（2）假设自我条件大体合乎招聘岗位的能力要求，据此考虑应当怎样有针对性地撰写一份求职信。

【实训】阅读如下招聘启事，试拟写一份求职信。

招聘启事

招聘单位：××××公司

薪水范围：××××—××××元

招聘职位：

一、营销类（8名）

岗位：店长、客服

1.本科或大专以上学历。

2.市场营销、服装设计专业优先。

3.语言表达能力、沟通协调能力、领悟力、学习能力较强。

4.能吃苦耐劳，并能承受一定的工作压力。

5.有较强的团队协作意识。

二、生产管理、技术类（6名）

岗位：生产管理员、设计师

1.本科或大专以上学历。

2.管理类、服装设计专业优先。

3.语言表达能力、沟通协调能力、领悟力、学习能力较强。

4.吃苦耐劳，并能承受一定的工作压力。

5.有较强的团队协作意识。

【评估】主要从求职信写作是否做到格式规范、针对性强等方面进行评估。

任务三

【目标】能针对任务写出一份格式规范、缘由充分、事项具体明确的请示。

【任务】撰写一份请示。

【提示】（1）动笔写作之前，细致阅读所提供材料，辨析请示缘由是什么，明确需要上级帮助解决的具体问题是什么。

（2）注意发文机关和主送机关的区别；注意行文语气；注意结束语的使用。

【实训】根据以下材料撰写一份请示：

1. ×× 学院是一所市属高校，现有在校学生 1 万余人，其中住校生 8000 余人。

2. 现需要在学生宿舍楼安装太阳能热水器。25 幢宿舍楼，每幢需要安装四个大型的太阳能热水器，共计 300 万元。需请上级拨款。

3. 安排太阳能热水器，需要进行管道改造，费用约为 80 万元，校方可自筹资金。

4. 这是 ×× 学院 2020 年发的第 10 号公文，发文时间为 5 月 15 日。

【评估】主要从请示写作是否做到格式规范、内容完整、语言严谨精炼、诉求合理等方面进行评估。

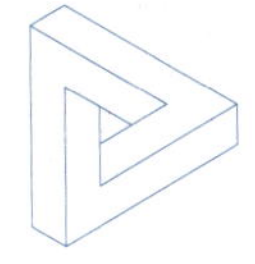

素质拓展

李克强总理于2017年在两会上提出：要大力弘扬工匠精神，厚植工匠文化，恪尽职业操守，崇尚精益求精，培育众多“中国工匠”，打造更多享誉世界的“中国品牌”，推动中国经济发展进入质量时代。当前，我国正处在由“制造大国”向“制造强国”迈进的关键时期，“工匠精神”对于建设制造强国具有重要意义。作为祖国未来的建设者，当代大学生应当从自我做起、从现在做起，把培育与弘扬以“敬业、精益、专注、创新”为基本内涵的“工匠精神”当做实现自身价值的需要。

同学们，请尝试自己组织策划一场以“弘扬工匠精神，绽放青春风采”为主题的班级（或年级）辨论赛。希望大家积极参加活动，在活动中挑战自我，努力尝试不同角色，比如成为辩论赛的组织者、主持人或辨手、评委等，在不同角色中锻炼写作能力及其他综合能力。

作为活动组织者，为提高辩论赛活动质量，你需要：
与其他同学合作组成工作团队，负责组织策划此项活动，共同商议确定比赛计划；
在活动前撰写一份比赛通知并发布，组织同学们踊跃参加活动；
在活动前撰写一份辩论赛策划书，以便活动能够按计划有序开展；
在筹办过程中撰写一份工作报告，及时向老师报告活动筹办情况；
在活动结束后撰写一份工作总结，总结得失，以便今后有更大进步。

作为主持人，你将负责现场主持工作。为使比赛更精彩，你需要：
撰写一份主持词。

作为评委，你将参与比赛成绩评定工作。为使比赛更为公平合理，你需要：
制定辩论赛评分细则、评分标准。

作为辩手，你将参与现场辩论。为让自己在辩论活动中获得更为优秀的成绩、综合能力得到更大的提升，你需要：
撰写个人参赛计划；
根据需要进行演讲词撰写；
赛后撰写个人参赛总结。

在活动开展过程中，需要灵活运用所学知识。若需用到从未直接触过的知识、技能，则要善于通过查阅资料、请教专业人士等方式进行学习训练，以便进一步锻炼提高写作能力、自学能力。

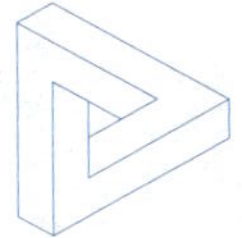

模块要点

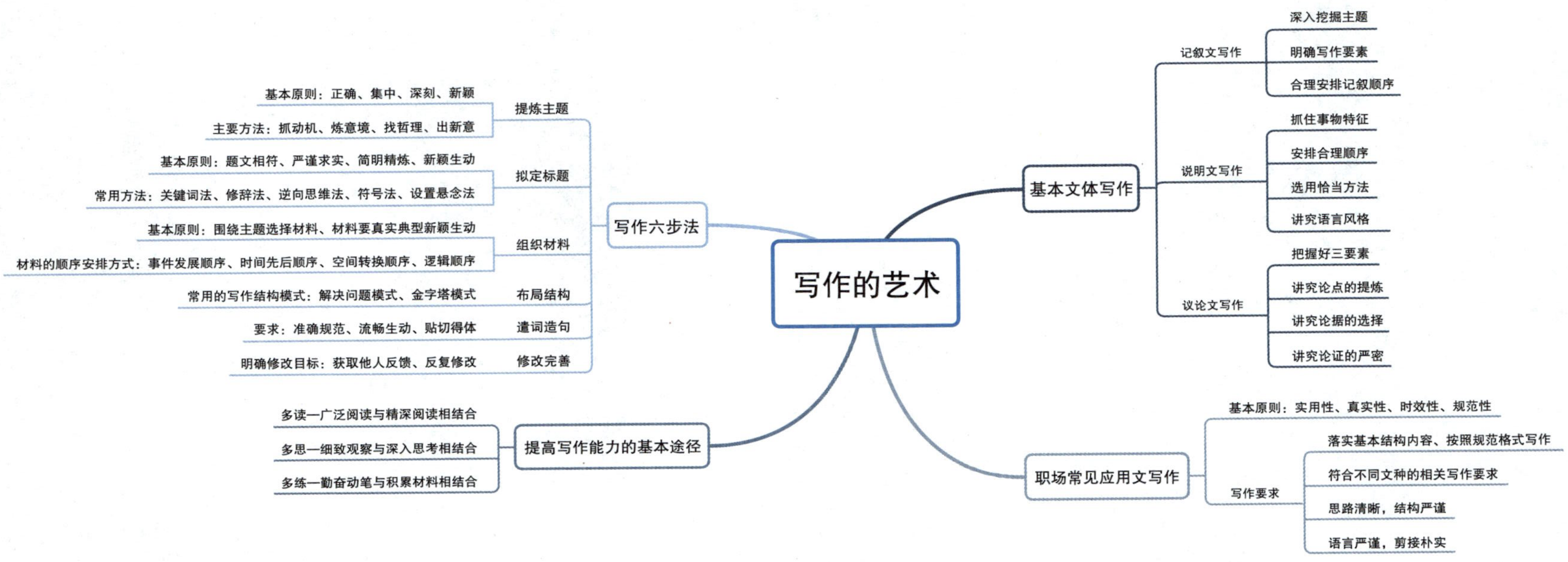

- 写作的艺术
  - 基本文体写作
    - 记叙文写作
      - 深入挖掘主题
      - 明确写作要素
      - 合理安排记叙顺序
    - 说明文写作
      - 抓住事物特征
      - 安排合理顺序
      - 选用恰当方法
      - 讲究语言风格
    - 议论文写作
      - 把握好三要素
      - 讲究论点的提炼
      - 讲究论据的选择
      - 讲究论证的严密
  - 职场常见应用文写作
    - 基本原则：实用性、真实性、时效性、规范性
    - 写作要求
      - 落实基本结构内容、按照规范格式写作
      - 符合不同文种的相关写作要求
      - 思路清晰，结构严谨
      - 语言严谨，剪接朴实
  - 写作六步法
    - 提炼主题
      - 基本原则：正确、集中、深刻、新颖
      - 主要方法：抓动机、炼意境、找哲理、出新意
    - 拟定标题
      - 基本原则：题文相符、严谨求实、简明精炼、新颖生动
      - 常用方法：关键词法、修辞法、逆向思维法、符号法、设置悬念法
    - 组织材料
      - 基本原则：围绕主题选择材料、材料要真实典型新颖生动
      - 材料的顺序安排方式：事件发展顺序、时间先后顺序、空间转换顺序、逻辑顺序
    - 布局结构
      - 常用的写作结构模式：解决问题模式、金字塔模式
    - 遣词造句
      - 要求：准确规范、流畅生动、贴切得体
    - 修改完善
      - 明确修改目标：获取他人反馈、反复修改
  - 提高写作能力的基本途径
    - 多读—广泛阅读与精深阅读相结合
    - 多思—细致观察与深入思考相结合
    - 多练—勤奋动笔与积累材料相结合

模块五

演讲的艺术

The Art of Speech

2019年，中央广播电视台举办了中央广播电视总台2019主持人大赛，大赛主要通过一次次演讲展开对选手的考核。比赛实况通过电视广泛传播，深受社会大众喜爱，一时好评如潮。其中有一位名叫邹韵的选手，在这次大赛中格外引人注目。下面我们不妨通过这篇演讲文稿具体感受一下她演讲的风采：

今年是我做记者的第9个年头，在我做过的很多报道结尾我都会报尾，比如说，“央视记者美国华盛顿报道”，又或者是“邹韵CGTN（中国国际电视台）北京”。在过去的9年里，我的名字和工作单位都没有变，但是最后这个地点却一直在变。从中国的主场外交活动到“精准扶贫”政策落地的一个小村庄；从美联储货币政策的发布再到飓风“桑迪”的重灾区……我从一个个新闻现场去见证一个个历史性的时刻。

有人说站在这个舞台，主持人大赛的舞台，需要一种气，那就是底气。我也很认真地想过，我的底气到底来自哪儿？因为我不属于那种站在台上特别打眼的人，我也不是科班出身，但是我想我的底气可能来自于在过去的9年里，我的报道是我一条一条跑出来、一个字一个字敲出来、一个画面一个画面编出来、一场直播一场直播完成出来的。生命见证过多少真实，付出过怎样的努力，我希望就会有怎样的底气。

这条路真的很难，所以我也有过动摇。这也是为什么在2015年我去剑桥读书的时候，没有选择读跟媒体相关的专业，而是选择了一个最容易转型的商科。但是读完书，我反而更坚定地想要在这条路上走下去。因为我太想念那种在一个国际场合，我作为一个中国记者去努力地获得一个提问的机会去发出中国的声音；我太想念，不管是在三都澳的渔排上，还是在宁德的茶园里，去跟国际的观众分享那些有趣的事、有趣的人的那种紧迫感。

今天站在这个舞台上，我有很多话想说。康辉老师曾经说过，从记者到好记者到主持人再到好主持人，这是一个媒体人很扎实的路径。在过去的9年里，我努力地去实现从记者到好记者的转变。而在今天，在这个舞台上，我希望可以迈出从好记者到记者型主持人的转变。这个转变注定艰难，但我想我会拼尽全力。因为毕竟邹韵“走运”，支撑起她的不是运气，而是越努力越走运！

在未来，我希望在这个国际化的语境中可以有我的小小的一席之地。我想我会努力地去成为一个更加开放的中国人，始终打开聆听各方声音的大门，但是不忘自己的中国根！因为只有这样，我们才能写出更多的、铿锵有力的中国文，为我们的祖国在国际话语体系上加分！

谢谢大家！

（资料来源：https：//weibo.com/ttarticle/p/show？ id=2309404476120304058424）

在这个激情洋溢的演讲中，邹韵讲述自己的经历、展示自己的追求、表达自己的情感，深深打动人心。通过这个演讲，观众在清晰看到演讲者的才能之外，还能强烈感到她身上特有的美好情怀，一种自觉把个人“小我”与祖国“大我”紧密相连的大情怀。

本次大赛邹韵最终获得了新闻类主持人金奖的优秀成绩。也正是通过这次大赛，邹韵成功实现了“从好记者到记者型主持人的转变”，现在她是中央广播电视台某国际栏目的主持人。可以说，她多年的努力、坚持、积淀，再结合“演讲”这种特殊艺术表达形式，充分展示出了她个人的风采魅力。

由此可见，演讲能力对一个人的发展来说是非常重要的。

希望同学们能够从中得到启示，自觉锻炼提高演讲能力。不要以为演讲只属于少数人，其实生活中演讲无处不在：

当你要加入某个社团，并在社团负责人的竞选活动中发表讲话，这就是一次演讲；

当你作为参赛选手，参加学校的职业生涯规划大赛、创新创业大赛等，都需要演讲；

当你获得某项表彰，在学校大会上发表获奖感言，这也是一次演讲；

当你在未来的职场中积累了一定经验，有意参加干部竞聘，也需要演讲……

事实上，很多人都知道有太多的场合需要通过演讲发表自己的见解和主张，阐明事理，抒发感情，展示个人魅力。

在漫漫人生旅途中，机遇与挑战并存。在机遇的把握中收获成功，在挑战的承接中呈现魅力，从来是有志者心底的渴望，而演讲往往起到至关重要的作用。古今中外无数事例说明，良好的演讲能力具有独特功效。

同学们，让我们一起来学习演讲的艺术吧！

学习目标

知识目标： 了解演讲的基本知识和基本技巧，把握不同场合的演讲的要点。

能力目标： 能够根据特定场合的需要顺利进行演讲。

素养目标： 培养演讲兴趣，养成自信大方、积极向上、勤学爱思、乐于表达的良好性格。

知识点拨

一、“演讲”是什么

演讲又称为讲演、演说。它是指在公众场合以有声语言为主要手段，以态势语言为辅助手段，针对某个具体问题，鲜明、完整地发表自己的见解和主张，阐明事理或抒发情感，进行宣传鼓动，从而达到感召观众并促使其行动的一种语言交际活动。演讲是当众发言的一种独特形式，与一般的当众发言相比较，其突出的特点就是情感更为饱满热烈，具有较强的艺术感染力及宣传鼓动性。

对社会来说，演讲可以推广知识、传播文化、宣传主张、推销商品，它在传播信息、联络感情、协调问题以及鼓舞士气等方面有积极的作用，其独特效用显而易见。

而对个人来说，演讲的意义，更是远远超乎你的想象！请看：

演讲可以帮助你建立自信。自信对一个人很重要。软件银行集团董事长兼总裁孙正义说：“毫无依据的自信是一个人走向成功的基础！”演讲让你从台下走到了台上，从幕后走到了台前，渐渐地，你摆脱了内向和恐惧，建立了自信，这成了你未来走向成功的基础。

演讲能够激发你的潜能。有人说，人生就是一场演讲——我们不是在说自己所做，就是在做自己所说！演讲时需要你去思考，去梳理你的逻辑。只有想得清楚，你才能说得明白，而说得明白了，才能做得落地，所以演讲可以练就你的思维能力和表达能力，从而彻底激发你的潜在能力！

演讲能够帮助你拓展人脉。美国人际关系学家戴尔·卡耐基说：“一个人的成功，15%靠专业知识，85%靠人际关系和处世技巧。”构建高端人脉，是每个渴望成功人士的必经之路！而演讲是可以让别人在最短时间内从认识你到了解你、信任你甚至崇拜你的最快、最有效的方式!

演讲能够让你展示才华。演讲作为口语表达的一种高级形式，可以帮助你表达自己的想法和意愿，让别人了解你的思想。在面试、竞聘等场合，你的口才出众，他人就会认可你的才华和能力。演讲是我们展示才华的重要手段。

总之，演讲的魅力不容小觑，作为现代社会的青年人，想要实现自己的人生价值和理想抱负，你就必须重视演讲，培养自己的演讲能力。

二、演讲的特点与要求

演讲与一般的讲话不同。一般的讲话，只“讲”不“演”，而演讲则是既“讲”又“演”，“讲”“演”结合，二者缺一不可，相辅相成。但需要明确的是，必须注意把握好“演”与“讲”之间的关系，即以“讲”为主，以“演”为辅，“演”建立在“讲”的基础上，这样才能带来真正意义的演讲。

那么，演讲有哪些特点与基本要求呢?

（一）演讲的特点

1. 工具性

演讲是一门语言的艺术，更是人们交流思想的工具。任何思想、任何学识、任何发明和创造，都可以借助演讲这个工具来传播。爱因斯坦于1918年4月在柏林物理学会举办的麦克斯·普朗克六十岁生日庆祝会上发表了《探索的动机》的演讲。他通过这个演讲来论述科学家进行科学探索的动机，赞扬普朗克对科学研究献出全部精力的宗教式的或恋爱式的感情。这对当时乃至现在那些热衷于追求物质的利益的人来说，确是一种鞭挞；而对于那些愿意为科学贡献自己的全部才华和毕生精力的人来说，却是最好的座右铭。可以说，演讲是最经济、最实用、最方便的传播工具，任何人都可以利用它。

2. 时代性

演讲作为一种社会活动，面对的观众是特定时期的社会成员，因此，演讲的内容不管涉及哪个方面的题材，都具有强烈的现实意义。演讲的内容应来源于社会生活，紧跟时代脉动，与社会现实紧密相连，才更能显示出演讲的的社会价值，才能发人深省。比如2019年广西青年干部杨海强进行演讲时讲了亲身经历的广西少数民族侗族村寨脱贫的故事，话题紧扣我国政府“十三五”期间脱贫攻坚的战略决策，是全国人民心之所系的大事。因此，在展现当地民众成功脱贫的成果之后，他这样总结道:“从侗族大山到世界舞台，困住林略村的从来都不是那一座座大山。只要拥有飞跃崇山峻岭的信念与本领，孩子们，乡亲们，扶贫干部们，还有在座所有关心支持中国脱贫攻坚事业的我们，都将是人类减贫史上中国奇迹的创造者和见证者。”这个总结让现场观众热血沸腾。由此可见具有强烈时代性的演讲具有独特的鼓舞人心的力量。

3. 艺术性

演讲既然是“讲”“演”结合，就具有一定的表演性质，它就具有表演艺术“以美娱人”的美感作用，它就是一种带有艺术性的社会实践活动，也是一门语言艺术。演讲的艺术性体现在它活动过程的整体感和协调感，即演讲中的语言、声音、表演、形象、时间、环境等各种因素形成一种相互依存、相互协调的美感。另外，演讲还具有曲艺、舞蹈、戏剧等艺术门类的某些特点，并将这些艺术手法与演讲融为一体，形成具有独立特征的演讲活动。

4. 鼓动性

演讲必须具有鼓动性。没有鼓动性，就不成为演讲。不论是政治演讲、学术演讲、管理演讲，还是生活演讲、竞聘演讲、就职演讲，它们都必须具有强烈的鼓动作用。1946年7月15日闻一多先生在云南大学做的《最后一次演讲》，赢得了当时在场的爱国学生多次长时间的掌声，这是因为闻一多先生以自己充满正直、刚强和对真善美渴求的演讲，引起了观众的共鸣，激励和鼓舞了观众；以自己炽烈的感情引燃了观众的感情之火；以自己拍案而起的形象和演讲过程的严密节奏唤醒了观众的心灵；以自己演讲的直观性达到了与观众直接的情感交流。可见，鼓动性是演讲成功的重要标志。

5. 逻辑性

演讲要求思维缜密，主要表现为演讲的主题思想需要通过具体的阐述才能够确立，这就需要观点的阐述要做到层次清晰、推理严密，这就是演讲的逻辑性。

（二）演讲的基本要求

无论什么种类、什么形式的演讲，都应当体现演讲的基本要求，这是演讲成功的基础。

1. 演讲要观点正确

演讲是一种受众面大、感染力强的艺术。优秀的演讲总会向观众传达鲜明的思想观点，提倡什么、否定什么，赞成什么、反对什么，旗帜鲜明。因此，我们强调演讲所传达的思想观点必须是正确的，即是具有科学性的，是符合社会主义核心价值观的。这需要演讲者具有正确的世界观，即马克思主义的世界观。只有从辩证唯物主义、历史唯物主义的立场出发去观察事物、分析问题，才能抓住事物的本质，才能得出正确的结论，才能把握正确的演讲主题，从而保证演讲的社会价值。

2. 演讲要内容充实

一个感人肺腑的演讲必须讲究内容充实。演讲的过程是摆事实、讲道理的过程，要在实事求是的原则下拿出鲜活的事例、真实的材料阐明抽象的道理。那种通篇只是高调地喊口号而缺乏事实支撑的演讲，情感似乎热烈实则空泛苍白。此外，在演讲时也不能单纯追求演讲技巧，否则会让人感到华而不实甚至是哗众取宠。

3. 演讲要论证严密

演讲需要讲“理”，但得“以理服人”。从上述内容可知演讲者的观点是需要进行证明的，所以演讲的论据要充分证明中心观点。演讲所用的论据可以是某个事例、某种经历，也可以是至理名言科研数据、项目成果等，这些材料要求与演讲观点密切相关并且具有典型性。而这些论据还有赖于严密的论证设计才能与观点紧密结合，从而发挥应有的作用。因此，演讲过程必须讲究论证充分严密、说理透彻，要让所有材料与观点的结合产生无可辩驳的逻辑力量，这样演讲才能够以理服人。

4. 演讲要富有感情

演讲还要“以情动人”，因为情感永远是演说中影响观众的强大力量。人是有血有肉的生灵，具有丰富的情感，演讲要想以理服人，首先要能以情动人，这样才能有效抓住观众的心，引导观众走向其间的“理”。因此在演讲过程中，要注意从讲话内容、语气语调、面部表情、肢体动作甚至着装打扮等各个方面带给观众情感的体验，这样才可能收到意想不到的效果。

The Art of Speech 演讲的艺术

※ 作为在公开、正式场合当众发言的一种特殊形式，演讲有着鲜明的特点，根据这些基本特点设计不同场合的演讲，可以帮助我们更好地提高演讲的能力。

※ 通过逻辑严密的演讲传播时代的声音，传播先进的、优秀的思想，与观众分享演讲者思想的火花，让观众享受声音艺术的同时，在思想上得到激励或在行动上加以改变，这就是演讲的魅力所在。

※ 任何类型的演讲都必须讲究观点正确、内容充实、富有感情、论证严密，这是对一个成功演讲的基本要求。

三、演讲的一般技巧

俗话说："冰冻三尺，非一日之寒。"要掌握演讲这门语言艺术，肯定少不了平日的积累、学习和锻炼。若要得法，还要掌握一定的技巧。

下面将从几个主要方面介绍演讲的基本技巧，供大家参考学习。

（一）选题立意

"选题"即指演讲话题的选择，成功的演讲，离不开好的选题。那么怎样才算是一个好的选题呢？我们可以从两个方面去判断：一是需要，二是合适。

所谓需要，就是指大众关注、现实需要回答的话题。一个有责任的演讲者，应当选择那些现实性强、为大众所关注的话题来阐述，解决人们普遍关心、急需得到回答的热点问题。这样的演讲才有价值，才能为观众所欢迎。比如这几年我国正在全力开展的脱贫攻坚战、全社会为之努力的中华民族伟大复兴的中国梦、发扬大国工匠精神、抗击新冠疫情等，若参加演讲就可以从这些时代主流精神之中选择演讲话题。

所谓合适，就是指适合演讲者、适合观众的话题。适合演讲者是指应当选择自己熟悉的话题来演讲，这样才能真切地有体会、有认识、有观点，并且拥有相对丰富的说明观点的素材，如此才能讲出感情、讲出深度。适合观众是指演讲要适合观众的文化水平、思想修养、职业特点、阅历、心理和愿望，只有这样演讲才能有的放矢。

确定演讲话题之后，接着就要讲究立意。演讲与写文章一样，也必须讲究立意。所谓立意，就是指演讲者确定自己要在演讲中传达给观众的核心观点，这个观点就是演讲的主题。

主题与话题有密切联系但又有不同。演讲话题是准备讲哪方面的问题，而演讲主题则是演讲者对这个问题的具体观点。比如"怎样弘扬大国工匠精神"是一个话题，而"铸就大国工匠从现在做起"就是演讲者对这个问题所持的具体观点。

主题是演讲的灵魂，是演讲至为关键的元素。演讲者要在所选话题的导引之下，对相关的素材进行分析、综合、比较、归纳，最终形成自己要表达的中心观点。

作为一种影响力颇强的当众发言艺术，演讲主题应当基本做到正确、鲜明、集中、深刻。正确是指演讲所展示的观点要符合客观世界发展规律，合乎正确的价值判断，这样才能经得起实践的检验，才能帮助人们正确认识客观世界，给观众以启迪。反之，则会误导观众。不正确的演讲往往在演讲现场就会遭到有真知灼见的观众的反对。鲜明、集中是指一个演讲要集中表达一个核心观点，这个观点的展开要旗帜鲜明，不能含混不清或模棱两可。深刻，就是指演讲要能够透过现象看本质，透彻地揭示事物的本质规律，揭示事物所蕴含的深刻思想。

（二）布局谋篇

所谓布局谋篇，实际上就是对演讲内容进行结构上的宏观设计。

1. 安排完整结构

安排好结构是演讲主题得以良好呈现的关键所在。演讲的结构大体可分为开头、主体和结尾三个部分，演讲中对此要具体落实。

1）开头

俗话说："好的开头是成功的一半。"演讲要讲究开场白的艺术。一个精彩的开场一下子就能吸引观众，把观众带入其中，激发观众思考。先声夺人的开场白可以收到良好的艺术效果。

2）主体

这是演讲的重要部分，中心观点主要在这个部分得以阐明。

不论是什么类型的演讲，演讲者都需要向观众传达某种观点、表明自己的立场，而要让观点、立场真正深入人之心，演讲就必须有一个完整的证明过程，这就是主体要完成的工作。演讲的证明过程包括论点、论据、论证三个要素。论点就是演讲者在演讲中所秉持的观点、立场；论据就是用以证明自己观点、立场的各种材料；论证就是用材料证明观点、立场的过程。既然如此，成功的演讲必须对论点、论据、论证提出要求，比如论点应当正确鲜明、论据应当真实典型、论证应当严谨周密。

演讲有各种类型，要注意这种完整的证明过程不仅存在于议论性的演讲之中，叙事性、抒情性演讲的中心观点也需要得到证明，只不过具体表现形式有其自身的特点。

3）结尾

结尾的作用就是为了加强观众对整个演讲内容的理解。演讲稿的结尾要言简意赅，不可拖沓冗长。结尾的方式可以展望未来，用充满激情的话语给人以鼓舞；可以发出号召，给人以力量；也可以指出目标，催人奋进。不论何种方式的结尾，都应该给观众留下深刻的印象。

2. 搭建严谨结构

演讲在结构安排上要特别注意做到如下几点：

1）层次清晰

在层次上，要根据演讲的时空特点，对演讲内容加以选取、剪辑和组合，形成一个顺理成章的结构层次：要以有声语言诉诸观众听觉，显示结构层次，取得层次清晰、条理分明的艺术效果。

2）结构严谨

演讲内容做到层次清晰之外，还必须重视层次转换、上下衔接的艺术，如果处理不当则容易造成演讲结构的松散。加之现场观众是依靠听觉来接收演讲信息的，这就更需要讲究前后内容的转换衔接，合理运用过渡的技巧。演讲过程中一般可以通过过渡词、过渡句、过渡段等方式承上启下，围绕中心巧妙自然地把丰富的内容紧紧钩连在一起，使演讲具有浑然一体的整体感，这就是所谓的结构严谨。演讲的严谨的结构在利于观众理解记忆的同时，更能突出演讲的主题中心。

3）节奏精当

要重视整体节奏的问题。应当在综合考虑演讲内容、观点表达、观众心理等元素的基础上确定演讲的节奏。演讲者在现场要善于随着内容的展开，适时变换整体节奏，做到张弛起伏，既鲜明又适度，这样可以始终维持观众的注意力。

（三）遣词造句

想要提高演讲的质量，必须高度重视遣词造句。无论是做哪类演讲，要想让你的演讲打动人心，措辞用语上都要做到准确清晰、简洁有力、通俗晓畅、形象生动。

1. 准确清晰

这是对演讲词句最起码的要求。演讲的表意要准确清晰，保证概念明确，判断恰当，逻辑严密，力求用最准确的词句表情达意。切忌语言表达模棱两可，否则会让观众难于理解，无所适从。

2. 简洁有力

演讲的时间是有限制的，这就要求演讲的语言简洁有力。演讲之中措辞用语不能拖沓繁冗，否则会令观众反感，达不到演讲的目的。要注意提高演讲的效率，以精炼的言语传达丰富的信息，做到简约而富有力量。

3. 通俗晓畅

演讲是与现场观众做面对面的交流，演讲语言诉诸观众的听觉，它转瞬即逝，观众无法像读书一样慢慢琢磨一字一句的含义，因此，演讲的语言要做到通俗晓畅。

“上口”“入耳”是对演讲语言的要求。要做到这点，在演讲过程中就要注意避免使用长句、倒装句，而是尽量使用短句和正常顺序的语句；要使用双音词明白表意，避免使用拗口、难解的词语；要让整体表达通俗直白、好听易懂。

如果演讲前有机会写演讲稿，那么成稿之后，要反复地念一念、听一听，感受一下是否“上口”“入耳”。如有必要，则需不厌其烦地修改，直至达标。

4. 形象生动

聆听生动的演讲，是一种愉悦的享受，反之则可能是一种“灾难”。因此，演讲的语言还要做到形象生动。可从以下两个方面做到形象生动：注意运用具体、形象的词句，比如描写事物的声音、色彩、形状等的词语；恰当使用各种修辞手法，比如用夸张、拟人、排比等。要做到形象生动，必须狠下功夫，古人“两句三年得，一吟双流泪”的雕琢词句的精神，值得一学。

（四）发音艺术

演讲也是一种诉诸听觉的艺术，因此必须做到发音准确、清晰、优美，词句流畅、准确、易懂，语调贴切、自然、动情，语速快慢适宜。

1. 发音准确、清晰、优美

以声音为主要手段的表达对语音的要求很高，既要发音准确，又要声音悦耳，这样才能更好地表达丰富多彩的思想感情。为此，演讲者必须对语音进行细致研究和练习，努力使自己的发音达到最佳状态。

一般来说，良好的演讲语音效果是：

（1）*准确清晰*，即吐字正确清楚，语气得当，节奏自然；

（2）*清亮圆润*，即声音宏亮清越，铿锵有力，悦耳动听；

（3）*富于变化*，即区分轻重缓急，随感情变化而变化；

（4）*有传达力和浸透力*，即声音有一定的响度和力度，使在场观众都能听得真切，听得明白。

演讲现场要尽量避免如下情况：声音颤抖，飘忽不定；大声喊叫，音量过高；音节含糊，夹杂明显的气息声；声音忽高忽低，音响失度；朗诵腔调，生硬呆板等。这些情况会极大程度地影响观众的心理感受。

2. 语调贴切、自然、动情

语调是口语表达的重要手段，它能很好地辅助语言表情达意。同样一句话，由于语调轻重缓急、高低长短等的不同变化，在不同的语境里可以表达出不同的感情色彩。一般来讲，表达坚定、果敢、豪迈或愤怒的情感，语气急骤，声音较重；表达幸福、温暖、体贴、欣慰的情感，语气舒缓，声音轻柔；表达优雅、庄重、满足的情感，语调前后弱、中间强。根据实际内容和演讲情境自然地进行语调变化，整个演讲才能绘声绘色，更好地传情达意。

3. 语速快慢适宜

说话的速度也是演讲的要素。一般来说，讲到轻松、愉快的内容时语速可以略快，而讲到特定的内容时为了营造某种气氛，语速就需要适当放慢。与语调轻重缓急变化一样，演讲过程中语速的快慢也需要根据实际内容、演讲情境而定。

（五）语体风格

不同的语体有不同的风格特点，演讲当然也有其自身独特的语体风格。演讲语体首先归属于“口头语体”，因此演讲语言必须具有口语自然、通俗、生动的风格特点。但作为一种在正式场合围绕某个主题观点进行当众发言的特定语言表达形式，演讲语言不能是日常口语的简单复制，它应当是经过加工提炼的口头语体，因而又会融合书面语体的色彩，在一定程度上讲究语言表达的凝练典雅。

可以说，演讲的语言，特别是那类有条件事前做充分准备的演讲语言，它的风格特点应当是口头语体风格与书面语体风格的适度融合，演讲时要努力做到自然通俗而又庄重典雅，直白朴实而又凝练生动。

※ 优秀的演讲必然要在选题立意、结构安排、遣词造句、发音艺术和语体风格等方面下功夫，实实在在地从这几个方面入手，才能做好一场演讲。

※ 观众所需要的且适合演讲者的选题才是最佳选题，演讲的主题应当基本做到正确、鲜明、集中、深刻。

※ 一个好的结构设计可以对演讲起到锦上添花的作用。演讲的结构设计既要做到内容完整，也要做到层次清晰、结构严谨、节奏得当。

※ 演讲必须高度重视遣词造句的艺术。准确清晰、简洁有力、通俗晓畅、形象生动的语言才能让观众印象深刻。

※ 演讲也是一种声音的艺术，发音准确、清晰、优美，词句流畅、准确、易懂，语调贴切、自然、动情，语速快慢适宜，这样的声音会让观众陶醉其中。

※ 演讲对语体风格的要求比较高，要求做到口头语体风格与书面语体风格的适度融合，所以演讲时要努力做到直白通俗而又庄重典雅，自然朴实而又凝练生动。

四、演讲的态势语言

态势语言又称为体态语言或人体语言，它是通过人的眼神、表情、姿势动作等来传递信息的一种无声语言，可以与有声语言结合起来表达思想情感，它是一种辅助表达手段。运用得当，态势语言不仅可以增强有声语言的表现力，甚至还能收到有声语言难以达到的效果，起着良好的补充作用。

演讲是一门综合性语言艺术，它的主要形式是“讲”，即运用有声语言来传情达意；同时还要辅之以“演”，即运用眼神、表情、姿势动作乃至一切可以理解的态势语言辅助演讲内容的表达，使讲话“艺术化”起来，从而产生一种特殊的艺术魅力。由此可见，态势语言是演讲的有机组成部分，在演讲中不可忽视态势语言的运用。

下面我们一起来了解演讲的态势语言。

（一）眼神

眼神指眼睛的神态。演讲者在承受观众注视时，不仅要用自己的眼神给予观众以回应，还应该恰如其分地、巧妙地运用自己的眼神，去表达千变万化的思想感情，去调动演讲现场的气氛，以收到最佳的效果。

1. 常用的眼神

（1）环视法。演讲者有节奏地把视线缓缓地从会场的左方扫到右方，再从右方扫到左方，或者从前边望到后边。一般表达较为深广、渺远或热烈的情感时可用这种方法。注意视线不能移动过快。

（2）点视法。演讲者讲到某些特定内容或重点内容时，把目光集中于某一点或会场中局部的观众群体。这种方法一般用于表达某种特定情感或对某个问题加以强调，或提示观众思考等。运用时要注意适可而止，避免与观众目光长时间直接接触，以免因被观众注视而局促不安或让其他观众感到被忽视。

（3）虚视法。演讲者目光虚视，视线并不集中在某个点上，对眼前观众仿佛“视而不见”，目光基本散落在会场的中部或后部。这种方法既可以让演讲者把主要精力集中于演讲内容之上，引导全场观众进入特定情境，又有助于呈现端庄大方的气质。要注意的是，这种方法不可多用，也不可虚视时间太长。

（4）交视法。演讲者的视线与某个或部分观众的眼神相交接。当演讲达到一定高潮之处，演讲者期盼能够更为强烈地激起观众的共鸣时可使用到这种方法。当演讲者与观众有着更为直接的眼神交流时，双方的内在情感会自然而强烈地碰撞，由此带来良好的演讲效果。

2. 眼神的使用原则

（1）眼神与演讲内容相统一。在演讲中，必须始终记住，运用眼神的目的是更好地传达思想情感，所以眼神必须与所讲内容相统一，随着演讲内容的变化而变化。比如讲到真善美带给人间温暖，可用热情、亲切的眼神自然地环视观众，让观众从耳中所闻、眼中所见备受感染。切忌机械地为“用”而“用”，目的不明、表意不清、甚至与所讲内容错位的眼神变化，不但不能辅助表情达意，反而破坏演讲效果，令观众反感。

（2）眼神与其他语言相协调。在演讲过程中，用以表达思想情感的语言非常丰富，眼神是其中重要的一种。但无论怎样的情况，眼神的运用都必须与有声语言、其他态势语言密切配合、自然协调，让它们真正成为有机整体，形成特定的合力以传情达意，这样才能获得理想的演讲效果。

（3）眼神的运用必须“适度”。做什么事都要讲究“度”的把握，否则过尤不及、适得其反。同样的道理，眼神的运用也要有“度”。比如“环顾”观众应当是一种根据内容表达需要而有节制的眼神流转。如果目光机械频繁地扫视转动，观众将会觉得莫名其妙。再如用到点视法时，不宜长时间将目光固定于某一点或停留于某一片区观众身上。目光的专注要有限度，一般只短暂停留，要根据演讲内容“点到为止”，“点”得恰到好处，否则不但不能起到强调或提示的作用，反而可能会让其他观众有被忽略、受冷落之感。一旦让观众生出这类不快的心理，演讲的综合效果会大受影响。

（二）手势

在演讲中，常用的姿势有手势和站姿，因此本文对这两项内容做重点介绍。手势与有声语言和眼神一样，也是表达、交流的工具。它和眼神一样，都可以取得“此时无声胜有声”的效果。手势是演讲的一个重要组成部分，是指演讲者运用手掌、手指、拳和手臂的动作变化来表达思想感情。

1. 手势类型

（1）情意手势，即表达演讲者情感的手势。如讲到很气愤的事情，演讲者双手握拳，不断地颤抖，配合怒不可遏的表情，就展现给观众一种愤怒的情感，既渲染了气氛，又有助于情感的表达，使情感表达得真切、具体、形象。又如，政治家演讲时，用双手举过双肩，手心向外，向观众摇摆。这有两个含义：一是表示对观众礼貌性的谢意；二是恳请观众停止鼓掌，他要开始演讲了。情意手势是演讲中运用得最多、表现方式极为丰富的类型。

（2）指示手势，即直接指示演讲者要说的事物的手势。例如，毛泽东同志在演讲时就把内容归纳为一、二、三……并且边讲边用右手扳着左手指，一个一个地数，其手势语含义直截了当。指示手势动作简单，表达专一，基本上不带感情色彩，能给观众以真实感。这种手势只能指示观众视觉可及的事物和方向；观众视觉不可及的，不能用这种手势语。

（3）象形手势，即描摹形状，给人形象的感觉。比如讲到“超微窃听器只有这么大”，用手比划一下，观众就知道它的大小了。这是一种非常简便而且比较常用的手势。

（4）象征手势，它比较抽象，有引起观众联想、启发思维的作用。比如讲“社会主义祖国，好比一辆大车正迎着初升的太阳飞驰”时，可向前方伸出左手（右手），以示“大车”飞驰的方向。

（5）习惯手势，演讲者下意识的动作，含义不明，有时连演讲者本人也难以说清楚它的含义，但有些习惯手势有时却又独具魅力。如斯大林演讲时习惯手拿烟斗，边讲边摇动。这种手势语并无害处，反倒成了斯大林独特的演讲风格的一部分。但是，通常不建议用含义不明的手势。如有人在演讲中，喜欢一边讲，一边不停地搓手——这是他平时的习惯性动作，到台上不自觉地表露出来，这给观众留下不大方、欠自信的印象，演讲效果会打折扣。

（6）单式手势与复式手势，只用一只手做的动作姿势叫单式手势，双手同时做的动作姿势叫复式手势。这两种手势没有明确的使用要求，但应注意以下三点。

一看表情达意的强弱。情感极为强烈，可用复式手势。在一般情况下，用单式手势就比较合适。

二看会场的大小。如果会场大，观众多，为了发挥手势的作用，吸引观众，用复式手势。反之就用单式手势。

三看内容的需要。比如讲到“同志们，千万要注意，这次试验是非常关键的一次”这句话时，举起右手的食指，就可强调“这一次”的重要性了。如果举起两只手的两个食指，显然是表意不清且难看。又如“同志们，让我们尽快地行动起来吧！”如果用了单式手势，仅把右手向上扬起，就显得单薄而无力。如果用复式手势，将双手向上扬起，就显得有气魄、有声势、有感召力。

2. 手势的活动区域及意义

从活动范围看，手势的活动分三个区域。一是上区，在肩部以上。手势在这个区域，多表示憧憬的、理想的、张扬的、美好的内容和情感。如配合“我们的前程是无限光明的”“希望同志们为开创新局面贡献出自己的全部才智”这样内容的手势，在上区就比较贴切而有意义。二是中区，在肩部至腹部。手势在这个区域，多表示记叙事物和说明事理，多表达平静的心情。比如，讲“整个方圆仅有500平方米”“这个问题大家可以考虑一下”，这时候手势在中区活动就比较合适。三是下区，在腰部以下。手势在这区域做，多表示憎恶、鄙视、不悦、谴责的内容和情感。比如，讲“随地吐痰是可耻的行为”“不能乱停乱放”等，这时的手势就宜于在下区。

3. 手掌的用法和作用

手掌是手势中用得最多的部位。其基本用法和作用如下：

（1）手心向上，胳膊微曲，手掌稍向前伸。这种手势主要表示贡献、请求、承认、赞美、许诺、欢迎、诚实的意思。比如说：“我想大家是能够做到的。”“希望同志们为开创社会主义建设现代化的新局面而多做贡献！”“希望同志们多多提出宝贵的意见。”凡属这类内容的，就可以用这种手势。

（2）手心向下，胳膊微曲，手掌稍向前伸。这种手势主要表示神秘、压抑、否认、反对、制止、不愿意、不喜欢的意思。如：“这里面一定有问题。”“这种损人利己的行为，我们是坚决反对的！”“我们不同意采取这种办法。”大凡这类内容，就可以用这种手势。

手心向上和手心向下这两种手势，是用单式手势还是用复式手势，可由演讲者视具体情况而定。

（3）两手由合而分。这种手势多表示空虚、失望、分散、消极的意思。比如：“一个人如果没有远大理想，那他将一事无成！”“我简直是没有办法。”“虽然做了许多工作，仍然是不见效。最后他们还是分开了。”类似这样的内容，基本上都用这种手势。

（4）两手由分而合。这种手势主要表示团结、亲密、联合、会面、接洽、积极的意思。

"我们要团结起来，把这个工作做好。""同志们，为了一个共同的目标，我们走到一起来了。"凡是这类内容的，就可以用这种手势。

（5）单式手势的"冲击式"。如讲："同志们，如果敌人敢于进犯我们，我们就坚决把它打出去！""同志们，向着未来，向着胜利，前进吧！"手势就要紧密配合最后一句话，果断、猛力地向前方伸出去，给人一种信心和力量。

（6）单式手势的"推顶式"。如讲："中国人民是无所畏惧的，就是天塌下来，我们也顶得起！"将手心向上推顶出去，就给观众一种气魄浩大之感。

此外，手掌向下、向后，则表示卑屑、消极、后退、黑暗的意思，演讲时可灵活掌握。

4. 运用手指的方法和作用

手指在演讲中的运用虽然较少，但它也有很强的表意作用，主要表现在以下几个方面。

（1）表示人格。伸出拇指，就是赞颂、崇敬、钦佩之意。比如讲："蒋筑英同志真了不起呀！"这时可伸出大拇指表示赞叹。伸出小拇指，则表示卑下、低劣、无足轻重的意思。比如讲："这种人的言行，实在太卑劣了。"这时伸出小拇指表示不屑。

（2）指点事物或方向。为了使观众见到具体的某个事物或看向某一方向，演讲者可用食指指点那一事物、指示那个方向。

（3）表达斥责、命令的意思。如问"你为什么要这样做呢？"时可用食指指点，既明确对象，又加重了语气和意思。

（4）表示数目。如"'五讲四美'的具体内容是，第一……"在用手指表示数目时，可用一只手的手指的伸曲来表示，也可用两只手的手指互相配合来表示。如用左手的手指表示数目，用右手的食指指点，这样做会使演讲内容表达更鲜明。

5. 拳的用法及作用

从总体上看，演讲时用拳的机会较少。从演讲的内容来看，拳常用在政治、法律、道德等内容方面的演讲，学术演讲基本不用拳。用拳一般表示愤怒、破坏、决心、警告等意念，如："这个仇，我们一定要报！""谁敢侵略我们，就一定要消灭它！"用拳有时也可表达有力和团结的意思。在具体操作上，拳可以直锤下去，也可以斜击出去。总之，用不用拳、怎样用拳，要根据内容需要来定，非到情感异常激烈时，绝不要用拳，而且也不可多用。

6. 手势的使用原则

一要自然雅观。二要保持三个协调：手势与全身协调，手势与口头语言协调，手势与感情协调。三要因人制宜，演讲者根据自身条件选择合适的、有表现力的手势。就性别而言，男性的手势一般刚劲有力，外向动作较多；而女性的手势柔和细腻，手心内向动作较多。就年龄而言，老年演讲者因体力有限，手势幅度较小，精细入微；而中青年演讲者身强力壮，手势幅度较大，气魄雄伟。就身高而言，个子比较矮小的演讲者可以多做些高举过肩的手势来弥补不足，将观众的视感拔高一些；而个子较高的演讲者，可多做些平直横向的手势。

（三）站姿

正式的演讲基本上都是站着进行的。著名演讲家曲啸老师说：“演讲者的体态、风貌、举止、表情都应给观众以协调平衡的至美的感受，要想从语言、气质、神态、感情、意志、气魄等方面充分地表现出演讲者的特点，也只有在站立的情况下才有可能。”既然是站立演讲，演讲者就应当注意根据演讲内容、情感表达的需要等因素合理选择、调整演讲站姿。

常用的演讲站姿有如下几种：

1. 自然式

双脚采用平行步。即双脚自然分开，两脚之间的距离大致与肩同宽，约为20厘米，同时双手自然下垂，置于身体两侧。相对而言，男性演讲者比女性演讲者更多采用这种站姿。

2. 前进式

双脚采用小丁字步，右脚在前，左脚在后。前脚脚尖指向正前方或稍向外侧斜，两脚延长线的夹角约为45度，脚跟距离约有15厘米。这种站姿灵活，便于手势动作灵活多变、表达不同的感情，因而是演讲中最常用的站姿。

前进式站姿大多配合使用端放式、抓放式手势。端放式手势即左右手掌虎口交叉，右手握住左手除拇指之外的其他四个手指，两掌心相对、与地面平行，有如左手端着右手，放在腹部的前面。这种姿势较为自然大方、端庄优雅，男性、女性演讲者均适用。抓放式手势即双掌虎口交叉，右手握住左手除拇指之外的其他四个手指，右手掌心与左手背接触，有如右手抓住左手，与地面平行，放在腹部的前面。这种手势端庄而柔婉，相对而言更适于女性演讲者使用。

3. 立正式

双脚采用小V字步。即两腿挺直、脚跟靠拢，脚尖分开，成“V”字型。脚跟之间距离约为3 厘米，两脚尖之间的距离约为10厘米，两脚掌之间的夹角约为45度。此时可配合类似上述抓放式手势，或是右手自然握住左手的手腕部。也可以采用叠放式手势，即右手掌叠放在左手背，双手掌贴于腹部之上，与腹部平行。双手并不交叉，也没有相握，而左手的掌心刚好盖住肚脐。这样的手势便于右手根据演讲情感表达的需要第一时间施展出优美的单手手势。

4. 稍息式

双脚采用稍息式。即在平行步的基础上，一脚自然站立，另一只脚（一般为右脚）向前迈出半步，两脚之间相距大约12厘米左右（即前脚脚跟与后脚脚尖之间的距离），两脚掌的夹角约为10度，同时双手交叉自然放在体前。这种姿势重心落在后脚上，一般是在演讲过程当中演讲者变换姿势时配合使用。

如果你期望在演讲台上身姿优雅大方，那么你还应当注意以下六点：

一是切忌东倒西歪，无精打采，懒散地斜靠着墙边或者讲台；

二是不要低着头，不要歪着脖子，不要出现两眼左右斜视或者有含胸、端肩、驼背等现象；

三是不要将身体的重心明显地移到一侧，只用一条腿支撑着身体；

四是不要有下意识的小动作；

五是不要将手插在裤袋里面，也不要双手交叉抱在胸前或者双手叉腰；

六是台上站立时，两脚之间的距离不要超过肩宽。

（四）表情

演讲者的表情应随着内容的不同而有所变化。如果演讲者的脸上呈现紧张、疲劳、喜悦、焦虑、愤怒等情绪，必定带给观众极其深刻的印象，所以演讲时要注意用面部表情配合有声语言。但在具体实践中要注意如下两个方面。首先是“不可垂头”。一旦垂头就会气势顿失，显得极不自信。而且若视线不能与观众接触，就难以吸引观众的注意力。其次是“说话平缓”。说话速度一旦平缓，情绪即可稳定，脸部表情也会较为从容自然。

（五）服饰与仪表

服饰指演讲者的衣着穿戴。服装也会给观众留下各种印象。演讲者的服饰的基本要求有：一是与体态协调。如过胖的演讲者不宜穿过紧的衣服，否则包得过紧，观众看着都会觉得透不过气。二是颜色搭配要协调。比如，上衣是浅色的，裤子最好穿深色的。在强烈的灯光下，以穿深色衣服为宜。三是美观大方。演讲者的服饰要整齐清洁、落落大方。

仪表指演讲者的外表。演讲者的仪表要整洁、大方、美观。仪表美应当体现正确的指导思想、时代的精神风貌、鲜明的民族特点、健康的生活情趣，并且同周围的环境、本人的年龄和身份相适应。美的仪表不但能够衬托出演讲者的精神面貌，产生吸引力，而且也会给演讲者带来自信力，为演讲的成功创造条件。

（六）态势语言四忌

一忌指指划划。演讲时不要一直指指点点、比比划划地忙个不停，这样会让观众眼花缭乱，产生腻烦的情绪。

二忌机械重复。机械重复的动作显得单调、呆板，容易让观众觉得乏味，甚至会引起观众的误会。

三忌演绎过度。演绎过度指过度使用态势语言，有很重的表演痕迹，不自然。演讲者的本意虽然是希望通过使用态势语言达到生动形象的目的，但如果过度演绎，往往会弄巧成拙，引起观众的反感。

四忌无态势语言。无态势语言指演讲者在台上站就站得直直的，坐就坐得正正的，或者握着双手，或者按着讲台，形象拘谨。观众只见他的嘴皮一张一合，几乎没有什么态势，难免会感到十分疲倦。

※ “眼睛是心灵的窗户。”眼神可表达出千变万化的思想感情，在演讲中，适当地运用环视、点视等眼神，既可跟观众互动，又能调节气氛，达到理想的演讲效果。

※ 在演讲中，手势是使用最多、表达最直接的态势语言，要善于通过手掌、手指、拳和手臂的动作变化来表达思想感情。

※ 演讲时，要善于根据演讲内容、情感表达的需要等因素合理选择、调整演讲站姿。同时，要力避六种站立误区。

※ 服饰一定要协调整洁，仪态要美观大方。

五、即兴演讲的艺术

即兴演讲是指事先无充足时间准备而临时决定的演讲。这种演讲有可能是主动的，也有可能是被动的。我们生活、工作的许多场合会有即兴演讲的需求，比如同学聚会、单位集会等。近年颇受欢迎的综艺节目《我是主持人》中也有即兴演讲的比赛环节，这也说明即兴演讲是一种常用的当众发言形式。

即兴演讲，需要演讲者具备丰富的知识储备、敏锐的观察力、良好的概括分析能力、快速的观点和语言组合能力、良好的心理素质。如果不具备这些条件，往往会给人以信口开河、漫无边际、逻辑混乱、漏洞百出的感觉。

对于一个没有相关经验的演讲者来说，只要下苦功，也是可以掌握这种演讲方式的。

那么，我们怎样才能做好即兴演讲呢？下面简要介绍六种常用的方法。

（一）提纲挈领法

演讲时快速抓住问题的关键和要害，列出关键词，突出讲话重点，达到纲举目张。这种方式比较容易操作，可让观众印象深刻。例如：

我跟同学们一样洗耳恭听了山谷先生的讲座，在听的过程中有四个词语不断地涌现在我的脑海中，它们是“自豪”“感谢”“羡慕”和“希望”。

先说“自豪”，没想到山谷先生竟是我们中文系的系友、同学们的师兄，而且竟是我的老乡，我为我们中文系有山谷先生这么优秀的系友而自豪，我为有山谷先生这么出色的老乡而自豪！

接着说“感谢”，感谢山谷先生在百忙中抽空来为我们讲学，带给我们这么多鲜活的信息和实用的朗诵技巧；感谢同学们，尤其是那些一直站在走廊里的同学们，自始至终认真听讲，积极参与互动环节。

再说“羡慕”，我听过许多讲座，但没有听到过这样精彩的朗诵指导，我羡慕同学们有这个好福气。

最后说“希望”，希望如山谷先生自己所说，今天的讲座只是一个开始，今后还会有第二次、第三次、第四次……

这次讲话分别从四个关键词“自豪、感谢、羡慕、希望”来谈，把对演讲者的高度评价、对广大观众听讲热情的肯定、对今后举行学术讲座的希望都讲到了，既顾及了在座的各位，又重点突出，让人印象深刻。

（二）数字串连法

把数字和中心词连在一起作为即兴演讲的重点，如“三好”“四个突出”“一个惊喜，两点反思，三个坚持”之类。这种讲法抓住纲要，好说好记，也是比较常用的一种方法。例如：

村级各组织建设好“一任务两要点三清单”，“一任务”是农村基层党组织脱贫攻坚基本任务；“两要点”是村第一书记履职要点、农村党组织书记履职要点；“三清单”是市（州）党委在脱贫攻坚中加强村级组织建设任务清单、乡（镇）党委在脱贫攻坚中加强村级组织建设任务清单。

（三）畅抒情怀法

在喜庆活动和文娱活动中，用文采飞扬的语言抒发胸中激情，宛如一首动情的散文诗。这种演讲可激发热情，营造欢快的氛围。下面是观看元旦文艺晚会后的感想：

今晚的每一个音符都跳跃着欢乐，每一张笑脸都洋溢着激情，每一次掌声都传达着共鸣，每一声喝彩都饱含着深情，每一个节目都凝聚着演员的汗水，每一个创意都编织着新年的梦想。在这美妙的夜晚，大家欢聚一堂，尽情舞蹈，放声歌唱。再过一个多小时，新年的钟声就要敲响，让我们共同祝福，祝福我们祖国更加繁荣富强，祝福我们学校继往开来再创辉煌，祝福我们老师生活幸福美满，祝福我们同学前程阳光灿烂！

（四）朴实直陈法

用“大白话”如实地表述当时的情况和自己的感受。这种办法很实用，特别适用于即兴演讲。例如：

感谢大家给我这次发言机会。看到同学们开展的课外活动这么丰富多彩，我感到“出乎意料，合乎情理”。同学们的才艺之精彩，出乎我的意料；但细细思量，我又觉得这是合乎情理的：我们新世纪的青年一代，就应该是如此朝气蓬勃、多才多艺。今天天气寒冷，气温降到 1 摄氏度，但同学们热情高涨，有的选手甚至身着薄如蝉翼的服装投入地表演，精神可嘉，令人感动，但愿他们不会感冒（笑声）。

选手们表演的书法、舞蹈、唱歌、朗诵、时装等节目展现了新世纪大学生的风采，给我们带来了美的享受。我提议，大家用热烈的掌声感谢他们！

（五）互动交流法

与观众互动，采用一问一答的方式谈感受，拉近与观众的距离，在演讲者与观众之间架起沟通的桥梁。这种方式很有亲和力，能自然地把活动推向高潮，画上一个振奋人心的感叹号。例如：

“同学们，听于老师的报告爽不爽？”

学生齐答：“爽！”

“还想不想再听？”

“想！”

“于老师的报告让我们如沐春风，当然很爽，当然想听。能听到于老师这场魅力十足的报告，是我们的荣幸。而我比大家更荣幸，因为我不仅听了她的报告，还在 15 年前听过她的课。15 年前她的课就很有名了，如今她的课肯定更好了。同学们想不想看她上课？”

学生大声回答：“想！”

“于老师您听，呼声很高啊，同学们不仅想听您的报告，还想看您的课，但愿您今后还能给我们做报告，并且把您的课件带来，好不好？我们热切地期待着！谢谢！”

（六）联想拓展法

通过联想，把话题延伸到活动前后或与活动有关的人和事上去，给观众更多的信息、更大的启迪。即兴演讲，不能把话题仅仅局限于眼前，还可以像下面一样：

今天这三位师兄来给同学们传经送宝，真可谓雪中送炭，情义无价。

周华平师兄在校时是个腼腆的男孩，走上社会后变化很大，变得自信了、老练了，但青春的容颜没变，他的发言句句都是掏心窝子的话，朴实在理，令人信赖。

陶新发师兄在校时是我系团总支书记，是个像老黄牛一样的好学生，他的顺利就业证明了当学生干部的付出是值得的，证明了有能力肯吃苦的人在社会上是大有用武之地的。

李建明师兄原来也是学生干部，开始求职时经历过许多坎坷，如今风雨过去见彩虹，当上了单位的中层领导。他的事迹让我想起了李白“天生我材必有用”的名句。

最后祝愿所有同学经过努力后都能找到理想的工作！到时，也请你们常回“家”看看，也请你们将来能给师弟师妹们做就业指导，好吗？（齐答“好”，并热烈鼓掌）

做好即兴演讲一般不能孤立地使用某一种方法，往往是综合使用多种方法。演讲者要随机应变，灵活运用，才能达到画龙点睛、锦上添花的效果。

The Art of 演讲的艺术 Speech

※ 即兴演讲是事先未准备文稿而直接表情达意的口语交际活动，是一种难度大、要求高的演讲方式。

※ 提升即兴演讲能力，演讲者首先要注意提高德、才、学、识、胆等方面的能力修养，还要锻炼良好的记忆力、丰富的想象力、敏捷的思维能力。同时，平时要注意语言表达的锻炼和生活材料的储备。

六、竞聘演讲的艺术

竞聘演讲指在组织中为了竞聘某个岗位而做的演讲。

在校园中，当你有心为同学们服务，有志于锻炼自己的能力，期望走上学生干部岗位，那么优秀的竞聘演讲可以帮助你走向成功；在未来的职场上，优秀的竞聘演讲同样可以助益你的事业发展。为此，你应当努力训练竞聘演讲的基本技能。

（一）竞聘演讲的基本结构和内容

相对而言，竞聘演讲的结构和内容不像其他的演讲那么“自由”，通常来说，进行竞聘演讲一般由如下五个步骤组成。

第一步，开门见山地介绍自己所竞聘的岗位和竞聘的缘由。

第二步，简洁地介绍自己的基本信息：年龄、政治面貌、学历、现任职务等一些基本情况。校园竞聘演讲可以介绍自己的兴趣爱好、特长和性格优势等。

第三步，针对所竞聘的岗位，介绍自己优于他人的竞聘条件和成绩，如工作能力、政治素质、业务水平、工作成绩等。

第四步，所竞聘的岗位，提出假设自己任职后的工作措施。这个部分应该讲得具体详实。

第五步，用简洁有力的话语表明自己的任职决心和请求。

在这五个步骤当中，第三步、第四步是竞聘演讲的重点，它直接决定着观众对你综合能力素质的判断，竞聘成功与否，与这两个方面息息相关，应当予以高度重视。

（二）竞聘演讲的基本要求

要想取得良好的效果，取得评委、观众的支持，演讲者除了要安排好基本结构内容之外，还要注意落实如下基本要求。

1. 所列成绩要与竞聘岗位相对应

谈成绩必须讲求针对性。竞聘演讲是向观众展示实力的过程，在谈到取得的成绩时，应该选择和提炼那些与竞聘岗位或职位紧密相连的成绩，而不是把所有的成绩都不加选择地一一罗列。否则即便自身能力展现得再多再强，也会因其与相关岗位无关而成为无效的表达，难以得到观众的呼应与支持。

例如，竞聘学生会的体育部部长一职，应该主要谈你在体育方面的特长和对体育部的认识；竞聘学生会的秘书部，应该主要介绍你在组织工作和文字撰写方面的能力；竞聘学生会学习部部长一职，应该主要介绍你优秀的学习成绩、优良的学习品质。这样才能更有针对性地展示自己，让人看到你适合这个竞聘岗位。

2. 谈成绩要措辞得当

竞聘演讲是竞争性很强的演讲，既不能过分谦虚不提成绩，也不宜对成绩过分渲染、夸张。过分夸大自己的成绩，会让观众觉得你好大喜功而产生反感情绪。这样一来你的竞职成功率自然会受到影响。恰当得体地冲出成绩，才能显示竞聘者实事求是的风格与谦虚的态度，从而给大家留下良好的印象。

3. 工作设想要具体可行

工作设想是竞聘演讲的重头戏，应予以高度重视。这就要求竞职者在演讲前对竞聘的岗位做一定的调查研究，对竞聘成功后的打算进行一番深入思考，所提的目标应尽可能详细具体，将要采取的措施要切实可行。否则设想过于简单，充斥着大话和套话，或是泛泛而谈，缺乏实际措施，是不会取得好的效果的。

4. 结尾要充满自信

在竞聘演讲中要感染观众，赢得信任，必须充分展示自己的自信，所以在演讲中特别是在结尾再次表达竞聘决心时，语气要果断有力，底气十足，以自己强烈的自信打动观众。

有一位竟职者对演讲结尾就处理得挺好，她说："各位领导和同志们，最后我不想再表白什么。有首歌唱道：'天地之间有杆秤，那秤砣就是老百姓。'我相信大家的眼睛。谢谢!"这个结尾别具一格，简洁有力，字里行间流露出竞聘者强烈的自信，让观众耳目一新，取得了较好的现场效果。

5. 要加强与观众的交流

竞聘演讲作为一种直接向观众展示自己，争取观众选票的演讲，更应讲究互动性，不可忽视与观众的交流。那种"我讲你听""唱独脚戏"的做法是要不得的，会影响临场效果。这里所说的交流，主要是指演讲过程中通过态势语言与观众交流，凡是与观众交流得好的竞聘者，大都在演讲前对对自己的有声语言和态势语言进行过充分的练习，因此，他们才能在演讲现场声情并茂地以讲出气势，讲出氛围，更好地展示了自己的自信和实力。

此外，演讲之后如果安排有评委、观众提问互动环节，竞聘者应当充分利用这个机会作好相关内容的说明或补充。

6. 演讲内容要言简意赅

竞聘演讲无论是谈成绩还是谈措施，都要注意事前分析、选择、提炼，做到言简意赅，这样才能保证在演讲时重点突出、要言不烦。否则繁复冗长的讲话容易令人反感，并且有可能让观众从语言表达沟通角度质疑竞聘者的能力。这种竞聘的不利因素应当力避。

The Art of 演讲的艺术 Speech

※ 竞聘演讲既要有概括归纳，又要有具体事实的说明。比如，在说明自己能力较强、成绩丰富的时候，要用一些工作成果、业绩及所获奖励来证明，否则难以服人。

※ 进行竞聘演讲时必须坚持求真求实原则，所用的材料、数字都要真实、准确。

※ 进行竞聘演讲时要注意分寸，因为竞聘演讲的角度基本上是以“我”为核心，如掌握不好分寸，夸大其词，容易让人产生厌烦心理，从而导致竞聘失败。

※ 竞聘演讲者一定要自信，语气要果断有力，底气要足，否则也没有办法让他人对你有信心从而去选你。

※ 竞聘演讲通常有时间限制，即使没有时间限制也不宜讲得太久，繁复冗长的讲话容易令人反感，所以要做到言简意赅。

七、比赛性演讲的艺术

演讲比赛作为一种表明态度、倡导观点、发动群众、渲染气氛、弘扬优秀文化、展现风采的活动形式，不但受到大学生的喜爱，同时也为各级党政机关、社会团体经常采用。它具有良好的社会价值、独特的艺术魅力，不失为锻炼和提高自身综合能力、展现个人风采的良好途径。

（一）比赛性演讲的主要评判维度

既然是比赛，必然要有评判。演讲比赛中，对选手演讲的评判主要从如下四个方面进行。这四个方面是每位参赛者赛前准备、赛场竞争之时需要着重下力的要点。

1. 演讲内容

主要考量如下几方面：

（1）演讲的主旨。主旨是演讲的灵魂，是让观众产生共鸣的关键。主要从三个方面评判演讲的主旨：一是演讲主旨的正确性，二是演讲主旨是否具有针对性，三是演讲主旨是否具有深刻性。

（2）演讲的材料。材料是血肉，是用来解释和说明主旨的支柱。主要从四个方面评判：一是材料的可靠性和准确性，即材料是否具有真实性；二看材料的新颖性，看材料是否新颖别致、生动有趣、不落俗套；三看材料的典型性，看材料是否具有代表性，是否揭露了客观事物的本质特征；四看材料的实用性，看材料是否紧扣主题，是否密切联系实际。

（3）演讲的组织结构。结构是内容赖以生存的组织形式。评判演讲的结构，主要看结构是否完整、严谨、匀称。完整，主要指演讲是否完整恰当地安排开头、主体、结尾；严谨，主要指是否能够紧扣中心观点展开逻辑严谨的论证，是否做到论证层次清晰而过渡、照应自然紧密，从而给人天衣无缝、首尾圆合的感觉；匀称，主要指各部分内容是否安排得恰如其分、详略得当。

2. 演讲的有声语言

对演讲的有声语言的评判主要有如下几点：一是语言的准确性与通俗性，即语言是否具有“上口”和“入耳”的特征，是否能够准确、流畅地表达思想感情；二是语言的形象性与生动性，主要考查语言是否生动、形象，是否能够紧紧吸引观众、给人留下难以忘怀的印象；三是发音的正确性，主要考查普通话吐字、发音是否准确、规范、清晰；四是声音的艺术性和节奏性，重点考查声音是否清亮圆润、有力耐久、富于变化，是否做到声情并茂。

3. 演讲的态势语言

主要看眼神是否随思想感情的变化而变化，是否能够与观众自然交流，并且是否与声音、面部表情、动作手势等密切配合、协调一致；面部表情是否与内容和特定的演讲环境相适应，是否有分寸和自制力，是否呈现出积极、乐观、蓬勃向上的精神风貌；手势及其他动作是否自然、协调、得体、简练；服饰是否得体、自然。

4. 综合效果

演讲时长是否合乎比赛规定；现场观众反应是否强烈，互动是否得当；演讲者是否具有良好的临场应变能力等，这些都是判断综合效果的标准。

（二）怎样打造精彩的比赛性演讲

参加演讲比赛的选手当然希望能够有理想的表现，让自己的演讲精彩动人。应当说，怎样打造精彩的比赛性演讲，也算是一个“系统工程”，需要综合多方面因素进行努力。

比赛性演讲与一般演讲相比当然会有共性的因素，但因场合、具体要求的不同而又有其自身的特点。它需要接受来自评委们的严格评判，而且还要接受赛场所有观众的严格评判——现场掌声的有无与强弱就是所有观众最直接的判断表达，由此可以说比赛性演讲带着强烈的竞技性。因此，比赛性演讲者在掌握演讲一般的特点、要求与技巧指导的同时，还要观照其参赛特性，有针对性地做好各个方面内容的设计，努力让自己的演讲深入人心，设法打动观众、征服评委，获得理想的比赛成绩。

下面我们从几个重要方面简要谈谈如何准备一个参赛演讲，大家要注意把它与前面的知识结合起来进行综合训练，这样才能打造出一个精彩的参赛演讲。

1. 恰当选择话题

选题是比赛决胜的第一步。选择了恰当的话题，可让自己讲得酣畅淋漓、让观众听得心潮澎湃。选题的原则当然就是前文所述的“需要”“合适”：选择现实需要回答的话题，选择适合演讲者和观众的话题。

在不少演讲比赛中，主办方已经根据当前社会现实规定了演讲的主题方向，这从宏观上满足了“需要”的原则。比如最近几年社会团体组织的演讲重点围绕着脱贫攻坚战、抗击新冠疫情等专题进行，大学校园演讲比赛多从实现中国梦、弘扬大国工匠精神等方面设定演讲主题方向。那么接下来参赛者要做的就是在规定的主题方向之中，根据诸多与比赛相关的因素确定富有个人特色的演讲话题，比如主要可从如下方面考虑：比赛现场观众的构成；比赛现场主体观众的心理、文化、职业等方面的特点；参赛选手自身的个性、经历、爱好等方面的特点；比赛活动所规定的演讲时长。

对那类主办方不确定主题方向的演讲比赛，参赛者一方面有着更为自由灵活的话题选择空间，另一方面则是要更加费心、用心地进行话题的选择。无论怎样选择，都要注意把“需要”“合适”原则与上述相关因素结合起来，在综合分析的基础上确定演讲话题。

2. 精心提炼主题

一般演讲都需要在所选话题的基础上明确自己的主题观点，而且主题观点要正确、鲜明、集中。

参赛演讲要想更为精彩动人，在比赛中取得优秀成绩，就应当在上述基本要求的基础上对主题提出更高的要求，即演讲主题除了要正确、鲜明、集中、深刻之外，还要努力追求富有“启示性”与“激励性”。

我们之所以对比赛性演讲主题提出更高的要求，是期望它具有更强的感染力，从而能创造更大的社会价值。这种价值的实现在于演讲所传达的美好而强大的情感思想直接作用于观众，让他们在聆听的愉悦之中获得精神的激励、心灵的启迪，这种激励与启迪将自然化为现实生活的点点雨露、缕缕阳光，从而创造出更加灿烂的世界。因此，概括而言，比赛性演讲的主题应当追求一种富于“启示性”与“激励性”的强烈效果。

演讲比赛的现场往往听者众多，特别是一些有媒体参与的大型演讲比赛，会通过各类媒体广为传播，受众范围会更大，因此更有必要强调演讲的启示性与激励性。比赛性演讲要紧跟时代潮流、紧随时代精神，让所“演”所“讲”能够发人深省，能够激励大众奋发向上。获得这种综合效果的至为关键的因素是演讲主题，所以务必要精心提炼主题。

如果演讲的主题能够打破惯性思维，另辟蹊径，展现独到见解，让人耳目一新，即所谓“见人所未见，发人所未发”，呈现新颖的特点，也必将大大增强演讲的魅力。

3. 艺术设计结构

安排演讲结构实际上就是考虑整个演讲的布局谋篇，这个问题我们在介绍演讲的一般技巧时做了基本说明。比赛性演讲对结构设计理所应当有更高的要求。即进行结构安排时不能仅仅满足于基本要求，应当像制作一件精美的艺术品一样，精心设计演讲的开头、主体、结尾各个部分。

总体来说，比赛性演讲应当艺术化地设计起、承、转、合各个环节，努力追求环环相扣、层层推进、步步深入的动人效果。要想达到这种效果，则要精心安排好演讲的开头、主体、结尾几个部分。开头设法紧紧抓住观众的心，演讲初起便引人入胜；主体自然承上启下、流转铺陈，行云流水般展开对观点的阐述；结尾精炼归结，营造出动人心魄、发人深省、余音绕梁的艺术效果。

至于采取怎样的具体方式安排开头、主体、结尾，其实没有一成不变的固定模式，也不能够固定不变。方法、形式可以多种多样，应当根据实际情况、实际内容灵活而定。万变不离其中，安排比赛演讲的结构的关键在于遵循这个原则，即无论采取怎样的方式起承转合，都要收到动人的效果。

一个精巧的结构犹如一曲优美的旋律，可让整个演讲荡气回肠，极大程度地提升演讲的魅力。

4. 精当锤炼词句

同样的道理，比赛性演讲对语言也要提出更高的要求，要在遣词造句的基础上更具“美”感，这种美感主要来源于演讲语言的音乐美、张力美。

我们说过演讲是以有声语言向观众传情达意，那么比赛场上要想让你的言语更为动人，就要特别注意语言的节奏和谐，让言语在一定程度上呈现出音乐美。汉语是极富于音乐性的语言，有着较为丰富的音乐性因素，比如平仄、押韵、叠音词、连绵词、排比句等等，在演讲中恰当运用这些手法，让词语音节匀称整齐，语句音韵和谐，言语表达抑扬顿挫、自然流畅，将会大大增强演讲的感染力。

张力美指在演讲过程中，演讲者善于以凝练的词句传达丰富的信息，并且这些词句能够给观众带来丰富的想象，或者能够让不同观众在聆听过程中拥有各自“再创造”的空间，这样就会自然产生一种特殊的美感。参赛演讲不妨把目标定得高一些，努力追求张力美。

参加演讲比赛，在推敲词语时，我们要力求选用那些表达更为准确、精练、生动而富于美感的词语，从而让精美的语言艺术从另一侧面赋予演讲感人肺腑的力量。

5. 周密论证观点

在前面我们已经说明，不论什么类型的演讲，其主题观点都是需要论证的，这样才能"以理服人"。但是有些参赛选手为了增强演讲的力量，不小心就犯上空发议论的大忌。这种现象在校园演讲比赛中比较多见，比较极端的状态就是整个演讲从头到尾空喊口号，这主要与演讲者经历有限、积累不足、经验不够有关。这种空发议论、空喊口号的演讲听着似乎高亢激昂，实则空泛苍白，演讲力量无从谈起，怎能有理想的效果？

怎样才能让你的观点真正深入人心、让赛场掌声雷动呢？我们从演讲观点的论证这个角度介绍一个重要且简单易学的策略，那就是要严格做到：以真实、典型事例为有力的论据阐明观点，叙述与议论有机结合，在简明叙述事实的基础上精要阐发道理、提炼精神。

这里所说的"事例"就是论据材料，用以证明你要在演讲中表达的核心观点。所用的事例既要真实还要典型。列举事例主要用到叙述的表达方式，阐发观点主要用到议论的表达方式，有时还会将议论与抒情相交融进行事理阐发。叙述是议论（或兼抒情）的前提，议论是在叙述的基础上对所用事例的内蕴精神、道理的揭示。这样才是所谓的叙议有机结合，这样的结合过程实际上就是一个周密的观点论证过程。

由此我们不妨顺带总结出一个与论证相关的要点：优秀的演讲要善于"讲故事"。

这里所说的"故事"其实就是前面所讲的真实典型的事例。选好"故事"、讲好"故事"，结合恰当的方法进行阐述论证，这样的演讲就是有理有据、内容充实、魅力动人的演讲。比如广西青年干部杨海强参加2019年全国"时代新人说——我和祖国共同成长"演讲比赛的演讲《从侗族大山飞向世界的中国脱贫故事》，就是把精心选择、亲身经历的故事作为典型的案例。一个年轻干部响应国家号召，走进广西少数民族地区进行精准扶贫，与当地民众共同奋斗走出一条脱贫致富之路，这其中的经历感人、奋斗的成果动人，让观众从中深切感到一代青年在为民奉献的过程中真正地与日新月异发展的祖国共同成长。在这次全国大赛中他取得了第6名的优秀成绩。

那些在电视台主办的著名大型演讲比赛节目中取得优秀成绩的选手都非常重视"讲故事"，并且善于"讲故事"。获得《超级演说家》第二季全国冠军的刘媛媛，进入决赛时的演讲题为《寒门贵子》。在这个演讲中她讲自己的故事、讲他人的故事，说明只有努力拼搏奋斗才可能走向成功。《超级演说家》第三季全国亚军获得者崔万志，在决赛时的演讲题为《不抱怨，靠自己》，其主题及表现手法与前者有异曲同工之妙。在演讲时集中讲自己几十年间的成长故事：出生时因母亲难产而致脑瘫，因为重度残疾其求学求职的各个阶段充满艰辛甚至充满血泪。他用刻骨铭心的经历展示了自己从不怨天尤人、不言放弃的精神，正因为这种精神才可能有后来的创业成功以及反哺社会，由此阐明主观努力对人生成功的意义。

这类的演讲实例不胜枚举，从中可以见出典型事例对论证演讲观点的重要性。优秀的演讲要善于让事实说话，切忌空发议论。

6. 传达深挚情感

大家已经知道演讲要求“以情动人”，从这个角度来说演讲也是一种“情感”的艺术，没有情感也就不成演讲，所以演讲必须有“情”。但在这里我们要特别强调的是：打造优秀的演讲，仅有“情”还不足以动人，这份“情”还必须“深”而且“真”。

演讲所传达的情感越深切，就越能拨动观众的心弦。然而就像万事当求真一样，深切情感如果失去了“真”的基础，有如“皮之不存,毛将焉附”，“情感”也就称不上“情感”了。所以，优秀演讲所传达的情感必须是真挚的，否则演讲不但不动人，而且令人反感。

要想做好这点，演讲者一方面在现实生活中就要做个真诚的人，另一方面要善于以独特、敏锐的眼光去发现、选择生活中真实而包含着丰富浓厚情感的人或事，将其作为演讲的对象或重点，这就从根本上为演讲提供了良好的情感基础。比如帮助梁植获得演讲比赛节目《我是演说家》全国总冠军的那场演讲题为《我的偶像》。这个演讲选择“两弹一星”元勋邓稼先为祖国的核事业发展奉献一切的事迹作为主题，内容极为感人。

除此之外，还要注意通过富含感情的语言增强演讲的感情色彩。情感的传达最终要通过语言来实现，所以演讲过程当中要善于运用饱含深挚情感的语言。这就涉及措辞用语、遣词造句的问题，比如可选择精当的词语，适度运用比喻、排比等修辞，这些都可能带来独特的情感力量。

总之，优秀的演讲必须从真实的经历、真切的感悟出发，让内在的真情、深情随演讲内容的展开而自然流淌，这样才能具有感人至深的力量。

比赛性演讲具有竞技性，竞技就要讲分数、讲成绩，而成绩只能从实效中出。演讲的实效来源于演讲者在方方面面的系统性努力，除了我们这里谈到的演讲的话题、主题、结构、语言、感情之外，在实践中还必须结合前面所介绍的其他方面的要求和技巧来整体打造，比如态势语言的运用等。只有这样从多个方面、各个环节着手形成合力，才能成就一个优秀的演讲。

（三）赛前准备

1. 精心打磨演讲稿

与即兴演讲不同的是，参加演讲比赛可以有较为充足的时间做各方面的准备。其中一项必须要做的准备就是撰写演讲稿。赛前不但要写稿，而且为使演讲做到严谨、精致、动人，还得精心“打磨”演讲稿。

俗话说“磨刀不误砍柴工”，有经验的参赛选手都会懂得赛前必须花时间、下大力进行演讲稿的准备。可以这样说，完成一篇优秀的演讲稿，几乎等于演讲成功了一半。

那么，应当怎样打磨演讲稿呢？这里跟大家强调两点。

其一，具体落实“怎样打造精彩的比赛性演讲”部分所介绍的各项原则。即在选择好演讲话题，具体进入演讲稿写作阶段时，要精心提炼主题、艺术化地设计篇章结构、精当地锤炼文稿语言、周密地进行观点论证，要注意深切真挚情感的渗透。这些是参赛演讲文稿写作至为重要的方面。

此外，务必时刻提醒自己，文稿是为赛场上面对观众进行演讲所准备的辅助材料，因此，虽然是书面写出，但措辞用语不能完全书面化，要根据前述“语体风格”的知识把握好演讲语言的风格特点。

其二，熟悉演讲的结构，依序步步展开写作。演讲由标题、称谓、正文三个部分构成。

1）标题

很多时候，演讲者开始会报出自己的演讲题目，因此可以说，标题也是演讲的一种“开头”，漂亮的标题让你一开口即对观众产生强大的吸引力。

确定一个好的标题可以让我们的演讲在内容上做到立意高、有思想，在形式上做到语言的简洁、醒目、新颖。

2）称谓

根据观众的身份确定称谓，如“老师们，同学们”“同志们，朋友们”“女士们，先生们”等。通常还要在称谓前加上“亲爱的”“尊敬的”等词，以示友好与尊重。

3）正文

正文一般分为开头、主体和结尾三个部分。

（1）开头。开头也叫开场白，它犹如戏剧开头的“镇场”，在全篇中占据重要的地位。比赛性演讲必须保证开头就能够紧紧抓住人心。

开头没有固定的模式，要根据演讲内容灵活而定，能做到先声夺人、富于吸引力的就是好开头。以下提供一些常用的开头方法供参考：

① 开门见山，直奔主题。这种方式让观众一听就知道演讲的中心，注意力马上集中起来。

② 提出问题，设置悬念。提出的问题要与观众相关，是能把观众带入其中、激发思考的问题；造成悬念，使观众迫切地想知道演讲者是怎么“解套”的，从而产生听讲的兴趣。

③ 设计情境，令人关注。演讲的开头可以从日常生活或切身体会谈起，可讲述一些与演讲主旨有关的轶闻趣事，使观众觉得饶有趣味，轻松自然地导入正题，把观众引入演讲者所展示的情境之中，使观众不由自主地跟着演讲者往前走。

④ 引用警句，出下文。用内涵深刻、发人深省的警句，引出下面的内容来。如一个大学生的演讲稿的标题叫《我的思考与奋起》，其开头就很精彩：“一个人如果一辈子都不曾混乱过，那么他从来就没有思考过。”

开头的方法还有很多，不再一一列举。

（2）主体。这是演讲稿的中心部分。它承上启下，既要将思路铺开，又要紧紧围绕主题进行阐述，演讲的观点在这里需要得到基本的证明。论证的展开要讲究条理性和严密性，避免平铺直叙、呆板沉滞，要张弛起伏、形成节奏。

要对观点进行有力论证，关键要做好两点。

第一，确定好论证方式。对观点进行论证的方式比较灵活，但不管采用什么方式，都要观点突出、推理严密，层次清晰、情理交融。常见的论证方式有并列式、递进式、并列递进结合式三种。

① 并列式：从不同角度、不同侧面对中心观点进行论证，其形态呈向四面展开的放射状。这几个方面的关系是并列的、不分主次的，它们并列平行地叙述事件、说明事物或证明中心论点。

② 递进式：从表面、浅层入手，然后逐层深入，或从现象到本质，或从原因到结果，或从一般到特殊，最终揭示深刻的主题，犹如层层剥笋。用这种方式来展开论证，能使观点得到由表及里的深入阐述和证明，体现思维的缜密。它的特点是对的前后顺序有严格要求，不能随意变更。

③ 并列递进结合式：这种结构，或是在并列中包含递进，或是在递进中包含并列。一些纵横捭阖、气势雄伟的演讲稿常采用这种方式。

第二，组织好观点论证材料。我们已经明确演讲的主体部分要负责完成对中心观点的基本证明，那么进行演讲稿写作的时候，就要精心考虑，根据演讲主题组织好证明观点的论据材料，叙议结合，严谨周密地论证主题。

在演讲中用以证明观点的材料有理论论据和事实论据。除了某些特定场合、特殊论题的演讲之外，根据演讲比赛现场观众的心理特点，我们一般主张比赛性演讲侧重使用事实论据进行观点的论证。论证过程且叙且议，叙议有机结合，在通俗易懂、现实性与生动性颇强的事例叙述中自然揭示其中内蕴的道理，让演讲观点得到充分证明。

无论是选用哪种论据材料，真实性都必须是基本前提。在此基础上则重点强调材料的典型性，即应当选择那些能够充分说明、烘托、突出主题的典型事例来展开对观点的论述。当然，对于典型性相当的材料，可进一步从中选择新颖的材料，这样既能深刻、有力地表现主题，又能令观众耳目一新，更为有效地增强演讲的吸引力。

（3）结尾。这是概括总结、收束全文的部分，演讲的高潮也往往出现在这里。

演讲稿的结尾，是主体内容发展的必然结果。在主体部分，演讲观点得到了基本证明，在这个部分则需要对观点做一个总结、强调或提升。这就是收拢全篇，卒章显志。

参赛演讲文稿写到这个部分的时候，要善于构筑一个高峰。前面主体部分在论证过程当中，可以随着内容展开形成大小不同的潮涌，而到最后收尾之处，则是要掀起一个新高潮，这也往往是整个演讲的最高潮。为此，写作时精心推敲，用特定的方式、手法、语言概括出最为精彩、动人的要点，总结全篇，深化主题。由此把观众情绪推到情感的最高峰，让观众群情激昂、热血沸腾，并在情感的激荡下获得思想的启迪、精神的激励。

掀起新高潮后，还有关键的一点就是：要善于在这最高潮处干脆利落、简洁有力地收笔，这样才能使现场演讲获得我们所强调的“动人心魄、发人深省、余音绕梁”的艺术效果。

同样要提示的是，对于如何处理结尾而言，精神原则是共通的，但是没有固定模式。或归纳、或升华、或希望、或号召，方式很多，可灵活设计，能够取得我们所追求的艺术效果即可。

经验不足的选手比较容易在结尾时犯这些毛病：缺乏精炼概括，观点得不到总结提升；

缺乏高潮设计，草草收兵，平淡无奇；套用陈词滥调，缺乏新意，苍白无力；唯恐表达不透，多加言语，画蛇添足。此几点提醒演讲者力避。

2. 默记、诵读、演练

写成演讲稿之后，就要将讲稿内容熟记于心，并且进行扎实的演练，为上场实战做好充分准备。

1）默记诵读

演讲前要理清演讲稿中各部分内容之间的逻辑关系，把握重点，提纲挈领，理解记忆。记忆演讲词，一般可分为三步：

第一步是识读。即阅读演讲稿并把内容默记在心。在这一步要大体了解演讲的整体内容与重要细节，把握题旨，掌握例证阐述的关键，包括引述的事实、数据、名人名言等。

第二步是响读。即把演讲稿的内容有声有色地读出来。这是记忆演讲词的重要方式，也是“立体记忆”的一个必要的途径。

朱熹说过，凡读书，需要读得字字响亮，不可误一字，不可牵强暗记。这样，才能达到他所说的“逐句玩味”“反复精读”“诵之宜舒缓有节奏，字字分明”的程度。由此可知出声响读可对演讲内容有更为深刻的理解与记忆，并且更便于进行节奏、语调的处理以及动作、表情和姿态的设计，更好地预设临场情境、推测观众感受。

第三步是情读。就是要在深刻理解演讲词内蕴情感的基础上，感情充沛地诵读讲稿内容。这样不但可以进一步加强记忆，而且有利于情感表达的适度与真实。演讲忌讳漫无节制的感情宣泄，缺乏控制的情感抒发会令人生厌，虚浮的感情表演会丧失观众的信任。

2）反复演练

有了以上的准备还不能就此止步，赛前必须有一个反复演练的过程。你可以找一个合适的场地，找些人做观众，进行实境演讲练习，尽量找到赛场的感觉。

在练习阶段，可以把自己的演讲录成视频，然后反复播放、反复揣摩以便于下次演练的时候进一步完善。

3. 准备辅助材料

如有需要可在赛前适当准备演讲辅助材料，例如背景音乐、PPT等多媒体。恰当运用辅助材料，可以帮助你强化观点、吸引观众、增强演讲的感染力。但请记住两点，一是并非所有的演讲都需要多媒体的辅助，比如竞聘演讲、即兴演讲就不需要；二是辅助手段不能用得太多，太多会适得其反。

（四）赛场展现

经过前期的精心准备，终于要登上赛场了。比赛时可注意如下几点。

（1）轻松上阵。尽量提前到场，熟悉场地和设备，与现场观众聊天，了解观众的身份和诉求，喝一些让你镇定的饮料，这些都能够让你得到一定程度的放松。记住，越放松你的表现也会越好。

（2）充满自信。要对自己的演讲胸有成竹，用坚定的眼神注视你的观众，向他们传递你的从容。你表现得自信，观众自然会信任你。

（3）清晰发声。声音清晰是一场好演讲的关键因素。演讲时要做到吐字清晰，声音响亮，语速适当，确保现场每个人都能听到。清晰的声音再配合适当的肢体语言，会更为有效地吸引观众。

（4）真情演讲。登上赛场，就要努力忘掉其他，不管评判，不想成绩，全身心融入自己的演讲世界，自然、自信、情感饱满地进行演讲。让自己的心随演讲内容有节奏地展开而起伏，这样你会情不自禁地为之感动。唯有感动自己的演讲才可能感动观众。

※ 演讲比赛的评判通常包括演讲内容、有声语言、态势语言和整体效果四个方面，想在比赛中取得好成绩，必须从这四个方面着手。

※ 在演讲比赛中，要打造一场精彩的演讲必须做到以下六点：恰当选择话题、精心提炼主题、艺术设计结构、精当锤炼词句、周密论证观点、传达深挚情感。

※ 参赛前要精心打磨演讲稿，一个精彩的开头、一个清晰严谨的结构、一个优秀的结尾，都可以让你的演讲加分，所以要认真写作演讲稿，反复推敲，反复修改，反复演练。

※ 如果你已在演讲比赛前做足准备，就充满自信地轻松上场吧！记住，在比赛时一定要做到吐字清晰，声音响亮，语速适当，用你的真情实感去感动观众。

八、提高演讲能力的基本途径

演讲的技能不是天生的，也不是无师自通的。与其他任何才能一样，演讲能力的获得来自于勤奋的学习、刻苦的练习。“宝剑锋从磨砺出，梅花香自苦寒来。”古今中外一切口若悬河、舌辩滔滔的演讲家，一切能言善辩、口才出众的雄辩家，一切口齿伶俐、善于应酬的交际家，都不是天生的，都是在后天的努力和苦练的基础上，靠自信、勇气、拼博和锻炼造就的。

你如果也想成为一个在台上挥洒自如的演讲者，那么就定下目标，从现在开始坚持不懈地进行锻炼吧！

（一）夯实基础，厚积薄发

演讲能力的提高，只有技巧是不够的，必须从根本上打基础。无论进行哪类演讲，当你准备开口，就会发现学识积累必不可少。所以要想让自己善于演讲，必须在学习演讲技巧的同时，全面提高自己的学识修养。

要想做到厚积薄发，必须从点滴做起、从现在做起。

（1）多阅读多经历。演讲需要以生活为基础，没有生活和实践经验，演讲的内容、观点素材从何而来？所以应当让自己的生活变得更为丰富，要敞开心、放开眼，走出去、多见闻，多经历、多体验。作为学生你可以积极参加各种活动，比如社会实践、课外活动、节假日庆典等，这样才能让你的视野更宽广、内心更丰富。

当然，由于诸多条件的限制，人们无法做到亲身经历所有的事情，但是没有关系，借助阅读你也能够便捷地走进更为丰富的生活、更为广阔的世界。在资讯如此发达的时代，书本、网络可以为你打开精妙的阅读之门，只要你愿意，古今中外无数的经典、他人智慧的结晶都可以成为丰富自我底蕴的宝藏。

（2）用心积累素材。俗话说“巧妇难为无米之炊”“积之愈厚，发之愈佳”。积累素材是打基础的必要步骤。我们可以通过这些办法积累素材：阅读各种资料、书籍，看到优秀的篇章、精辟的语句，把它存留下来；跟听到或看到有意义、有特色的东西，随时把它记录下来。这样点点滴滴地日积月累，不经意间自然转化成为自身的积淀。积累到一定程度时，你一旦开口，就有可能出口成章。

（二）练声练脑，能言善说

这里要谈的是发音、思维的训练。

（1）发音训练。我们已明确演讲主要凭借着声音传情达意，因此要讲究语音的准确、清晰、优美。字正腔圆、优美流畅，将会给演讲大增色彩。要做到这点，平时应当重视发音的训练。

字是意义与情感最基本的载体，吐字的功夫如何，对思想情感的表达有重要影响，所以练习发音可以从最基础的吐字开始。由吐字的准确清晰、圆润饱满，逐渐到词、句、段、篇的抑扬顿挫、轻重缓急，一步步一天天地练习。

（2）思维训练。思维活动与语言紧密相联，二者是互为依存、相辅相成的关系。思维能力是语言表达能力的依托，语言活动可以激发思维能力的提升。对于演讲而言，要想能言善说，不能只练发音，还必须锻炼思维能力。

要提高思维能力，平时我们就要注意在多“看”的基础上多“思”多“想”。面对身边的所见所闻、国家的建设发展、国际风云变幻等都多加观察、思考、分析、研究，通过事情发生的过程去追寻内在的意义，透过事物的表象探知深层的本质，这样就能够不断地提高自己观察问题、思考问题的能力，这就是在进行思维的锻炼。

（三）实操苦练，精益求精

除了要注意从不同方面打基础之外，还要进行实际的演讲练习。

（1）多途径、抓机会进行锻炼。参加大型演讲活动的机会总是有限的，如果真正有心进行演讲练习，就要善于从多途径入手，抓住各种机会进行锻炼。

① 加入演讲组织或走进演讲课堂。在大学校园中，一般都有演讲协会、口才协会之类的学生社团，在校学生可以主动参加。如果学校开设有专门的演讲课，应当争取机会进行学习。在这类协会、课堂之中，会有更多机会进行演讲实练，并且还可以结识更多的演讲爱好者，共同交流、相互帮助，这些都非常利于演讲能力的提高。此外，大部分同学演讲基础相当，大家在一起练习演讲，在一定程度上可以减轻内心的紧张。

② 参加各类工作会、研讨会。也可以通过参加各类工作会、研讨会来锻炼演讲能力。经常在这种场合当众发言，对语言表达能力的提高大有益处。

（2）在观众意见中锻炼成长。若有机会上台演讲，可找一个或几个伙伴在观众席中听你演讲，事后请他们从不同角度给出评判意见；或者是在演讲结束时，请观众填写调查问卷，为你做出客观真实的评价。

观众有可能赞扬也有可能批评，尽管接受批评通常不会很好受，但对提高演讲能力却非常有益。

（3）录制影像，细致分析。一是把自己的演讲录制下来，事后反复观看、细致分析，以利于自我改进；二是为观众录影。把观众的现场反应录制下来，事后进行细致分析，从中找出规律，以供以后的演讲训练参考。

（4）学习借鉴优秀经验。争取机会拜访经验丰富的演讲者，了解他们获得成功的原因；聆听优秀的演讲，多分析总结，然后在自己的演讲实践中扬长避短。

只要有心，坚持锻炼，不怕失败，你必定会在演讲之路上不断成长！

The Art of 演讲的艺术 Speech

※ 演讲能力的提高没有捷径，只有通过后天的努力和苦练才能获得。

※ 学习演讲技巧，要多途径、抓机会进行锻炼，听取观众的建议，利用录制影像细致分析，学习借鉴优秀演讲的经验，多阅读多经历，在生活中积累素材，这些都能帮助你有效提高演讲的能力。

※ 进行发音训练和思维训练，能帮助你练声练脑、能言善说，让你成为一个善于演讲的人。

案例剖析

演讲离我们很近，生活和工作中的很多演讲实例，都可以帮助我们获得经验、吸取教训。我们一起学习下面的案例，看看你能得到什么启示。

案例一

胡歌获奖感言

首先我觉得非常意外，我没想到梅长苏和郡主会以这样的方式相会。

开头点题。

我想说一句心里话，我觉得我今天可以拿到这个奖并不是说我的演技有多么好，而是因为我很幸运，我可能比更多的人更早地知道演员应该是怎么样的。

中间三段以亲身经历道出对演员的理解：敬业、投入、谦逊、真实。

刚才郑佩佩老师说了我的第一部戏是跟她合作的。在拍摄现场的时候，我记得是在横店深秋，那个时候天气已经非常凉了。她拍戏的时候没有助理，有一场戏她要躺在地上，剧组在布景、布光，她就一直在那里躺了将近半小时的时间。那个记忆让我非常深刻，让我知道演员在现场应该是什么样的。

然后我很幸运，我可能比更多人更早的知道了什么样的演员才是真正的演员。我要感谢林依晨，她对我说过两句话，是在我们拍摄《射雕英雄传》的时候，第一句话，她说演戏是一个探索人性的过程；第二句话，她跟我说她是在用生命演戏。这两句话我会记住一辈子。

还有就是我有很多机会可以在生活中看到一个真正的演员是什么样的。昨天我非常有幸的和李雪健老师同一班飞机来到了长沙，李雪健老师德高望重，这么高的年龄，他只带了一个随行人员。我很惭愧，我带了三个，而且体型都非常的壮硕。

所以我觉得今天这个奖杯拿在我的手里，它并不代表我到了一个多高的高度，而是代表了我刚刚上路。这是一条创新之路，也是一条传承之路。艺术是需要创新的，但是追求艺术、敬业的精神，是需要传承的。

明确中心：表演艺术需要创新，同时要传承优秀精神。

谢谢大家！

（资料来源：http：//www.cnrencai.com/ganyan/623221.html）

【总结】

这是一个即兴演讲。2016年的中国电视金鹰节，男演员胡歌摘得“视帝”，胡歌上台领奖时的这段获奖感言，感动了在场每一个人，真可谓是“有一种情商叫做胡歌的获奖感言”。

在这个即兴演讲中胡歌用“朴实直陈法”，通过朴实的语言，思路清晰、情感真切地表述了自己的感受。胡歌用三段亲身经历，表明自己分别从郑佩佩老师、挚友林依晨、李雪健老师三个人身上领悟演员这个职业的真谛；最后点题，表明自己的追求：这是一条创新之路，也是一条传承之路，艺术是需要创新的，但是敬业的精神是需要传承的。

胡歌并没有说自己过去怎么努力、多么刻苦，而是先称赞了自己的前辈和好友，真诚地表达今天获奖的原因。他的感言不像有些人获奖时说的那些套话，而是摆事实讲故事，用生动、朴实的语言让在场嘉宾均为之动容。

案例二

竞选班长演说

同学们：

你们好！今天我走上讲台的唯一目的，就是竞选“班级元首”——班长。我坚信，凭着我新锐不俗的“官念”，凭着我的勇气和才干，凭着我与大家同舟共济的深厚友情，这次竞选演讲给我带来的必定是下次的就职演说。

开门见山地介绍了自己所竞聘的岗位和竞聘缘由。

我从来没有担任过班干部，缺少经验，这是劣势。但正因为从未在“官场”混过，一身干净，没有“官相官态”“官腔官气”，更不可能是“官痞”“官油子”；少的是畏首畏尾的私虑，多的是敢作敢为的闯劲。正因为我一向生活在最底层，从未有过“高高在上”的体验，对摆“官架子”看不惯、弄不来，所以就特别具有民主作风。因此，我的口号是：“做一个彻底的贫民班长”。班长应该是架在老师和同学间的一座桥梁，能向老师提出同学们的合理建议，向同学们传达老师的苦衷。我保证做到在任何时候、任何情况下，都首先是“想同学们之所想，急同学们之所急”。当师生之间发生矛盾时，我一定明辨是非，敢于坚持原则，特别是当老师的说法或做法不尽正确时，我将敢于积极为同学们谋求正当的权益。

此处介绍了对竞聘岗位的认识，表达了坚定的决心。

班长作为一个班级的核心人物，应该具有统御全局的大德大能，我相信自己是够条件的。

首先，我有能力处理好班级的各种事务。因为本人具有较高的组织能力和协调能力，凭借这一优势，我保证做到将班委一班人的积极性都调动起来，使每个班委成员扬长避短，互助互补，形成拳头优势。其次，我还具有较强的应变能力，所谓“临变不惊、处乱不慌”，能够处理好各种偶发事件，将损失减少到最低限度。

针对“班长”这一岗位的要求，有针对性地介绍了自己的竞聘条件。

再次，我相信自己能够为班级的整体利益牺牲一己之私，必要时，我还能“忍辱负重”。最后，本人平时与大家相处融洽，人际关系良好，这在客观上就减少了工作的阻力。

我的治班总纲领是：在以情联谊的同时，以“法”治班，最广泛地征求全体同学的意见，在此基础上制订出班级工作的整体计划，然后严格按计划行事，推选代表对每个实施过程进行全程监督，责任到人，奖罚分明。我准备在任期内与全体班委一道为大家办十件事。（此十件事略）

提出自己任职后的工作措施。

我会是一个最民主的班长，常规性工作要由班委会讨论决定，而不是由我一个人说了算。重大决策必须经过“全民”表决。如果同学们对我不信任，随时可以提出“不信任案”，对我进行弹劾。你们放心，弹劾我不会像弹劾克林顿那样麻烦，我更不会死赖着不走。我决不信奉“无过就是功”的信条，恰恰相反，我认为“无功就是过”。假如有谁指出我不好不坏，那就说明我已经够“坏”的了，我会立即引咎辞职。

同学们，请相信我，投我一票，给我一次锻炼的机会吧！我会经得住考验的。相信在我们的共同努力下，充分发挥每个人的聪明才智，我们的班务工作一定能搞得十分出色，我们的班级一定能跻身全校先进班级的行列，步入新的辉煌！

谢谢大家！

表明竞聘的决心。

【总结】

这是一篇竞聘演讲的文稿。演讲者的思路按照常见的竞聘演讲的“五步”展开，即第一步，开门见山地介绍自己所竞聘的岗位和竞聘的缘由；第二步，简洁地介绍自己的基本信息；第三步，摆出自己优于他人的竞聘条件和成绩；第四步，提出自己任职后的施政措施；第五步，用最简洁有力的话语表明自己的任职决心和请求。演讲思路清晰，结构完整。

演讲的内容能针对“班长”这一竞聘岗位的要求，介绍自己的竞聘条件，即较高的组织能力和协调能力、较强的应变能力、奉献精神和良好的人际关系，让人感觉竞聘者非常符合竞聘岗位的要求。

由于篇幅限制，案例中略去了演讲者提出的任职后要为大家办的十件大事，但是从数量来看，施政措施具体详细，让观众看到了竞聘者是个有想法、有能力、有干劲的人。

在演讲中，演讲者底气十足、激情洋溢，所用的词句丰富而精彩，非常有特色，很能打动人心。

案例三

从侗族大山飞向世界的中国脱贫故事

大家好！

我叫杨海强，来自广西。我演讲的题目是——《从侗族大山飞向世界的中国脱贫故事》。

他们是我在美国留学认识的朋友们，他们来自不同的国家，但都有几个共同点：爱吃已经打入美国市场的广西柳州螺蛳粉，都喜欢听我在侗族村子里的扶贫故事，也都想尝尝那里的彩色糯米和小黄牛肉。当然，他们也有共同的疑问：我为什么会走进了那座贫困的大山里？

开篇点题，然后指出贫困山区的产品打入了美国市场，又用提出问题的方式吸引观众一探究竟。

2016 年 3 月，在柳州市工作的我，来到了广西、贵州、湖南三省交界处的林略村，开始担任第一书记。那天，在老家河北的奶奶着急地给我打电话，她以为我是犯了错误被“下放”了。同学也发信息问：你这个尖子生怎么去了农村？

走不稳的泥泞梯田路，听不懂侗话“nia lai”是“你好”的意思，我真切地意识到：我到村里了，而且还是一个近 4000 人，但人均只有 3 分地的

通过自己到林略村的扶贫经历，讲述贫困山村脱贫

贫困村。夜晚的林略村山影重重，难道困住我、困住林略村的，就是这一座座大山吗？

山高路远造成了村子的贫困，但原生态的林略村保留了外面近乎绝迹的品种——天然带颜色的黑糯米和红糯米，这可让我找到了宝贝。我立刻联系了几个在外面务工的年轻人回家创业，我们做电商！为了打开市场，我们不放过任何一个展销会上的扶贫展位，一路摆摊到了柳州、南宁甚至上海。走出大山的红糯米，从 6 块钱一斤卖到了 18 块钱一斤。趁热打铁，我又拉上贫困户做起了高山放养小黄牛和乡村旅游，打出了一套覆盖面更广的"电商、养牛、旅游＋就业"的"3+1"的脱贫组合拳。

农产品走出去了，农民增收了，但我发现，大山困住的还有村民的认知。孩子们不了解大山外面的世界，他们甚至不知道自己为什么要上学。扶贫要扶智，我的第二个走出去计划启动了：2016 年，我带村里的孩子到柳州去过"六一"。已经 10 岁的他们，又兴奋又紧张，他们终于第一次坐了火车，乘了电梯，也见到了真正的红绿灯。之后，我请来了广东中山市 50 个学生家庭来到村里，上演了林略村版的《变形记》。请来了广东医科大来"三下乡"，中央财政支持的流动青少年宫项目也来到村里。我发现，有了憧憬的孩子们，眼睛比天上的星星还要明亮。那一年，林略村脱贫了。

听到近 4000 人的村子脱了贫，朋友们都说：So cool! 我说还有更酷的，你们爱吃的螺蛳粉，也是扶贫产业，产值将近 50 个亿。有同学说，这只是个例吧，全国大规模的消灭贫困，做不到吧？我说，中国有 20 万像我一样的第一书记和 300 多万的帮扶干部在一起努力。一位美国同学问："Why？Why should your government do that?"。"你们政府为什么要揽这个事？"我骄傲地说，我们国家不会落下哪怕是一个困难群众。就像习近平总书记说的：全面小康一个都不能少。我接着告诉他们，改革开放以来，中国已有 7 亿多贫困人口成功脱贫，占到同期全球减贫人口总数 70% 以上。我们还向很多国家分享了中国扶贫的成功经验。

我是第一书记任期结束后参加的公派留学。毕业回国后第一件事就是回村看看，我用侗语"nia lai"跟乡亲们问好；我告诉孩子们，很多外国人都想尝尝咱们村的红糯米；我们村的脱贫故事，全世界都知道了。

从侗族大山到世界舞台，困住林略村的从来都不是那一座座大山。只要拥有飞跃崇山峻岭的信念与本领，孩子们，乡亲们，扶贫干部们，还有在座所有关心支持中国脱贫攻坚事业的我们，都将是人类减贫史上中国奇迹的创造者和见证者。

（资料来源：http：//www.bgxf.gov.cn/staticpages/20191018/newgx5da97dae-106211.shtml）

的故事。

林略村脱贫故事一：带领村民挖掘乡村特色产品，通过电商外销，开创"电商、养牛、旅游+就业"的"3+1"脱贫模式。

林略村脱贫故事二：关于教育的故事（祖国的希望），即走出去、引进来，打开山村孩子的眼界。

由林略村转向更大范围、转向全国，自然引出中国政府宏大的脱贫攻坚战略，展示我国脱贫工作的辉煌成果。

最后一段点题。

【总结】

这是广西青年干部杨海强2019年参加全国"时代新人说——我和祖国共同成长"演讲比赛的一篇演讲，其演讲题为《从侗族大山飞向世界的中国脱贫故事》。在这次演讲比赛中，他获得了第6名的优秀成绩。

演讲比赛的评判主要包括演讲内容、声音、态势语言和整体效果，虽然我们在此无法感知声音等方面的表现，但从这份演讲稿可以看到演讲内容组织的特点：联系实际，现实针对性强；内容正确，思想深刻；层次分明，结构严谨；材料新颖、典型，具有时代特色。

演讲紧扣主题展开。演讲者通过亲身经历讲述自己把原生态农产品推向世界，把象征祖国未来和希望的山村孩子带出大山，带领乡村经济脱贫、知识脱贫的故事，赞扬了党中央为加快农村经济社会发展、全面建设小康社会做出的正确战略，紧扣大赛主题“大力唱响礼赞中华人民共和国、奋进新时代的昂扬旋律”。材料十分典型且紧扣信息时代特色：贫困村独特的农产品，走出大山的孩子，集电商销售、养殖等于一体的乡村特色旅游。

演讲者视野逐步扩大，从一个山村的脱贫故事自然转向全国脱贫的现实，再到中国脱贫对全球减贫的巨大贡献，使得整个演讲内涵丰富、寓意深刻。

案例四

寒门贵子

前些日子有一个在银行工作了十年的资深的HR（人力资源管理师），他在网络上发了一篇帖子叫做《寒门再难出贵子》，意思是说在当下我们这个社会里面，寒门的小孩他想要出人头地、想要成功比我们父辈的那一代更难了。这个帖子引起了特别广泛的讨论，你们觉得这句话有道理吗？

> 开头以网络热帖引入与主题相关的问题。设问引人思考。

先拿我自己说，我们家就是寒门，我们家都不算寒门，我们家都没有门。我现在想想，我都不知道当初我爸跟我妈那么普通的一对农村夫妇，他们是怎么样把三个孩子，我跟我两个哥从农村供出来上大学、上研究生的。我一直都觉得自己特别幸运，我爸跟我妈都没怎么读过书，我妈连小学一年级都没上过，她居然觉得读书很重要，她吃再多的苦也要让我们三个孩子上大学。我一直也不会拿自己跟那些家庭富裕的小孩去做比较，说我们之间有什么不同，或者有什么不平等。但是，我们必须承认这个世界是有一些不平等的，他们有很多优越的条件我们都没有，他们有很多的捷径我们也没有，但是我们不能抱怨。每一个人的人生都不尽相同的，有些人出生就含着金钥匙，有些人出生连爸妈都没有。人生跟人生是没有可比性的，我们的人生是怎么样完全决定于自己的感受。你一辈子都在感受抱怨，那你的一生就是抱怨的一生；你一辈子都在感受感动，那你的一生就是感动的一生；你一辈子都立志于改变这个社会，那你的一生就是一斗士的一生。

> 首句承上启下，转入主体内容。
>
> 讲述自家三兄妹的成长故事，说明“寒门也能出贵子”。
>
> 在前面故事叙述的基础上进行议论、抒情，强调主观意志对人生的影响。

英国有一部纪录片叫做《人生七年》，片中访问了12个来自不同阶段的七岁的小孩，每七年再回去重新访问这些小孩。到了影片的最后你就发现富人的孩子还是富人，穷人的孩子还是穷人。但是里面有一个叫尼克的贫穷的小孩，他到最后通过自己的奋斗变成了一名大学教授。可见命运的手掌里面是有漏网之鱼的，而且现实生活中寒门子弟逆袭的例子更是数不胜数。所以当我们遭遇失败的时候，我们不能把所有的原因都归结到出身上去，更不能去抱怨自己的父母为什么不如别人的父母，因为家境不好并没有斩断一个人

> 讲述尼克的成长故事，说明“寒门也能出贵子”。
>
> 以议论强调不能完全把生活磨难归于客观原因。内心独白强化主观意志、主观努力对个

他成功的所有的可能。

当我在人生中遇到很大困难的时候，我就会在北京的大街上走一走、看着人来人往，而那时候我就想：刘媛媛，你在这个城市里面真的是依无所依，你有的只是你自己，你什么都没有，你现在能做的就是单枪匹马地在这个社会上杀出一条路来！

这段演讲到现在已经是最后一次了，其实我刚刚问的时候我就发现了我们大部分人都不是出身豪门的，我们都要靠自己。所以你要相信，命运给你一个比别人低的起点是想告诉你，让你用你的一生去奋斗出一个绝地反击的故事。这个故事是关于独立、关于梦想、关于勇气、关于坚忍的，它不是一个水到渠成的童话，没有一点点人间疾苦，这个故事是：有志者，事竟成，破釜沉舟，百二秦关终属楚。这个故事是：苦心人，天不负，卧薪尝胆，三千越甲可吞吴！

人成长的作用。

本段首句提示将转入新层次。

结尾议论、抒情，并以著名历史故事强调人的主观能动性的强大作用。

（资料来源：https：//www.sohu.com/a/234369429_100062712）

【总结】

这是演讲选手刘媛媛参加安徽卫视《超级演说家》第二季的演讲稿，当时她是北京大学研究生，这次演讲让她获得了当季比赛的总冠军。这个演讲结束时现场观众热泪盈眶、热血沸腾，深受感染。

这份演讲稿在多个方面为比赛性演讲提供了良好的学习参考。

关于主题，这个演讲表面似乎在集中说明“寒门也能出贵子”，但细品可知整个演讲的重点在于强调“寒门也能出贵子”的前提条件——人的主观努力，在于阐明努力拼搏与人生成功之间的关系。道理正确并且展现得集中、鲜明。

关于结构，这个演讲通过过渡句“先拿我自己说……”“这段演讲到现在已经是最后一次了……”承上启下，不但清晰显示开头、主体、结尾的层次，而且让演讲内容前后紧密相连，由此带来整体结构的严谨。

开头介绍网络热议帖子的观点，提出与中心相关的问题，为下面的观点阐述做铺垫。事关普通大众，易于引人关注；末句设问，自然引人思考，同时设置悬念——你（演讲者）将怎样回答，你是什么观点？几者综合，演讲开头即紧紧抓住人心。

主体以事实说理，阐明自己所持观点。首先通过“先拿我自己说……”的过渡句引出新内容，然后分别通过中外寒门子弟逆袭的典型事例说明“寒门也能出贵子”，如此既呼应了开头，又用与网络热帖相反的观点带领观众进入观察问题、思考问题、回答问题的新视角。

结尾总结、强调、升华主题。在主体已基本阐明观点的基础上，结尾通过带着强烈抒情色彩的议论对中心观点进行总结强调。但“破釜沉舟”“卧薪尝胆”所带出的历史故事，让这个结尾并不是对观点的简单重复，而是进一步升华。

开头吸引人心（“起”），主体步步推进、铺陈流传（“承”“转”），把中心观点说得明明白白、令人信服。结尾随着强烈议论抒情的出现，逐渐把感情推向高潮。最后巧妙化用著名对联引入西楚霸王项羽、越王勾践在困境甚至绝境中不言放弃、最终逆转获得巨大成功的历史故事，不但把感情推至最高潮，并且让主题得到了升华：“努力拼搏”不仅可能“带来成功”，甚至可能“创造奇迹”，极大程度地展现了人的主观能动性的强大作用，给观众以强烈的思想与情感的震撼（“合”）。

整个演讲就是这样环环相扣，层层推进，步步深入，最后在情感最高潮之处、观众热血沸腾之时戛然而止，真正营造出了动人心魄、发人深省、余音绕梁的艺术效果。

这是一个堪称“艺术化”的演讲结构。客观地说，这篇演讲所强调的人的主观努力可带来人生成功的观点算不得新颖，但精巧结构所带来的强烈艺术效果，也能让现场观众随之心潮起伏、激情涌动，由此可见出一个优秀的结构设计对于演讲主题表达的积极作用。

关于语言，整个演讲措辞用语精确、凝练、生动，音乐旋律般的美感不言而喻，只要你出声读一读文稿，尤其是听一听现场演讲就能感受得到。“所以你要相信，命运给你一个比别人低的起点是想告诉你，让你用你的一生去奋斗出一个绝地反击的故事，这个故事是关于独立、关于梦想、关于勇气、关于坚忍的，它不是一个水到渠成的童话，没有一点点人间疾苦，这个故事是：有志者，事竟成，破釜沉舟，百二秦关终属楚；这个故事是：苦心人，天不负，卧薪尝胆，三千越甲可吞吴！”读到或听到这类言语，你将对于上述语言特点深有体会。再看这几句：“你一辈子都在感受抱怨，那你的一生就是抱怨的一生；你一辈子都在感受感动，那你的一生就是感动的一生；你一辈子都立志于改变这个社会，那你的一生就是斗士的一生。”它以颇为精炼的言语展现个人主观心志与人生、与社会的关系，品味之中，可以感受几多人生故事、浮现几多社会风云。言语不多却含蕴丰厚，让不同的人有着不同的感受与联想，这就在一定程度上体现了我们所说的语言的张力美。

类似效果的词句，文中还有不少，在此不一一列举。

关于情感，在这篇演讲中，演讲者所持观点实际上就是她自己对生活的真切感受与认识，她是在“我口说我心”；此外其论证策略就是用包括自己的亲身经历在内的事实说话，所有这一切都成为整个演讲情感强烈、深切而真挚的坚实基础。由此可见，要想保证演讲情感的“真”与“深”，讲自己真实经历的事和自己切实深刻的感受非常重要。

值得注意的是，演讲者有意通过排比句式来渲染情感，上面两小段引文中都包含有排比句。这种修辞方法的运用可有效地增强语势，为演讲营造出浓烈的情感氛围，带来了强大情感力量。这是一种在演讲中常常使用的修辞方法，值得学习参考。

关于论证不再细说。这篇演讲论证结构并不复杂，其较为严谨周密的论证效果在谈结构特色的时候已有所呈现。

从这篇演讲可知，打造一个比赛性演讲，必须从多个方面着手精心设计与磨炼，这样才可能获得理想的综合效果。

演讲比赛是现今大学校园中主要的学生活动，这类活动的开展有良好的影响力，为广大师生所重视、喜爱，因此在这里我们特别选用一个相对典型的案例进行较为细致的分析，以期为校园学子提供更多的学习参考。

实境演练

学习了演讲相关知识，大家是不是已经摩拳擦掌，跃跃欲试了？那么一起来展示一下吧！

任务一

【目标】 能够在众人面前进行即兴演讲；能够在演讲过程中恰当使用态势语言。

【任务】（1）以《这就是我》为题进行2~3分钟的即兴演讲。

（2）演讲过程中能够规范、恰当地运用眼神、手势、站姿、面部表情等态势语言配合演讲内容的表达，必须有2~3个富有个性的手势。

【提示】（1）可以选择一种或几种方法进行即兴演讲。

（2）登台演讲前，脑中快速梳理演讲的中心及思路。

（3）届时从容走上讲台，先站定，然后抬头，面带微笑望着观众，调整好心理。

（4）注意态势语言的配合，但要运用得当，切忌机械重复、演绎过度。

【实训】 按上述要求登台进行即兴演讲。

【评估】 主要从即兴演讲技巧及态势语言的运用恰当与否进行评价。

任务二

【目标】 能够根据工作需要进行竞聘演讲。

【任务】 真实（或模拟）竞聘班级或团支部的某一个职位，做3~5分钟的竞聘演讲。

【提示】（1）上台演讲前注意拟写演讲提纲或撰写演讲稿。

（2）根据竞聘岗位有针对性地提出自己的竞聘条件。

（3）具体介绍自己计划任职后的工作措施。

【实训】 按要求在辅导员和全班同学面前大方自信地进行竞聘演讲。

【评估】 从演讲内容、有声语言、态势语言、整体效果等四个方面评估；内容方面重点关注是否能够有针对性地展示个人竞聘优势，是否提出具体可行的工作措施。

任务三

【目标】 通过分析优秀演讲案例，提高演讲内容的组织能力。

【任务】（1）概括演讲的主题，说明演讲的论述特色。

（2）说明演讲开头、主体内容展开、结尾、过渡的特色。

（3）分析具体内容，体会其情感表达特色及语言表达技巧。

（4）联系这个演讲的具体内容，谈谈演讲活动的意义。

【提示】（1）分析说明之前，精读如下演讲稿。

（2）学习“知识点拨”相关知识内容，加深对演讲的认识理解。

（3）注意与他人共同分析讨论。

（说明：本稿演讲人为梁植，北京卫视大型演讲竞技节目《我是演说家》年度总冠军）

【实训】 阅读分析这篇演讲稿，按要求完成上述任务。

我的偶像

我相信，今天在场的各位或多或少，大家也都有一个或多个自己心中的偶像。今天来到这儿，我是想告诉大家我的偶像。

我们一起先来想三个问题：

如果说你一不小心，用不到三年的时间，从美国的名校拿到一个博士学位，你的导师跟你说：“你很有才呀，我觉得你只要跟着我混，我带着你，给你最好的待遇，你留在美国，我能让你成为世界一流的科学家。”这个时候，你们会怎样选择？

可能做科研对你们来讲太遥远，因为咱们都不是“学霸”。那么，如果说，是你的男朋友或者女朋友，他（她）有一天回家告诉你说：“亲爱的，我要调动工作了，但是去那儿，做什么和去多久，我都不能说。”这个时候你要怎么办？

好，如果说，有一项事业，因为你的努力，让中国在这个领域拔地而起，提高了中国的话语权，你觉得你应当获得这个国家怎么样的奖励？

我的偶像用他的一生回答了这三个问题：

26 岁，用不到三年的时间，拿到了美国的博士学位。在拿到博士学位之后的第九天，回到了 1950 年的那个一穷二白的中国。

34 岁，他回家告诉妻子说：我要调动工作了，我明天走。妻子问他：你要去哪儿？你要去做什么？你要去多久？他的回答是一样的：不能说！不能说！不能说！从此，他从他的妻子、两个孩子和所有熟悉他的人中消失了，整整 28 年。回来的时候，他是一个直肠癌晚期的病人，61 岁。

作为中国第一颗原子弹和第一颗氢弹的理论设计的总负责人，他一共获得了国家奖金特别奖 20 元。其中原子弹 10 元，氢弹 10 元。

是的，我的偶像叫邓稼先。

从去年开始，我有机会在话剧舞台上重塑这位科学巨匠。从那个时候开始，我才意识到，原来“两弹元勋”这四个金灿灿的大字背后藏着那么多的难以想象。

难以想象，一次实验事故，邓稼先一个人冲进实验区，拣起那枚摔碎的核弹，命令所有人都在场外待命；

难以想象，核辐射的后果是止疼用的杜冷丁从一天一针变成一小时一针；

难以想象，邓稼先躺在病床上说得最多的一句话是：你们快去工作吧，别让那些国家把我们中国拉得太远了！

2012年3月，我有幸去拜访邓稼先的夫人许鹿希女士。我没有想过，两弹元勋的夫人，今天仍然住在50多年前的老房子里，房子里的陈设和50多年前没什么区别。我们走的时候，老人说，今天给你们讲了这些往事，我需要缓一缓。

我没想过，邓稼先已经离开我们将近30年之后的今天，往事对他们家人来讲并不如烟。

就在不久之前，习近平主席到荷兰海牙参加世界核安全峰会，电视前的我泪流满面，因为我想到了老邓。

如果老邓还在，他今年正好90岁。如果他知道，中国发展得这么好，中国的核实验走得这么稳，他该会有多骄傲，有多高兴；

如果老邓还在，他今年正好90岁，我想请他就到这《我是演说家》的演播室里来，让他看看这炫目的灯光，让他看一看今天在座的每一个人的笑脸；

如果老邓还在，我多想亲口告诉他，我们这些80后、90后的孩子，真的很崇拜他！

因为有他，因为有和他一样的一大批科技工作者的努力，中国有了现在的模样，我们有了今天的生活。我们不该忘了他们！

今年是中国第一颗原子弹爆炸成功50周年，是邓稼先诞辰90周年，让我们一起在这样特殊的时刻，向老邓致敬！向每一个科技工作者致敬！

（资料来源：https：//www.pinlue.com/article/2018/09/2603/307356544820.html）

【评估】 从演讲的主题、结构、情感表达、语言表达等方面进行评估。从对主题精神内涵的体会理解、联系现实的深广度等方面进行评估。

任务四

【目标】 善于选择适宜的话题进行演讲。

【任务】 团支部举办一次“我心向党”的演讲比赛，要求每位同学参加比赛。请大家精心准备，争取优秀成绩。

【提示】（1）准确把握比赛要求，结合各方面的实际情况确定自己富有特色的演讲话题。

（2）赛前撰写演讲稿，从观点提炼、结构安排、观点论证、语言锤炼、情感表达等方面精心打磨演讲稿。

（3）演讲时大方自信、感情充沛，恰当使用态势语言。

（4）演讲后注意反思总结。

【实训】 收集材料，提炼主题，安排结构，注意措辞，撰写演讲稿，赛前反复演练，自信地登台演讲。

【评估】 从演讲内容、有声语言、态势语言、情感表达、综合效果等方面评估。

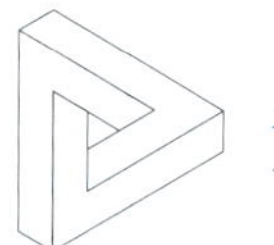

素质拓展

2007年5月14日，前总理温家宝在同济大学建筑城规学院钟厅向师生们做了一个即席演讲，演讲中有这样一段话："一个民族有一些关注天空的人，他们才有希望；一个民族只是关心脚下的事情，那是没有未来的。我们的民族是大有希望的民族！我希望同学们经常地仰望天空，学会做人，学会思考，学会知识和技能，做一个关心世界和国家命运的人。"此后，温总理在2007年9月4日的《人民日报》文艺副刊上发表了一首诗《仰望星空》。在这首诗歌中，我们可以读到一位大国总理对真理、正义、博爱、奋斗的思考，对国家、民族和人类共同命运的关注以及对广大学生的殷切期望。

同学们，你是一个经常"仰望星空"的人吗？让我们以演讲会的形式，一起来分享自己对国家、民族命运的思考吧！

请组织策划一场以"仰望星空，以梦为马"为主题的班级演讲会，鼓励同学们在演讲活动中尝试不同的角色，可以是活动组织者、主持人，也可以是演讲者，通过活动领略新时代青年思想的火花，感受演讲的魅力，提高演讲能力。

在策划阶段注意查找、收集、参看过往各类演讲的资料，了解演讲活动的具体形式及要求，根据活动举办需求做好人员、物品等资源的准备。同时系统梳理演讲知识，提高演讲能力，保证活动更具专业性。

请每位同学积极参加活动，在活动中提升自我能力：

作为活动组织者，为了提高班级演讲会的质量，让同学们在活动中既能交流思想，又能够切实提高演讲水平，你需要：

与班上喜爱演讲、具有一定组织能力的同学组成工作团队负责演讲会的组织策划，制订活动开展的计划；

对全班同学进行演讲培训，讲授有关演讲知识，帮助大家了解演讲的基本技巧。

作为主持人，为保证现场活动顺利进行，你需要:

精心设计演讲会串词并从容大方进行现场主持;

特别注意设计好鲜明点题的演讲会开场词，并以激情演讲的风貌朗朗道来，保证开场就能够充分调动整体气氛，激发同学们“听”的兴致与“讲”的热情，带领大家共同创造与感受演讲的魅力。

作为演讲者，你需要:

确定自己的演讲题目，精心准备演讲稿，做好登台前的反复演练，在活动现场面向全班同学自信地演讲。

模块要点

- 演讲的艺术
  - 基本特点
    - 工具性、时代性、艺术性、鼓动性、严谨性
  - 基本要求
    - 观点正确
    - 内容充实
    - 论证严密
    - 富有感情
  - 一般技巧
    - 选题立意：主题正确、鲜明、集中
    - 布局谋篇：结构内容完整、严谨
    - 遣词造句：准确清晰、简洁有力、通俗晓畅、形象生动
    - 发音艺术：发音准确、清晰、优美，语调贴切、自然、动情，语速快慢适宜
    - 语体风格：直白通俗又庄重典雅、自然朴实又凝练生动
  - 态势语言
    - 眼神：环视法、点视法、虚视法、交视法
    - 手势：情意手势、指示手势、象形手势、象征手势等
    - 站姿：自然式、前进式、立正式等
    - 表情：大方自信
    - 服饰与仪表：整洁、大方、美观
  - 即兴演讲的艺术
    - 提纲挈领法、数字串连法
    - 畅抒情怀法、朴实直陈法
    - 互动交流法、联想拓展法
  - 竞聘演讲的艺术
    - 所列成绩要与竞聘岗位相对应
    - 谈成绩要措辞得当
    - 工作设想要具体可行
    - 结尾要充满自信
    - 加强与听众的交流
    - 演讲内容要言简意赅
  - 比赛性演讲的艺术
    - 主要评判维度：演讲内容、有声语言、态势语言、整体效果
    - 打造技巧
      - 恰当选择话题，精心提炼主题
      - 艺术设计结构，精当锤炼词句
      - 周密论证观点，传达深挚情感
    - 赛前准备：精心打磨演讲稿，默记、诵读、演练，准备辅助材料
    - 赛场展现：轻松上阵，充满自信，清晰发声，真情演讲
  - 提高途径
    - 夯实基础，厚积薄发
    - 练声练脑，能言善说
    - 实操苦练，精益求精

模块六

朗诵的艺术

The Art of Reciting

在2020年中央电视台元宵晚会上，有一个节目让人印象深刻，那就是由几位著名演员倾情演绎的诗歌朗诵《中国阻击战》：

日月经天，江河大地；
岁月荏苒，时轮更替。
突然，在我泱泱神州，一波猝不及防的疫情偷袭2020。

阖家团聚之时，我们被迫全民迎战，
打一场生死阻击战，向魑魅魍魉病毒亮剑斩凶！

辞旧迎新之际，我们慨然举国出征，
打一场科学阻击战，与史无前例入侵者争夺新春。

我亲爱的祖国啊，此刻已是万物复苏、柳绿花红，
就因为这场春天的战斗，大地格外冷峻，天空空前凝重。

你看不见硝烟，
却看到一个国家为此付出的牺牲，
夺命的病毒，夺去了中华儿女一年最重要的传统节庆。

你听不见炮声，
却听到无数城乡决绝的壮士断腕声，
从中部武汉的阻隔行动到东西南北自觉响应。
……
天地间有一种力量，总与我中华儿女血脉相通、生死与共。
它在大难中生根，苦难中磨砺，艰难中长成。
它以众志成城彰显山河志，
它以万众一心凝聚家国情。

这就是中国精神，战无不胜的中国精神，
中国阻击战，打出的就是这种精神！
……
万里长江澎湃而来，百折不挠与生命同行；

万里江山巍峨耸立，砥柱中流与文明共存。

中国阻击战，
必将为 2020 爱你爱你而刻骨铭心；
中国阻击战，
终将赢来春回大地，播撒芬芳勃发生命！

到那天，久闭的家门一定会被春风敲开；
到那天，姹紫嫣红的鲜花一定会与你相拥！

加油，中国
战斗仍在继续，胜利必将属于我们！

（资料来源：https: //wenku.baidu.com/view/3f5eb1cdacaad1f34693daef5ef7ba0d4a736de0.html）

朗诵者眼泛泪花，饱含深情，言语深沉而铿锵有力；观众听来感慨万分，心潮澎湃，满腔团结一心、众志成城、顽强抗疫之情被充分调动起来。这个朗诵给予人们特殊的力量，让每一位聆听者坚信在全国人民的共同努力下，我们的祖国一定能够战胜新冠病毒——这就是朗诵的独特魅力！

在各种大大小小的舞台上或是各种活动中，我们经常能欣赏到朗诵的艺术。朗诵者或婉转悠扬、欢快奔放，或庄重肃穆、悲痛深沉、慷慨激昂，他们用自己特有的方式满含深情地诵读着一篇篇优美的诗文。一个精彩的朗诵往往有着强烈的带入感，它以独具魅力的言语叩击观众的心灵，让人自然融入作品独特的精神世界，心神荡漾、回味无穷，获得深刻的思想启迪以及巨大的美的享受。

同学们，通过学习训练，你也可以把诗文朗诵得富有韵味、动情感人，你也可以创造一种风格独具的艺术美感，请跟我们一起走进朗诵的艺术吧！

学习目标

知识目标： 掌握朗诵的基本技巧、不同文体的朗诵要领。

能力目标： 根据需要，合理运用基本技巧来朗诵不同文体的文学作品。

素养目标： 增强表达自信、传承传统文化、提升审美能力。

知识点拨

一、“朗诵”是什么

朗诵是一种单向口语表达形式，朗，即声音的清晰、响亮；诵，即背诵。朗诵，就是用清晰、响亮的声音，结合各种语言和非语言的手段来完美地表达文学作品的思想感情的一种语言艺术。

朗诵是富有韵味而高雅的语言艺术。朗诵者带着自己独特的情感体验，凭借丰富的声音变化技巧，把停留在纸面上的文字“激活”，赋予文字新的生命，绘声绘色地演绎作品，在抑扬顿挫之间传达作品内蕴的精神情感，让人得以充分领略诗文之美。在朗诵活动中，无论是朗诵者还是聆听者，都能够得到一份纯美的艺术享受。

朗诵不仅可以提高阅读能力，增强艺术鉴赏水平，还可以陶冶性情、开阔胸怀、感染心灵。那些动人的经典之作或蕴含强烈的爱国情感、深邃的人生哲理，或展现崇高的人格品质、高尚的道德风骨、忠贞不渝的爱情。通过朗诵，我们可以更为准确地理解这些作品中最为感人、最触动人心的内容，可以让美妙的诵读音韵点燃心灵，从而获得坚定的信念和强大的人格力量，让我们能够更好地面对人生与社会。

走进朗诵艺术，你的言语表达能力将会步步提升。在朗诵过程中，我们在细致地品读经典文学作品中生动的语法修辞、巧妙的构思布局、感人的情景描写以及优美的韵律搭配，同时也在潜移默化地学习和借鉴这些美妙的文字表达。

朗诵不仅能让我们成为高雅深致之人，还可以帮助我们成为言语表达的高手，那么，请你跟我们一起走进朗诵艺术的世界吧！

二、朗诵的特点与要求

（一）朗诵的特点

朗读和朗诵的区别主要表现在以下方面。

首先，朗诵的对象主要涉及文学作品，如诗歌、散文、小说、寓言、剧本等，而朗读的范围很广，可以说只要是文字，都能用来朗读，比如新闻、通讯、社论等。

其次，朗诵讲求艺术表达，要求朗诵者气息充沛、音色优美、感情强烈、富于节奏。它更加注意将原文的主旨明晰准确地转化为相应的有声语言传送给观众，唤起观众的理智思考或情感共鸣。

最后，朗诵一般指舞台上的朗读表演，它比朗读更艺术化、要求更加全面。朗诵虽然也是按照书面材料来诵读，但是要求朗诵者对材料十分熟悉，甚至可以背诵，而且要讲究语言表达技巧，不仅要达意，还要传情，并通过表情、动作、手势等来加强表达效果。同时，朗诵者可以运用化妆、音乐、灯光等技巧来强化感情的表达。相对来说，在这些方面，朗读就显得“弱”一些。

可见，朗诵是在朗读的基础上的提高。它具有以下基本特点。

1. 音声性

音声性是朗诵艺术的重要特点之一。音声主要指朗诵的声音。在朗诵过程中，不论朗诵者对文字作品思想内涵的理解如何深刻，不论他对朗诵的整体设计如何精妙，最终都要体现在有声语言的表达上。观众是通过朗诵者的有声语言来接受文字作品的思想内涵、了解朗诵者的艺术修养、欣赏文字作品的艺术魅力的。有声语言几乎成为朗诵艺术的唯一载体。优秀的朗诵艺术家总是不断地进行声音训练，其目的在于用富有磁性、悦耳动听的声音来吸引观众。声音虽然不是朗诵的全部，但是它是增强朗诵艺术魅力的重要因素。因此，在进行朗诵的训练中，练声是必不可少的，它制约着朗诵水平提高的程度。

2. 依赖性

朗诵以文字作品为依据，这些作品的语言结构、思想情感都是确定的，无论是理解内容、引发情感，还是运用技巧、诉之于声，都是在文字作品之下进行的。基调的确定、情感的浓淡、具体表达技巧的运用都受到文字作品的制约，朗诵者只能依赖原作进行再创造，不能抛弃原作任意发挥。否则，观众也会听得一头雾水。

3. 创造性

创造性是针对依赖性而言的。朗诵虽然要依据文字作品来进行，但绝不是照本宣科地见字出声，而是要对文字作品进行二次创作。朗诵者要在深入理解作品的基础上，将那些隐藏在文字之外的意思补充进去。同时，文字作品不能把语句的语气体现出来，这也要靠朗诵者深入感受作品，调动自己的真情实感，把无声的文字变成包含感情的有声语言。朗诵者的有声语言表达就是一种创作，他那动听的声音、高超的表达技巧都能为文字作品增色。再加上配乐、灯光、舞美的设计等，这些都使朗诵成为一项创造性的活动。

4. 规范性

规范性主要表现在朗诵所选择的文字作品和朗诵者所使用的语言两个方面。一般来说，朗诵作品都是规范的，从思想内容到语言形式，都是作者精心创造、反复修改而成。另一方面，朗诵者使用的语言也是规范的。一般而言，大家所听到的朗诵大多数是用普通话来表现的，因为普通话标准的语音、规范的词汇和语法，为大多数观众所熟悉，能为大众所理解和接受。

5. 求同性

在通常情况下，朗诵是供人们欣赏的，或者是在舞台上进行表演或者是在话筒前进行录音。无论在哪种场合下朗诵，朗诵者都应该以自己身份出现在观众面前，直接把朗诵内容传达给观众，与观众进行最直接、最明朗的交流。这要求朗诵者对所描述的环境、场面、人物的命运有身临其境的感受，并通过语言、眼神、表情活灵活现地把这种感受传达给观众，以引起他们的共鸣。

（二）朗诵的基本要求

规范化的朗诵应该做到语音规范标准、语义内涵明晰、语气轻重相宜、语调变化有致、语速快慢得体、情感鲜明适度。其具体要求如下：

1. 深入理解作品的思想内容

对作品的理解是朗诵的基础。只有深入理解作品的思想内容，才能使朗诵真正传达出作品的意旨、表现作品的生命力。在朗诵之前，朗诵者不但要认真揣摩每一个字，还要了解作品的创作背景、作者的思想与生平、写作动机和意图等信息，以进一步了解文章的基本内容。

首先，要弄清文章的主旨。例如，文章是写人、记事还是写景抒情；写人是写什么人，作者的态度如何；写事是写什么事，事情的来龙去脉怎么样；写景写的是什么景，抒发的什么感情，等等。

其次，要准确把握作者通过文章表达出来的主张、感情或思想。对于议论文往往抓住中心论点就抓住了作者的观点，但是作为朗诵作品的诗歌、小说、散文的观点则经常比较隐蔽，需要条分缕析，准确把握。有些文章标题与内容并不直接对应。这就需要仔细分析，把握中心。

再次，要理清文章的篇章结构。要理清全篇脉络，需要研究段与段之间、句与句之间的内在联系，这样才能在朗诵时把握好情感，准确再现文章主旨，紧紧抓住受众。

2. 准确把握作品的基调

基调，不是指声音的高低，而是朗诵者对作品感情色彩的综合表达。基调的构成主要有两方面的因素，即作品本身的感情和朗读者的态度。朗读者必须把握准基调，并在理解和表达的统一中，在声和情的统一中使作品的基调得到完美的体现。如在读《荷塘月色》时，基调应是忧郁、沉闷的，但在忧郁与沉闷中又有一种清丽恬淡的美。再如读戴望舒的《雨巷》，就要表现出青年人在特定时代背景下的忧郁、彷徨，又暗含着对爱的希冀和渴望，基调统一而有变化。

3. 掌握朗诵技巧

在朗诵中，有了对作品的理解，怎样准确地通过有声语言把作品的主旨传达出来，也非常关键，这就需要熟练应用朗诵技巧。下面，我们一起来系统地学习朗诵的基本技巧。

※ 有声语言是朗诵艺术的主要载体，观众需要通过朗诵者的有声语言感受朗诵艺术的魅力，所以进行作品朗诵训练必须讲究练声。

※ 朗诵必须基于文字作品原有的语言结构、思想感情进行艺术再创造，要注意不可脱离原作任意发挥。

※ 朗诵不是文字作品的简单的语音呈现，进行作品朗诵要注意调动声音、动作、音乐、灯光、舞美等多种元素，由此创造出基于原作而又富有新意的艺术境界。

※ 深入理解作者的思想内容，从而确定朗诵的情感基调，并恰当运用停连、重音、节奏、语调等基本技巧。

三、朗诵的基本技巧

应在熟悉作品、理解内容的基础上，总体设计一个朗诵方案，如：作品的基调是什么？用什么样的朗诵方式来体现作品基调？怎么安排语速和节奏？采用什么样的语气和语调？怎样安排重音和停连？这就是朗诵技巧的设计运用。

（一）停连

“停”指停顿，是朗诵时，在段落之间、语句之间、意群之间出现的声音中断。“连”指连接，指为了表达的需要在有标点符号的地方缩短停顿，把两个句子连起来读。朗诵时恰当地运用停顿、连接才能更好地传情达意。停连的运用既是出于人的生理需要——换气，也考虑到听者的需要，听者不可能接受一长串无间断的音节。停连也是作品结构或内容的需要，在某些地方停下来换气、恰当地控制语速可使作品的结构层次分明，更好地表达感情。合理的停顿是准确、清楚地再现文章内容的必要条件，恰当地运用停顿，可以增加有声语言的色彩和魅力。

1. 停顿

1）语法停顿

语法停顿是根据语句的语法结构所做的停顿，也就是标点符号的停顿。标点符号是书面语言的重要组成部分，把文字转化为口语，标点符号就得通过停顿来表示。标点符号停顿的时间长短不一，需要根据标点的类型来定，一般来说，标点符号停顿时间的长短变化如下：句号、问号、感叹号＞冒号，分号＞逗号＞顿号。而省略号和破折号停顿时间的长短要根据文意来确定。

段落、句群的停顿时间要长于一句话的停顿时间，且段落停顿时间略长于句群停顿时间。

例如：

当他驶进小港的时候，/ 海滨酒店的灯火已经熄灭，/ 他知道人们都已上床睡去。// 海风越刮越大，现在更猖狂了。// 然而港口是静悄悄的。// 于是他把船向岩石下面的一小块沙滩跟前划去。// 没有人来帮助他，/ 他只好一个人尽力把船划到岸边。// 然后他从船里走出，把船系在岩石旁边。

玫瑰汁、/ 葡萄紫、/ 紫荆液、/ 玛瑙精、/ 霜枫叶——/// 大量的染工，// 在层累的云底工作；/// 无数蜿蜒的鱼龙，// 爬进了苍白色的云堆。

2）逻辑停顿

逻辑停顿是指为了突出某种思想感情，或者为了强调某种事情、观点等，不一定是在语法停顿的地方所做的停顿。逻辑停顿是为了突出某一事物、强调特殊含义而表现出词组、句子、段落之间的逻辑关系。

例如：

世界上最快而又最慢，最久而又最短，最易被人忽视 / 而又最易令人后悔的 // 就是时间。

中国共产党 / 第十二次 / 全国代表大会 / 现在 / 开幕。

3）情感停顿

情感停顿是为了心理或情感的需要所做的停顿，常用于激动、回忆、疑惑、思考、沉吟不决的地方，停顿可长可短，视抒情需要而定。

雨来了，雨来的时候瓦这么说，一片瓦说千亿片瓦说，说 / 轻轻地奏吧沉沉地弹，徐徐地叩吧挞挞地打，间间歇歇敲一个雨季，即兴演奏 / 从惊蛰到清明，在零落的坟上冷冷奏挽歌，一片瓦吟 / 千亿片瓦吟。

第二天清晨，这个小女孩坐在墙角里，两腮通红，嘴角带着微笑，她 // 死了，在旧年的大年夜 / 冻 // 死了。

2. 连接

有时候，在一些有标点的地方，为表达感情的需要，缩短停顿时间，把有些内容连起来读。例如：

山川、⌒河流、⌒树木、⌒房屋，全部罩上了一层厚厚的雪，万里江山，变成了粉妆玉砌的世界。

你的为人不如他的十分之一，⌒百分之一，⌒万分之一！

3. 停连的处理方式

1）落停

在一句话、一个层次、一篇文章内容结束时使用落停，声音要收住，有平稳的较长停顿。要点有三：第一，话将要说完时，气也将用完，说话声音停止，气息也呼出完毕；第二，收音音节要处于落势，有时，停止前的整个词组都要下落；第三，收要收住，或急收，或缓收，都要停住，不能失去控制。

例如：

小兴安岭一年四季景色诱人，是一座美丽的大花园，也是一座巨大的宝库。//

狼不想再争辩了，呲着牙，逼近小羊……说着往小羊身上扑去。//

2）扬停

这种方式一般用在句中无标点之处，或一个意思还没有说完而中间又需要停顿的地方，其特点是停顿时间较短，停时声停气未尽。

例如：

鲁侍萍：你是萍……/ 凭什么打我的儿子？

我说 / 你是人间的四月天；笑响 / 点亮了四面风。

3）直连

这种方式一般用于有标点符号而内容又联系比较紧密的地方，它的特点是顺势连带，不露接点。有时甚至不用换气，用胸中的余气就可以。

例如：

盼望着，⌒盼望着，东风来了，春天的脚步近了。

四婶："祥林嫂，⌒你放着吧，⌒我来摆。"

4）缓连

这种停连给人一种似停非停之感，常用"顿挫"来形容。这种顿挫主要是以连接为主，因为顿挫有时不需要喘气或深呼吸，是声挫气连。一般用于较舒缓的内容，适合于一句话或一段当中的连接。这种方式也用于没有标点符号而内容又需要有所区分的地方，其特点是声断意连，环环向前。

例如：

在西门外的桥上，便看见一溪活水，清浅，︵鲜活，由南向北流着。

但是，它却是伟岸，︵正直，朴质，︵严肃，也不缺乏温和。

（二）重音

重音是指那些在表情达意上起重要作用，在朗诵时需要特别强调的词或短语。语句的各构成要素在表达基本语意或思想感情时往往不是同等重要的，那些对表达语意和表达情感特别重要的词或短语需要通过声音的强调来突出。因此，重音的问题，其实是词或短语在句子里的主次关系问题，能给形象生动的词增加分量。我们通过在需要重读的词或短语下面加圆点的方式来表示重音。如：

我不会讲法语。（他会讲）

我不会讲法语。（谁说我会讲）

我不会讲法语。（不是不肯讲）

我不会讲法语。（但会写）

我不会讲法语。（会讲其他语种）

从上一组句子可以看出，随着重音位置的变化，句意也相应发生变化。那么怎么来确定重音呢？确定重音的位置以及重音的表达方法都应该同时着眼于具体语句以及全篇文字。重音的选取要做到少而精，切忌杂乱；重音的表达忌单调，要有变化。

1. 怎样确定重音

1）根据句子的语法结构来确定重音——找语法重音

一般而言，那些做谓语、宾语、定语、状语、补语等的短语就是语法重音。语法重音往往反映了一种民族语言的轻重音习惯，处理好了有助于体现语言的韵律美，但在处理时切不可过于鲜明，比其他音节稍有突出就可以了。语法重音的一般规律如下。

主语和谓语比较，谓语一般重读。如：他来了，让我们开始吧。

动宾结构中，宾语一般重读。如：谈文学、谈哲学、谈人生道理。

双宾语句中，后一宾语一般重读。如：张老师教我们数学。

表性状、程度的状语和中心语比较，状语一般重读。如：她呆呆地站在那里。

表结果、程度的补语一般重读。如：你这样做太好了。

疑问代词和指示代词一般重读。如：你这是说的什么话？

比喻性词语一般重读。如：月亮像个银盘。

2）根据语意逻辑和文章情感来确定重音——找强调重音

有些句子表意多样，重音不同，所表达的感情和意图就会有相应变化，在朗诵时恰当地处理句子重音，可以更准确地揭示语言的内在含义、体现作者意图。强调重音落在不同的词语上，所揭示的含义也就不相同，表达的效果也不一样。应该根据特定的语言环境来把握，联系上下文，仔细揣摩作者的感情态度，认真推敲。

自信是人生成功的重要基石，而自卑则是人生第一大敌。

按照语法重音的原则，“重要基石”应该重读，但是为了与下一句的“自卑”形成对比，则强调的应该是“自信”，因此，“自信”“自卑”应该重读。

春天像刚落地的娃娃，从头到脚都是新的，它生长着。春天像小姑娘，花枝招展的，笑着，走着。春天像健壮的青年，有铁一般的胳膊和腰脚，他领着我们上前去。

“娃娃”“小姑娘”“青年”都是以比喻的方式来表达作者对春天的喜爱之情，需要重读。这一句的重音处理既符合语法重音规律，又符合强调重音规律。

天空还是一片浅蓝色，很浅很浅的蓝。转眼间天边出现了一道红霞，慢慢儿扩大了它的范围，加强了它的光亮。

整句话都在描写天空的颜色，因此“浅蓝色”“红霞”“光亮”都要重读。

语法重音与强调重音的区别有以下几个方面：

从音量上看，强调重音的音量大于语法重音。语法重音给人的感觉只是一般的轻重区别，而强调重音则给人鲜明突出的印象。

从位置上看，语法重音服从于强调重音。两种重音有时重叠，有时会出现在不同的位置上，语法重音一般服从于强调重音，强调重音的音量一般大于语法重音。

从确定重音的难易程度上看，语法重音有规律可循，而强调重音则与朗诵者对作品的理解程度紧密相关。相比而言，语法重音比较容易找到，在一句话的范围内，根据语法结构的特点就可以确定，而强调重音需要朗诵者联系上下文，认真揣摩文意才能确定。

2. 重音该怎么处理

重音是在与非重音的对比中体现出来的。我们可以通过声音的强弱变化、高低变化、虚实变化以及语速的快慢等来体现重音。注意要根据文章表情达意的需要做多样化处理，切忌单一。

1）重音重读

重读是利用声音的强弱对比来突出重音的一种方式，即把需要重读的词或词组读得响一些，唇舌用力一些，加大音量，以突出强调。重读的方法一般用来表达明朗的态度、观点或突出形象鲜明的事物。如：

我不是不肯，我是不会。

国人有时太天真、太理想化。

你们是世界上最公正、最团结、最刚强的人，因为你们的名字叫工人。

漓江的水真静啊，静得让你感觉不到它在流动；漓江的水真清啊，清得可以看见江底的沙石；漓江的水真绿啊，绿得仿佛那是一块无瑕的翡翠。

2）重音轻读

轻读是把确定为重音的词或短语压得低于非重音，有力地吐字。具体来说，在读重音时，尽量把发音部位往口腔后靠，降低音高，加大气音，轻轻吐字。这种方法常常用来烘托意境，表达温柔细腻的感情，听来轻柔深沉，令人回味无穷。如：

月光照进窗子来，茅屋里的一切好像披上了银纱，显得格外清幽。

小草偷偷地从土里钻出来，嫩嫩的，绿绿的。

只要我的爱人是一条小鱼，在我的浪花里快乐地游来游去。

3）重音慢读

慢读是利用声音的快慢对比来突出重音的方式。在读重音的时候，放慢语速，适当拖长音程；在读非重音的时候，语速适中。重音慢读一般用于渲染内在的情绪，表达深沉真挚的情意等。如：

我想那缥缈的空中，定然有美丽的街市。

爱就爱你坚持的位置 / 足下的土地。

后一例中的“坚持的位置”应该通过加强音量的方式处理，“足下的土地”则应该用拖长音节的方式来处理，这样既有声音高低、节奏急缓的变化，也使后一组音节的音量放低、节奏放慢，更符合诗歌结尾感情表达的需要。

4）重音顿读

即将需要重读的音节一字一顿地读出来，起到强调的作用。如：

欲穷千里目，更上一层楼。

在处理朗诵材料时，需要注意重音要精，不要多，要站得住脚；重读时要注意分寸，切忌过分强调；有时重音要与停顿结合，可在强调的字词前后加以停顿。

（三）语调

语调是指语句中声音高低升降的变化，是有声语言所特有的，它是句子的语音标志。任何句子都带有一定语调，其中以结尾的升降变化最为重要，语调一般和句子的语气紧密结合。朗诵时注意语调的升降变化可增加语音的音乐美，也就能更细致地表达不同的思想感情。

同样一个“我”字，采用不同的语调，可以表现不同的语气和情感。如：

谁是班长？我。→（语调平稳，句尾稍抑，表示肯定）

你的电话！我？↗（语调渐升，句尾稍扬，表示惊讶）

谁负得了这个责任？我！↘（语调降得既快又低，表示坚决）

你来当班长！我？↘（语调曲折，降调表示肯定，升调表示疑惑）

常用的语调有以下四种：高升调、降抑调、平直调、曲折调。

1. 高升调

高升调多用在疑问句、反诘句、短促的命令句，或者是在表示愤怒、紧张、警告、号召的句子里使用。朗诵时，注意前低后高、语气上扬。如：

我怎么会把您喝的水弄脏呢？↗

如今建国伊始，百废待举，不正是齐先生实现多年梦想，大有作为之时吗？↗

世界上还有比这样在敌人的刑场上举行的婚礼更热闹的吗？↗

2. 降抑调

降抑调一般用在感叹句、祈使句或表示坚决、自信、赞扬、祝愿等感情的句子里。表达沉痛、悲愤的感情一般也用这种语调。朗诵时，注意调子逐渐由高降低，末字低而短。在普通话中，降调出现的频率较高。如：

罗盛教烈士的国际共产主义精神与朝鲜人民永远共存。↘

韶山的路，是多么令人心驰神往啊！↘

十二年过去了，那小姑娘的爸爸一定早回来了。↘

3. 平直调

平直调多用于叙述、说明或表示迟疑、思索、冷淡、追忆、悼念等句子里。朗诵时始终平直舒缓，没有显著的高低变化。最典型的用平直调的内容是天气预报。其他用平直调的句子如：

禅宗是佛教传入中国后，在中国产生的一个佛教宗派。

在一个晴朗的下午，总部和党校的同志刚做完宿营准备工作，朱总司令就到了。

在我的家里，珍藏着一件白色的确良衬衫。

4. 曲折调

曲折调用于表示特殊的情感，如用在表示讽刺、讥笑、夸张、强调、双关、特别惊讶的句子里。朗诵时由高而低，或由低而高，把句子中某些特殊的音节特别加重、加高或拖长，形成一种升降曲折的变化。如：

啊，↗亲爱的狼先生，那是不会有的事。↘

好个国民党政府的友邦人士，↗是些什么东西。↘

（宝玉）道："什么劳什↘子！我砸了你，↗就完事了！"↘

朗诵中的语调是较复杂的问题，以上的四种基本类型只是大体分类和大致描述，在实际的朗诵中，不建议把丰富多彩的语调变化强行纳入简单的分类和僵化的要求中。另外，不要把朗诵的语调类型完全等同于陈述句、祈使句、疑问句、感叹句等句子类型，语法学中的句子类型无法概括朗诵中千变万化的语调。

（四）节奏

朗诵的节奏指一定时间内词语或短语带有一定规律性变化的疏密程度。鲜明的节奏能使语言表达更具有层次性和感染力，形成乐感。朗诵时的节奏，主要体现在以下三方面：一是要有快慢节奏之分；二是快慢节奏要交替变化；三是要根据朗诵内容的情感需要来分清主导节奏和辅助节奏。

1. 节奏的常见类型

1）轻快型节奏

这种节奏的朗诵语速较快，多扬少抑，多轻少重，声轻不着力，词语密度大，有跳跃感，多用来表现欢快、诙谐的情致。如：

我爱看天上的一片云，那片白白的、会变的云。瞧它一会儿变成只小黄狗，摇着尾巴，追着太阳跑；一会儿变成只小灰羊，在草原上撒欢儿跳高。

2）凝重型节奏

这种节奏语势沉缓，多抑少扬，多重少轻，音强而着力，色彩浓重，语势较平稳，顿挫较多，且时间较长，语速偏慢，词语密度疏，常用来表现庄重、肃穆的气氛和悲痛、抑郁的情感。如：

灵车队，万众心相随。哭别总理心欲碎，八亿神州泪纷飞。红旗低垂，新华门前洒满泪。日理万机的总理啊，您今晚几时回？

3）低沉型节奏

这种节奏的朗诵声音偏暗沉，语调多为降抑调，句尾落点多显沉重，语速较缓。如：

邻居们把她抬上车时，她还在大口大口地吐着鲜血。我没想到她已经病成那样。看着三轮车远去，也绝没有想到那竟是永远的诀别。

4）高亢型节奏

这种节奏的朗诵声音多明亮高昂，语调多为高升调，峰峰紧连，扬而更扬，势不可遏，语速偏快，具有昂扬积极的情感特点。如：

看吧，它飞舞着，像个精灵，——高傲的、黑色的暴风雨的精灵，——它在大笑，它又在号叫……它笑那些乌云，它因为欢乐而号叫！

5）舒缓型节奏

这种节奏语速较缓，语势较平稳，声音轻柔而不着力，常常用来描绘幽静的场面和美丽的景色，也可以表现舒展的情怀。如：

大海上一片静寂。在我们的脚下，波浪轻轻吻着岩石。像蒙蒙眬眬欲睡似的。在平静的深黯的海面上，月光劈开了一款狭长的明亮的云汀，闪闪地颤动着，银鳞一般。

6）紧张型节奏

这种节奏语速较快，多扬少抑，多重少轻，声音强劲而有力，顿挫短暂，语言密度大。常用来表现紧张急迫的情形和抒发激越的情怀。如：

你们杀死一个李公朴，会有千百万个李公朴站起来！你们将失去千百万的人民！你们看着我们人少，没有力量？告诉你们，我们的力量大得很，强得很！看今天来的这些人，都是我们的人，都是我们的力量！此外还有广大的市民！我们有这个信心：人民的力量是要胜利的，真理是永远存在的。历史上没有一个反人民的势力不被人民毁灭的！

2. 节奏的转换

朗诵时切忌一个节奏用到底，这样会导致朗诵单调无味。只有交替变化的朗诵节奏才能使语言表达生动而鲜活。节奏转换的方法是多种多样的，可以利用对立统一原则，采取“欲扬先抑，欲抑先扬”“欲快先慢，欲慢先快”“欲重先轻，欲轻先重”等方法，让朗诵的节奏在对比中得以变化和转换，使朗诵悦耳动听，且更具感染力。

1）欲扬先抑，欲抑先扬

为了突出主要部分的“扬”，次要部分就要先“抑”，反之亦然。如：

（平起）你是一树一树的花开，
（稍抑）是燕在梁间呢喃，
（渐扬）——你是爱，是暖，
（更扬）是希望，
（高扬）你是人间的四月天！

2）欲快先慢，欲慢先快

为了用较快的语速来表现急促、紧张的情势或迫切的心情，那么在此之前的语句就应该处理得缓慢而舒缓，反之亦然。如：

（中速）等他们走后，我惊慌失措地发现，再也找不到回家的那条孤寂的小道了。（渐快）像只无头的苍蝇，我到处乱钻，衣裤上挂满了芒刺。（稍快）太阳已经落山，而此时此刻，家里一定开始吃晚餐了，双亲正盼着我回家……（渐慢）想着想着，我不由背靠着一棵树，伤心地呜呜大哭起来……

3）欲轻先重，欲重先轻

如果主体节奏是凝重型节奏，那么为了渲染氛围，则应把之前铺陈的语句处理成轻缓的节奏，反之亦然。如：

（平缓，略轻）由于濒临大海，大涨潮时，汹涌的海水便会排山倒海般地涌入洞中，形成一股湍湍的急流。（略重）据测，每天流入洞内的海水量达三万多吨。奇怪的是，如此大量的海水灌入洞中，却从来没有把洞灌满。（转轻）曾有人怀疑，这个“无底洞”，会不会就像石灰岩地区的漏斗、竖井、落水洞一类的地形。（重）然而从 20 世纪 30 年代以来，人们就做了多种努力企图寻找它的出口，却都是（最重）枉费心机。

The Art of 朗诵的艺术 Reciting

※ 停连是朗诵时的停顿和连接。当语法停顿、逻辑停顿和情感停顿处理出现冲突时，语法停顿和逻辑停顿往往服从于情感停顿。为了表达作品的感情需要，朗诵时可以采取落停、扬停、直连和缓连等方式来处理作品。

※ 重音一般有语法重音和强调重音。可根据作品表情达意的需要，选择重音重读、重音轻读、重音慢读和重音顿读等方式突出重音。

※ 常用的语调有高升调、降抑调、平直调、曲折调四种类型，在实际的朗诵中，不建议把语调变化强行纳入简单的语句分类和僵化的要求中。

※ 鲜明的节奏能使朗诵更具有层次性和感染力。常见的节奏类型包括轻快型、凝重型、低沉型、高亢型、舒缓型、紧张型，可以采取“欲扬先抑，欲抑先扬”“欲快先慢，欲慢先快”“欲重先轻，欲轻先重”等方法进行节奏转换。

四、朗诵的态势语言

与演讲一样，作为语言艺术的又一种特色形式，朗诵同样讲究有声语言与态势语言的密切配合。在朗诵过程中，为了增强舞台效果，朗诵者需要在用有声语言展示的同时伴随有态势语言。它是朗诵中创设情境、交流信息的重要手段。

（一）眼神

“眼睛是心灵的窗户”，眼睛的神色变化，可显示出一个人内心的微妙变化。眼睛帮助人们传达许多具体、复杂甚至难以言传的思想情感。因此，不仅演讲重视眼神的配合，朗诵也特别讲究眼神的运用。

朗诵者根据不同的内容与情感灵活运用眼神，将会产生如下奇妙的效果，大大增强朗诵的艺术魅力：

（1）呈现专注。观众可以由朗诵者的眼神，立即判断出朗诵者的专注程度，再借由专注程度看出朗诵者的态度。如果朗诵者眼神恍惚、四处飘荡，又如何能吸引观众呢？朗诵者只有通过视线停留和眼神流转等方式来十分专注地诠释句意，才能把观众带入相应的情境中。

（2）传达形象。在朗诵中，形象主要是由声音来呈现，不过眼神也在其中扮演了重要的角色。如果朗诵者慷慨激昂地朗诵时，眼神却是柔弱无力的；如果朗诵者哀凄悲凉地朗诵时，眼神却是炯炯有神的，那么不论朗诵者的声音呈现得如何丰富恰当，整体的朗诵效果也被破坏了。朗诵时，只有做到声情与文情融合，眼神与文意配合，才能传达出文中不可言喻的鲜明形象。

（3）增加意象。在朗诵的舞台上，道具布景不太可能一一备齐。朗诵者可通过眼神来激发观众的想象，放大舞台空间，并引领观众进入作品的世界。比如，当朗诵到“高山”时，朗诵者往上看，将视线慢慢地向高远处延伸，以展现“高山”的意象。朗诵者可通过眼球转动或眼神停止的方式来达到增加意象的效果。

作为同是在台上进行艺术呈现的语言艺术，朗诵与演讲在眼神的具体运用上多有共通之处，所以在朗诵实践中，大家可在一定程度上参考演讲模块所介绍的几种方法，但必须结合朗诵具体情境灵活运用。比如在朗诵过程当中，表现寻找、迷茫的情境可用环视法，表示情绪蕴藉、深情倾诉时可用点视法，呈现内心独白、引人深思之情时可有虚视法，表达

高亢、激烈之情时可用交视法。除此之外，在朗诵中还会常常用到纵视法和远视法

（1）纵视法。即朗诵者的视线上下移动探视。上探的眼神多表示看雨、雾、落花等，下探的眼神则多表示观河流山川、沉吟思索等。

（2）远视法。即朗诵者的视线从左上方或右上方投向远方。这是一种远眺的眼神，往往用于表现远望、远离、期待的情境。

由于眼神对心灵的呈现、情感的表达有着独特作用，所以在演讲或朗诵所用的态势语言中，眼神的运用占据着最为重要的地位，我们必须重视它。但运用眼神务必讲究与朗诵作品的内容协调统一，切忌机械刻板地为用而用。同时还要注意在朗诵实践中，往往需要综合运用多种方法来灵活表意，这样才能传达丰富而细腻的精神、情感。

（二）表情与动作

朗诵中的表情与动作，是指朗诵者根据内容，通过面部的喜、怒、哀、乐等表情和肢体的举、按、抬、收等动作来辅助声音表达文章的意境。

在朗诵中运用表情和动作，应注意以下要领：

1. 适合语境

有声语言的表达要符合语境的要求，而辅助有声语言表达的态势语也要达到同样的要求。要注意结合环境和对象来考虑使用什么样的表情和动作，以及如何使用才能达到最佳效果。尤其要注意随语境变化，调整自己的表情与动作。

2. 和谐统一

表情和动作的运用要协调一致。手势、身势要彼此配合。比如如果手举起来了，而身体却没有相应的配合，则犹如傀儡般有形而无心。

3. 恰到好处

需要注意的是，动作的运用并非多多益善，过多过乱的肢体动作会干扰朗诵内容的正确传达。对于动作的使用朗诵者常常会犯两种错误：一是完全没有动作，表现为身体僵直，面无表情，导致有声语言的表达显得刻板单调；二是重复使用动作，表现为不断地摇头晃脑，手与胳膊不断重复同样的动作，给人以表达手段贫乏、压不住场的印象。

4. 自然优雅

自然的表情和动作，并非毫无设计的“纯自然状态”，而是指朗诵者通过设计与训练后，在运用动作和表情时，既能辅助朗诵内容的传达，又不露出雕琢的痕迹。优雅的动作和表情，应给人以落落大方、恰当得宜的感觉。

5. 稳重自信

稳重自信主要表现在朗诵者上下场的走路姿势、朗诵时的站姿和朗诵过程中的举止。那些稳重自信的朗诵者，其表情和动作往往是这样的：上下场步态轻捷、稳健，双臂自然摆动，目光自然注视观众；站姿要挺拔、自信，上身正直，下颌微收，两脚并拢，重心尽量放在前脚掌；朗诵过程中的举止是内在情感的自然表露，不应生硬做作或手足无措。

值得注意的是，虽然表情和动作在朗诵中具有重要作用，但是在朗诵舞台上，有声语言是“主”，而表情和动作是“宾”，表情和动作不能喧宾夺主，要掌握恰当的尺度。呆板而毫无表情的朗诵是失败，而浮夸过火的表情和动作更是不妥当。恰当的表情和动作，应是朗诵者受到朗诵情境的感染，随心而发，顺其自然地表现出来的。

※ 在朗诵过程中，运用交视、环视、纵视、点视以及远视等眼神，有助于呈现更丰富的表达效果。

※ 表情和动作在朗诵中具有重要作用，但应注意适合语境、和谐统一、恰到好处、稳重自信、自然优雅等要领。

五、朗诵活动的基本准备

在现实中，如果同学们即将参加朗诵会，建议大家根据以下四个步骤来进行朗诵前的基本准备。

（一）精心选择作品

参加朗诵会或朗诵大赛，我们首先要做的就是挑选适宜的朗诵作品。作品的选择在很大程度上会影响朗诵的综合效果。

那么作品怎么选？可以考虑根据“三合”原则进行选择。

1. 选择“合性情”的作品

朗诵是在对作品的体验与感知的基础上进行的二度艺术创作。选择作品时，应首选令自己心动、有共鸣的作品。因为在反复的练习中，朗诵者要字斟句酌地体味作品，只有面对自己喜欢的作品，才能一直保有对作品强烈的兴趣和诵读的激情。

当然，也存在一些作品，我们刚接触时很喜欢，但在练习中逐渐发现，它并不适合自己。面对这样的情况，我们也建议大家果断地更换朗诵作品，以“合性情”作为作品选择的首要原则。

2. 选择“合音质”的作品

每个人都有自己的嗓音特点，有的人浑厚大气，有的人华美亮丽，有的人柔和甜美，有的人婉约娇柔……作品的内容、情境、思想、情感等都需要用声音来表达，用音调、重读、气息、停顿、语速等来表现。选择适合自己嗓音特点和发音习惯的作品来朗诵，能获得事半功倍的效果。比如，深邃的思考，需要用深沉稳健的声音来表现；抑郁的心情，需要用低沉压抑的嗓音来表现；欢快的情绪，需要用跳跃清爽的嗓音来表达。又如，低沉高亢的嗓音适合于朗诵《中国，我的钥匙丢了》《囚歌》等感情炽烈的作品；甜美干净的嗓音适合朗诵《你是人间的四月天》《雨巷》《雪花的快乐》等温文尔雅、抒情柔怀的作品；粗犷深厚的嗓音则适合朗诵《将进酒》《念奴娇·赤壁怀古》等大气豪迈的作品。因此，在朗诵练习初期，建议大家不妨尝试多种类型、多个作家的作品。经过一段时间的体验和感受，我们会更加了解自己的嗓音音色，找到最适合自己的朗诵作品。

3. 选择“合水平”的作品

在选择朗诵作品时，不要勉为其难地选择那些诵读难度大大超过自身水平的作品。作品的难度往往体现在情绪起伏的程度、气息运用的变化、作品的长度等方面。一般而言，作品的情感起伏剧烈，篇幅过短或过长，朗诵的难度就会较大。因此，在选择作品时，要本着循序渐进的原则，逐渐增加难度。在朗诵练习的初期，建议大家选择朗诵时长在1分钟到3分钟的作品，在熟练掌握技巧后，再挑战那些朗诵时长低于1分钟或超过3分钟的作品，这样有助于增强信心，不断打磨朗诵技能。

（二）深入分析作品

毫无疑问，熟悉文本、理解作品是朗诵的最为重要的根基。对于作品中的疑难字句，切不可盲目地猜测其中含义，应本着严谨认真的态度，借助工具书、释义文献等彻底解决语义和语音的障碍。为了深入地分析作品的思想情感，还需要充分了解作品的创作背景和作者的基本信息。

例如，我们在朗诵陈然的诗歌《我的“自白书”》前，首先应了解这首诗歌的创作背景。革命烈士陈然，身陷囹圄，遭到敌人的严刑拷打，遍体鳞伤，在这种情况下，敌人让他写自白书，以此换取自由。其次，通过创作背景，我们可以想象诗人当时所处的现实处境——在黑暗的牢狱内，陈然带着手铐脚镣，遍体鳞伤。再次，结合创作背景和现实处境，分析诗人在作品中表达的思想情感。诗歌《我的“自白书”》表现了烈士坚定的革命信念，大无畏的精神和视死如归的气概。最后，基于作品的思想主题，来判断朗诵的基调。虽然高亢的语调有助于表现出革命志士的凛然正气，但是结合烈士的现实处境和身体状况等考虑，采用低沉而坚毅的语调来朗读更能感染观众。

在了解了作者的基本信息和作品的创作背景的基础上，还需深刻领悟作品内涵，确定情感基调，并梳理文脉，把握作者情感的起伏变化，分析作品的重点难点，明确诵读的着力点。

下面，我们以当代著名爱国诗篇《祖国啊，我亲爱的祖国》为例，体会在朗诵前应当如何分析、理解作品。

祖国啊，我亲爱的祖国

舒 婷

我是你河边上破旧的老水车，
数百年来纺着疲惫的歌；
我是你额上熏黑的矿灯，
照你在历史的隧洞里蜗行摸索；
我是干瘪的稻穗，是失修的路基；
是淤滩上的驳船
把纤绳深深
　　勒进你的肩膊，
——祖国啊！

我是贫困，
我是悲哀。
我是你祖祖辈辈
痛苦的希望啊，
是“飞天”袖间
　　千百年未落到地面的花朵，
——祖国啊！

我是你簇新的理想，
刚从神话的蛛网里挣脱；
我是你雪被下古莲的胚芽；
我是你挂着眼泪的笑涡；
我是新刷出的雪白的起跑线；
是绯红的黎明
　　正在喷薄；
——祖国啊！

我是你十亿分之一，
是你九百六十万平方的总和；
你以伤痕累累的乳房
喂养了
迷惘的我、深思的我、沸腾的我；
那就从我的血肉之躯上
去取得
　　你的富饶、你的荣光、你的自由；
——祖国啊，
我亲爱的祖国！

（作品选自《中国现当代文学卷》，王晓琴主编，首都师范大学出版社）

如果我们选定这首诗参加诗文朗诵大赛，那么接下来就需要了解其创作的时代背景，咀嚼字句，细致深入地研读，由此获得对本诗的的理解感悟。

这首诗歌发表于1979年7月，我国刚刚进入改革开放新时期。诗人把从压抑中释放出的热情化作诗歌，对祖国的新生进行讴歌。诗人把祖国比作伤痕累累的母亲，以赤子之情向母亲倾诉内心的痛苦，表达了对祖国真挚的爱和为祖国的建设献身的决心。诗中交融着深沉的历史感与强烈的时代感，涌动着摆脱贫困、挣脱束缚、走向新生的激情，读来令人荡气回肠、心潮澎湃。

通读全诗，我们可以感到诗歌由低沉、缓慢走向高亢、迅疾的节奏。在朗诵第一节时，朗诵者要以赤子的目光，回望祖国的贫穷与落后，抒发出悲痛之情。“破旧”“疲惫”“熏黑”等几个关键词要重读，“祖国啊”是第一次咏叹，语气平静、低沉，表达出深沉的、难以言状的悲哀。

朗诵第二节时，朗诵者要表达出哀怨的深情。要重读“贫困”“悲哀”“痛苦的希望”“未落到地面的花朵”等几个关键词，为本段结尾蓄势。而结尾的“祖国啊”是痛苦的呼唤，语气压抑沉痛，表达中华儿女的痛苦与希望。

朗诵第三节时，朗诵者要表达出看到希望的欢欣，所以朗诵时语气要豪迈，语调要高扬，要读出难以抑制的激情。段末的“祖国啊”是欣喜的呼唤，语气昂扬欣喜，流露出朗诵者抑制不住的喜悦。

朗诵第四节时，朗诵者还要表达出为实现这美好的希望，不惜献身的愿望，这一节语气最为激昂。但是，这一节的内部又应是前抑后扬的。最后一句“祖国啊，我亲爱的祖国”，是庄严的誓词，是全诗的高潮，语气要奋发激越，倾吐出献身祖国的热望。

本诗的结构特点是每一节都用“祖国啊”作为结尾，朗诵时，要注意每一句“祖国啊”都应在原来感情的基础上有所提高，将感情逐层推进，形成荡气回肠的咏叹气氛。

当我们通过深入研读，走进诗人的心灵世界，融入诗作的情感天地，心随诗脉律动，朗诵最为重要的根基便得以夯实。

（三）准确标注作品

对于初学者来说，标注作品是必要的朗诵准备。标注作品包括正音标注和朗诵标注两部分。

1. 正音标注

字音标注是朗诵的重要准备环节，一字之差、一音之微，会影响朗诵整体的准确性。对于一些生僻字、经常误读的字或受方言的影响容易错读的字，务必在文本中标注出拼音。例如，轻声和儿化是广西地区同学发音的难点，为了避免出错，建议大家有针对性地对该类词语进行正音标注。

2. 朗诵标注

在朗诵文字作品之前，用朗诵符号来标注文本，有助于初学者在熟悉文本的基础上，直观地设计并运用朗诵技巧。常见的朗诵符号以及标记方法详见下表。

常见朗诵符号一览表

朗诵符号	名　称	作　用	标示方法
·	主要重音号	表示重读的音节	标在应重读的字的下面
。	次要重音号	表示次一级的重读音节	标在次一级重读字的下面
/ // ///	停顿号	表现节奏的停顿	划在停顿的音节之后
⌒	连接号	表示音节的连接	标在连接的音节之间
△	前低后高号	表示这一句应读得前低后高	标在句首或句尾
▽	前高后低号	表示这一句应读得前高后低	
—	急读号	表示此处应急读	标在应急读的部分之下
~~	缓读号	表示此处应缓读	标在应缓读的部分之下
＜	渐强号	表示语气由弱到强	标在应渐强的部分之上
＞	渐弱号	表示语气由强到弱	标在应渐弱的部分之上
→	平直调	表示语调平稳	标在句尾
↗	高升调	表示语调渐升	
↘	降抑调	表示语调降低	

（四）精心选择配乐

有无配乐，朗诵的效果大有不同。配乐朗诵是文学、音乐、语言三位一体的艺术传播形式，三者若配合完美，则会产生出奇的艺术效果。配乐可渲染朗诵现场的氛围，是反映作品情意与表现内容的载体。它可以与作品融为一体，呈现和谐的美感。

和作品的和谐统一是选择配乐的核心原则。作品的内容、思想情感、基调、节奏决定了我们应该选择怎样的音乐。音乐的基调要和作品表达的主题、感情一致。音乐的节奏要和朗诵作品的节奏协调。音乐的力度要和作品所表现的情感、情绪协调一致。音乐的速度要和作品的感情表达合拍。表达激动、愤怒、欢乐、活泼、反抗的情感，朗诵的速度和音乐的速度都较快；表达颂赞、悲伤、深沉的情绪，朗诵的速度和音乐的速度都较慢。

对于古典诗词，我们还可以选择具有民族文化特色的中国民乐作为背景音乐。如朗诵《破阵子·醉里挑灯看剑》时，可以选择古筝曲来烘托沙场上激烈雄壮的气氛，通过激昂高亢的音乐来传达诗文中所蕴含的感情，加强观众的亲身体验之感。而朗诵《枫桥夜泊》这首诗歌时，可以选择比较流畅、缓和的二胡，恰当地表现出现场幽静、冷清的气氛，使观众身临其境地感受作者所处的环境，体会作者创作时的苦闷和孤寂的心情。

（五）反复练习诵读

上述一切准备好之后，则进入反复练习阶段。与其他能力一样，“宝剑锋从磨砺出，梅花香自苦寒来”，朗诵也必须勤学苦练。对自己选定的朗诵作品要去记忆，要创造条件大声，开口朗诵。练习过程中可以录音录像，反复回看回听，以便细抠问题、细改毛病；也可以请同学观看，听取意见再加以修正。如此循环往复，自然可以改善效果，甚至有可能取得令人惊喜的成绩。

The Art of 朗诵的艺术 Rceiting

※ 参加朗诵活动前，应进行以下基本准备：首先，应根据“三合”原则，选择适合自己性情、音质和水平的作品；其次，应结合作品的创作背景，深入分析与理解所选作品；再次，对作品进行拼音、朗诵符号等标注；最后，结合作品的思想主题、情感基调等来精心选择配乐。要不厌其烦，多途径、多方式地反复进行朗诵练习。

六、提高朗诵能力的基本途径

朗诵能力的提高是一个循序渐进的过程，应当由易到难，由浅入深，万万不可急于求成。以下分享三个提高朗诵能力的途径。

（一）品读美文，提高文学修养

文学修养包含了文学审美能力、文学思维艺术性等方面。文学修养的提高，有助于朗诵能力的提升。朗诵最强调的是感情抒发，多读多思多积累，提高个人内蕴，才更能体味作品，从而更善于传达甚至艺术化地演绎情感。

文学修养是在广泛的阅读中培养起来的。品读美文是提高自己文学修养的有效方式。阅读文质并美的优秀文学作品，有助于我们从中汲取精神养分，丰富思想，开阔胸襟，净化灵魂，启迪智慧。同学们应尽量拓宽自己的阅读范围，涉猎诗歌、散文、小说、戏剧等多种文学体裁的经典作品，丰富文学视野，提升文学鉴赏能力。这样能使我们准确地理解和把握作品的思想主题，完成作品的朗诵演绎。

（二）训练语音，提高普通话水平

要使朗诵优美动听，首先要有规范的语言基本功。使用标准的普通话，咬准字音，在声母、韵母、声调、轻声、儿化、音变等方面符合语音规范。我们可以从以下两个方面下功夫，提高普通话水平：

第一，注意普通话和自己的方言在语音上的差异，并总结其中的规律，加强记忆，反复练习；第二，注意多音字和异读词的读音，对于把握不准的字词，要勤查《新华字典》《现代汉语词典》等工具书，并标注读音，反复练习。

一口流利、标准的普通话不仅是朗诵的入门要求，而且是未来工作中重要的交际技能。

（三）模仿样板，提高朗诵技能

对于初学者而言，模仿式的学习是提高朗诵能力的有效途径。向优秀的朗诵者学习，用心倾听、细致观察、模仿诵读，持之以恒，你的朗诵能力必定会提高。

（1）用心倾听。你需要精心选择榜样性的朗诵佳作进行学习。应当尽可能选嗓音特质与你相似、相对易于模仿且表达风格为你所喜欢的优秀朗诵音频或视频，用心倾听朗诵者的声音，感受他们用有声语言再创造出的精美艺术世界，在感受中悟出朗诵的奥妙。

（2）细致观察。你需要在专注倾听的基础上对各方面进行细致观察。比如观察分析语音、语流、语感、语态、语气、语调、节奏、姿态等各种朗诵技巧的运用，这样可以得到非常具体的启发与指导。

（3）模仿诵读。你需要模仿榜样，大胆开口练习。在模仿练习的过程中注意把自己的声音、形象摄录下来，把它与样板朗诵相比较，在对比中找出自己的差距和不足。也可以请他人相助，请他听你的录音、看你的录像，最好是请他在练习现场做你的观众，这样你可通过他人的视角来查找、发现问题，而他人即时的反馈意见也有助于快速提高朗诵能力。

※ 提高朗诵能力的途径有很多，以下几个方面可为你提供基本的保障，值得尝试：广泛阅读优秀文学作品以丰富内涵、增厚积淀；提高普通话水平，让你的发音规范而动听；模仿优秀朗诵案例，快捷提高朗诵能力。

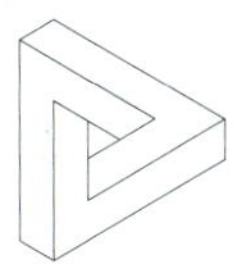

案例剖析

经过之前的学习，相信同学们对朗诵的理论知识已经有了比较全面的认知，下面按诗歌、散文、文言文和小说的类别，剖析典型案例，以帮助大家掌握不同体裁作品的朗诵要领。

案例一

诗歌朗诵

泊秦淮

（唐·杜牧）

烟笼 / 寒水 / 月 / 笼沙，→
夜泊秦淮 / 近 / 酒家。→
▽商女不知 ↗ / 亡国恨，↘
▽隔江犹唱 // ↗ 后庭花。↘

全诗共4句，是七言绝句。前两句写秦淮夜景，后两句抒发感慨。

【总结】

《泊秦淮》是唐代诗人杜牧的诗作。

请思考：这首诗的主题是什么？应该用什么语调和节奏才能准确表达诗歌的情感基调？全诗押的是什么韵？如何设计停顿和重音才能表现格律诗的音韵之美？

我们只有了解了作品的创作背景以及思想内容，才能确定朗诵的情感基调和主体节奏。《泊秦淮》是诗人杜牧夜泊秦淮时触景感怀之作，诗人借陈后主（陈叔宝）因追求荒淫享乐终致亡国的历史，讽刺那些醉生梦死的晚唐统治者，表现了诗人对国家命运的无比关怀和深切忧虑。因此，朗诵的基调是哀愁、愤懑的，节奏是舒缓的。

具体分析如下。第一句的语气平静舒缓，几处停顿，略带伤感，“沙”是次重音，稍重即可。第二句中“家”是次重音，要稍重并拖长，读出诗人看到秦淮奢靡生活的沉痛与感慨。第三句的语调是先升后降，语速是前快后慢，应重读“亡国恨”，该句是全诗读得最沉重的一句，要充分表达出诗人对国事怀抱隐忧的心境。到了第四句，节奏转为低沉，要在“隔江犹唱”后做较长的停顿，酝酿情感，“后庭花”是重音，此外由于此处是全诗的结尾，建议用重音慢读的方式来处理。

表现格律诗的音韵之美，关键是处理诗歌的韵脚。处理诗歌韵脚时，可把韵脚字的读音略微延长以示突出。全诗压“a”韵，韵脚“沙”“家”“花”都应重音慢读。朗诵格律诗时，按照规律划分好语节就能较好地处理停顿。对于七言绝句，可采用七言三顿或七言两顿的方式来处理。

案例二

诗歌朗诵

水调歌头 · 明月几时有

（宋 · 苏轼）

丙辰中秋，欢饮达旦，大醉，作此篇，兼怀子由。

明月 / 几时有？ // 把酒问青天。 // 不知天上宫阙，/ 今夕是何年。// 我欲乘风归去，⌒又恐琼楼玉宇，// 高处不胜寒。// 起舞 / 弄清影，/ 何似在人间。/// →

转 / 朱阁，⌒低绮户，⌒照 / 无眠。 // 不应有恨，/ 何事 / 长向 / 别时圆？ // 人 / 有悲欢离合，⌒月 / 有阴晴圆缺，⌒此事 / 古难全。 // 但愿 / 人长久，// 千里共婵娟。

词前题序交代了词人写作此词的背景，朗诵时一般不诵读。整首词有两阕：上阕望月，表达了对明月的向往之情；下阕怀人，表达了对人间的眷恋之意。

【总结】

《水调歌头 · 明月几时有》是宋代大文学家苏轼的代表作之一，此词全篇皆是佳句，可诵可歌，常被选为朗诵表演的作品。

请思考：这首词的主题是什么，应该用什么类型的主导节奏才能准确表达其情感基调？如何通过运用停连、重音和语调等朗诵技巧来表现作者在上下阕的情感变化？

了解创作背景和分析思想主题，是我们准确把握作品情感基调的关键。《水调歌头 · 明月几时有》这首词是作者于宋神宗熙宁九年（1076）中秋节在密州时所作。当时，苏轼曾经要求调任到离苏辙较近的地方为官，熙宁七年（1074），他被调到密州任职。到密州后，这一愿望仍无法实现。1076年的中秋，词人面对一轮明月，心潮起伏，于是乘酒兴正酣，挥笔写下了这首名篇。这首词以月起兴，以与其弟苏辙七年未见之情为基础，围绕中秋明月展开想象和思考，把人世间的悲欢离合之情纳入对人生、宇宙的哲理性思考之中。苏轼在词中表现了复杂而矛盾的思想情怀：对亲人的怀念——“但愿人长久，千里共婵娟”；

政治上的失意——“我欲乘风归去，又恐琼楼欲宇，高处不胜寒”；豁达的情怀——“人有悲欢离合，月有阴晴圆缺，此事古难全”。基于这些分析，我们可以判断出舒缓深沉、乐观豪迈是这首词的情感基调，舒缓型的主导节奏，并加上欲扬先抑的节奏变化能较好地表达作品的思想情怀。

整首词有两阕，上阕望月，表达了对明月的向往之情；下阕怀人，表达了对人间的眷恋之意。朗诵时，在两阕之间进行较长的停顿，以表现内容的深入和情感的升华。上阕以提问开篇，词人把青天和明月当做自己的知己挚友，把酒相谈，因此，首句应用亲切的语气和前高后低的语调变化来表现词人与青天、明月之间的形神交流。“我欲乘风归去”，此句可用飘逸高扬的语调来表现词人对月亮的赞美与向往，而后半句“又恐琼楼玉宇，高处不胜寒”，则可用忧虑低沉的语调来表现词人的无奈与失意。“起舞弄清影，何似在人间”句，集中表现了词人在对天上向往和对人间留恋的矛盾中选择了后者的洒脱与坚定，宜用肯定的语调和舒缓的节奏来诵读。

下阕的思想情怀复杂而多变，在诵读时节奏和语调也应进行相应的转换。在“转朱阁，低绮户，照无眠”句中，词人由中秋的圆月联想到人间的离别，此句表达了自己怀念弟弟的深情以及在中秋佳节不能与亲人团圆的离愁，宜用低沉而忧伤的节奏和语调来诵读。在“不应有恨，何事长向别时圆”句中，词人无理地埋怨明月为什么老是在人们离别的时候才圆，这似是挚友间的抱怨与嗔怪，诵读时应表现出词人的疑惑与埋怨；接着，诗人把笔锋一转，说出了一番宽慰的话来为明月开脱：“人有悲欢离合，月有阴晴圆缺，此事古难全。”我们可用高扬的语调和洒脱的语气来表达词人对人间世事的顿悟与豁达。“但愿人长久，千里共婵娟”句既是词人对经受离别之苦的人表示的美好祝愿，也充分显示出词人精神境界的丰富博大，因此在朗诵时，建议用重音重读的方式来处理“人长久”和“共婵娟”这两个关键词。

案例三

诗歌朗诵

我爱这土地

艾　青

假如 / 我是 / 一只鸟，// →
我也应该 / 用嘶哑的喉咙 / 歌唱：// →
△这被暴风雨 / 所打击着的 / 土地，// ↗
这永远汹涌着 / 我们的悲愤的 / 河流，/ →
这无止息地 / 吹刮着的激怒的 / 风，/ →
△和那来自林间的 / 无比温柔的 / 黎明…… // ↗
▽——然后 / 我死了，// ↘

全诗共10句，可大致分为两部分。前8句是第一部分，诗人化身为鸟，用嘶哑的喉咙去歌唱对自然和土地的深情。最后2句是诗眼，诗人直抒胸臆，表达对土地的热爱。

连羽毛↗/也腐烂在/土地里面。///→
△为什么/我的眼里/常含泪水?///↗
因为/我对这土地/爱得/深沉……→
(作品选自《中国新诗300首》,谭五昌选编,北京出版社)

【总结】

《我爱这土地》是诗人艾青的代表作之一。

请思考:这首诗的主题是什么?应该用什么语调和节奏才能准确表达诗歌的情感基调?全诗的内容层次对停连、重音、语调、节奏等朗诵技巧的处理有什么影响?

通过了解作品的创作背景,我们可以确定情感基调与朗诵节奏。这首诗写于1938年。在国土沦丧、民族危亡的关头,诗人满怀对祖国深沉的爱和对侵略者切齿的恨写下了这首作品。因此,深沉而忧郁是全诗的情感基调,主要的朗诵节奏为低沉型节奏。

通过分析诗歌的思想内容和情感层次来设计诗句的停顿。全诗一共10句,可分为两部分。第一部分是前8句,诗人化身为鸟,哪怕喉咙已经嘶哑,仍要去歌唱"被暴风雨所打击着的土地""悲愤的河流""激怒的风"和"无比温柔的黎明",甚至死后"连羽毛也腐烂在土地里面"。这一部分可以分成三个层次:第一层次是前两句,诗人选择喉咙嘶哑的鸟的形象,表达了他内心的歌唱冲动;第二层次是以"歌唱"领起的下面四句,这四句诗为并列关系,是歌唱的具体内容;第三层次是第七和第八两句,这两句诗进一步升华了诗人对土地执着的感情。第二部分只有两句,是全诗的诗眼。诗人直抒胸臆,在一问一答中表达了对土地的深沉强烈的爱。最后省略的是心中无限的激情,激起人们的共鸣。因此,在停顿的处理方面,诗句之间可按照自然分行的方式稍作停顿。诗歌两个部分之间的停顿时间最长,其中第一部分中的三个层次之间也要体现出明显的停顿,而诗句内部则根据情感做短暂停顿。

同时,我们通过分析具体的语句和中心词语,来判断语速、语调、重音等朗诵要点。在语速方面,全诗以稍慢的朗诵语速为主。但"歌唱"以下的三句是对饱受磨难的祖国与不屈反抗的人民的讴歌,同时作为"歌唱"的宾语出现,为排比句,故在朗诵时应慷慨激越,语速稍快,一气呵成。"黎明"一句虽也为"歌唱"的宾语,但意思与前三句有明显区别,是对抗战胜利的向往,风格宜轻柔,故语速稍慢。最后两句的情感抒发达到高潮,语速可以稍快。在重音方面,可通过不同的重音方式来准确传达诗人的情感。一般情况下重音就是加大音量,重音重读,如"鸟""嘶哑""土地""河流""风""死""土地里面""为什么""泪水"这几个重音就是要用较强的气息,扩大音量来读,从而使这些字响亮突出。但是,像"永远""无止息""无比"三个词则要适当延长声音。而"温柔""黎明""深沉"三个词则要用重音轻读的方法,追求低沉轻柔、回味无尽的效果。

案例四

散文朗诵

春（节选）
朱自清

盼望着，/ 盼望着，/ 东风来了，/ 春天的脚步近了。

一切 / 都像刚睡醒的样子，欣欣然 / 张开了眼。// 山 / 朗润起来了，⌒水涨起来了，⌒太阳的脸红起来了。///

小草 / 偷偷地 / 从土里钻出来，/ 嫩嫩的，/ 绿绿的。// 园子里，/ 田野里，瞧去，/ 一大片 / 一大片满是的。/ 坐着，⌒躺着，/ 打两个滚，⌒踢几脚球，⌒赛几趟跑，⌒捉几回迷藏。// 风轻悄悄的，⌒草 / 软绵绵的。///

桃树、/ 杏树、/ 梨树，/ 你不让我，⌒我不让你，/ 都开满了花 / 赶趟儿。/ 红的像火，⌒粉的像霞，⌒白的像雪。// 花里带着甜味儿；/ 闭了眼，树 / 上仿佛已经 / 满是桃儿、⌒杏儿、⌒梨儿。// 花下 / 成千成百的蜜蜂嗡嗡地闹着，/ 大小的蝴蝶飞来飞去。// 野花 / 遍地是：杂样儿，/ 有名字的，⌒没名字的，/ 散在草丛里，/ 像眼睛，/ 像星星，/ 还眨呀眨的。

在所节选的四个自然段中，作者对“春”的赞美和喜爱是有层次变化的：第一、第二自然段，是对“春”的殷切期盼；第三、四自然段，是对“春”的多视角描写，充分展示对“春”的热爱。

【总结】

案例片段节选自《春》，朱自清的经典散文之一，由于情境优美、语言生动，常被选为朗诵作品。

请思考：这篇散文的思想主题是什么，应该用什么语调和节奏才能准确表达它的情感基调？散文的特点是“形散神聚”，那么全文的情感脉络是什么？如何运用朗诵技巧来表现作者对“春”的情感变化？

通过分析散文的思想主题，我们可以确定朗诵的情感基调。朱自清先生在散文中描写春天，赞美春天，并发出“一年之计在于春”的感想，表达了对生活的热爱。因此，我们应用明朗、甜美的声音，用轻快型节奏来表现热情、愉快的情感基调。

散文的典型特点是形散神聚，总有一条清晰的线索贯穿全文，统领全篇。朗诵时应根据作品的主题和发展线索，用停顿的长短来显示文章的结构变化及语脉发展，用重音和语调来突出主题，使语脉清晰，聚而不散。这篇散文的主线脉络便是作者对“春”的感受及情感层次变化。

一般而言，散文朗诵的基调是平缓的，没有太大的起伏。即使是在作品的高潮，也不会像演讲那样慷慨激昂。为了避免平淡乏味，在朗诵时，可通过语调、语速的变化，重音的不同处理方式，来体现作品的内容层次，再现作者细腻的情感变化。第一、第二自然段是作者对“春”的殷切期盼，在朗诵“山朗润起来了；水涨起来了；太阳的脸红起来了”时，要把三个层次读出来，把春天越来越近、人们越来越欣喜的心情读出来。在第三、四自然段中，作者通过小草、果树、花朵、虫儿等多个视角来描写春天，充分地表现了作者对春天的热爱。我们可以通过语速和语调的变化，来区分景物的描写和情感的抒发。

总之，和其他文体不同，散文的语言自由舒展，表达细腻生动，抒情、叙述、描写等表达方式相辅相成，显得生动、明快。朗诵者应把握文章的语言特点，区别处理不同的表达方式，恰如其分地处理语调和节奏，力求真切地把作者的"情"抒发出来。

案例五

文言文朗诵

陋室铭

（唐·刘禹锡）

山 / 不在高，/ 有仙 / 则名。// 水 / 不在深，/ 有龙则灵。// 斯 / 是陋室，/ 惟吾 / 德馨。/// 苔痕 / 上阶绿，草色 / 入帘青。// 谈笑 / 有鸿儒，/ 往来 / 无白丁。// 可以调 / 素琴，/ 阅 / 金经。// 无 / 丝竹之乱耳，/ 无 / 案牍之劳形。△ /// 南阳 / 诸葛庐，/ 西蜀 / 子云亭。孔子云：何陋 / 之有？↗

文章层次清晰，以山水起兴，点出"斯是陋室，惟吾德馨"的主旨。接着从室外景、室内人、室中事方面着笔，渲染陋室不陋的高雅境界，并引古代俊彦之居、古代圣人之言强化文意，以反问结尾，余韵悠长。

【总结】

《陋室铭》是唐代文学家刘禹锡所作的文言文经典名篇，是一篇托物言志的骈体铭文。

请思考：你是否理解了这篇文言文的文意？这篇文章的主题是什么？应该用什么节奏才能准确表现它的情感基调？如何划分这篇文章的层次，并运用停顿、重音和语调等技巧进行处理？

与其他案例不同，文言文是以古汉语文雅的口语为基础的书面形式，其词汇意义、语法形式都与白话文存在巨大差异。如果朗诵者无法正确理解文言词句，那么确定朗诵基调和节奏，以及处理停顿、重音、语调等将无从谈起。因此，建议大家在朗诵文言文前，先将作品翻译成白话文，以确保彻底理解了文意。

通过了解创作背景和分析思想内容，我们可以确定朗诵的情感基调和节奏。作者刘禹锡因在任监察御史期间，曾经参加了王叔文的"永贞革新"，反对宦官和藩镇割据势力。革新失败后，被贬至安徽和州县当一名通判。按规定，通判应在县衙里住三间三厢的房子。可和州知县见作者被贬，故意刁难之。半年时间，知县强迫作者搬了三次家，面积一次比一次小，最后仅是斗室。于是，作者愤然提笔写下这篇《陋室铭》，并请人刻在石碑上，立在门前。全文短短81字，作者借赞美陋室，抒发自己志行高洁、安贫乐道、不与世俗同流合污的意趣。基于以上分析，朗诵时应以闲适、洒脱的情感基调来再现作者高洁傲岸的情操。同时，舒缓、悠然、自信的朗诵节奏，有助于塑造作者不慕名利、洁身自好的形象。

全文大体分为三部分：第一部分为前三句，总领全文，点出主旨；最后一句为第三部分，引证古人、古迹、古语做结；其余语句为第二部分，从室外景、室内人、室中事等方面分别描写陋室之不陋。朗读时，在三大部分之间应做较长停顿，以体现文章的层次与情感的递进。值得注意的是，该篇为骈文，其中对仗的句子应做相同的停顿处理。例如，“山/不在高，有仙/则名”“水/不在深，有龙/则灵”两句，每个分句都做四言两顿的处理,对仗的分句停顿的位置也相同。

同时，将体现陋室之“陋”和主人之“贤”的关键字、词做重音处理。如重音重读“绿”“青”“有鸿儒”“无白丁”“调素琴”“阅金经”等表现主人勤于修德的核心词语，为观众再现一个超然物外、体静心闲的雅士形象。

全文以淡定平缓的语调来表现作者的从容自信与隐逸情趣。唯独在朗读文末终句时，运用前低后高的语调，读出反诘意蕴，充分表现作者自比圣人、不露自炫的深长韵味。

案例六

小说朗诵

红楼梦（节选）

曹雪芹

一语未了，/ 只听外面 / 一阵脚步响，/ 丫鬟进来笑道 /：“宝玉 / 来了！”// 黛玉 / 心中正疑惑着 /：“这个宝玉，/ 不知是怎生个 / 惫懒人物，/ 懵懂顽童？/ ——倒不见那蠢物也罢了。”// 心中想着，/ 忽见 / 丫鬟话未报完，/ 已进来了一位 / 年轻的公子。//

……

黛玉 / 一见，/ 便吃一大惊，/ 心下想道 /：“好生奇怪，/ 倒像在哪里 / 见过一般，/ 何等眼熟到如此！”/// ↗

……

头上 / 周围一转的短发，/ 都结成小辫，/ 红丝结束…… // 身上 / 穿着银红撒花半旧大袄，/ 仍旧戴着 / 项圈、/ 宝玉、/ 寄名锁、/ 护身符等物，/ 锦边弹墨袜，/ 厚底大红鞋。/ 越显得 / 面如敷粉，⌒唇若施脂，⌒转盼多情，一语言常笑。/ 天然一段风骚，一全在眉梢，/ 平生万种 / 情思，/ 悉堆 / 眼角，/ 看其外貌 / 最是极好，/ 却 / 难知其底细。// ↘

……

贾母 / 因笑道 /：“外客未见，/ 就脱了衣裳，/ 还不去见你妹妹！”// ↗ 宝玉 / 早已看见 / 多了一个姊妹，/ 便料定 / 是林姑妈之女，/ 忙来作揖。/ 厮见毕 / 归坐，/ 细看 / 形容，与众各别：/// ↘

两弯 / 似蹙非蹙 / 罥烟眉，/ 一双 / 似泣非泣 / 含露目。/ 态生 / 两靥之愁，⌒娇袭 / 一身之病。/ 泪光点点，⌒娇喘微微。/ 闲静时 / 如姣花照水，⌒行动处 / 似弱柳扶风。/ 心较比干 / 多一窍，⌒病如西子 / 胜三分。// ↘

该片段主要展示了“宝黛初会”的故事情节，其中描写黛玉眼中的宝玉以及宝玉眼中的黛玉是主要内容。细品黛玉的心理活动和宝玉的语言描写，有助于分析人物个性。

宝玉 / 看罢，/ 因笑道 /："这个妹妹 / 我曾见过的。" // 贾母 / 笑 道 /："可又是胡说，/ 你又何曾见过她？ //↗" 宝玉 / 笑道 /："虽然 / 未曾见过她，/ 然 / 我看着面善，/ 心里 / 就算是旧相识，/ 今日 / 只作远别重逢，/ 亦未为不可。"↘

（节选自中央电视台《朗读者》节目第十期）

【总结】

片段节选自《红楼梦》的第三回"托内兄如海荐西宾　接外孙贾母惜孤女"。《红楼梦》是古代章回体长篇小说，是中国古典四大名著之一，是清代作家曹雪芹所著。

请思考：片段的场景中有哪些主要人物，展示了什么情节，选择哪种节奏来朗诵比较符合情感基调？通过分析人物的描写与对话，你是否能概括林黛玉和贾宝玉的个性特征？为了塑造鲜明的人物形象，你认为应该如何应用停连、重音、语调等朗诵技巧？

熟悉小说的故事情节，是确定朗诵情感基调和主体节奏的前提。《红楼梦》以贾、史、王、薛四大家族的兴衰为背景，以富贵公子贾宝玉为视角，以贾宝玉与林黛玉、薛宝钗的爱情婚姻悲剧为主线，描绘了一批闺阁佳人的人生百态，展现了真正的人性美和悲剧美，是一部全方位反映中国古代社会世态百相的史诗性著作。所选片段是黛玉和宝玉初次见面时的情景。宝黛二人初会便产生了似曾相识的心灵感应，并由此互生好感。这个情节是宝黛美好情缘的尘世起源，黛玉的眼明心细和宝玉的痴情纯洁在二人的心理、外貌、语言等描写中体现得淋漓尽致。因此，"宝黛初会"这一美好的故事情节，应以亲切欣喜的情感基调、舒缓的节奏来朗诵。

通过分析人物的心理、语言、外貌等描写，我们能更准确地把握人物个性，合理地设计停顿、重音与语调等，从而实现在朗诵中塑造鲜明形象的效果。案例中有两处较长的停顿，分别是黛玉眼中的宝玉外貌描写以及宝玉眼中的黛玉外貌描写。第一次长停顿，是为了再现黛玉的"吃惊"，突出宝玉出场时先抑后扬的表现手法。第二次长停顿，是为了突出宝玉的"惊艳"，营造宝玉痴迷于黛玉的容貌与神态的情境。这两处较长的停顿，有助于引导观众联想宝黛初会时一见如故的微妙情愫。由于黛玉眼中的宝玉，异于自己母亲口中的"顽劣异常"，也异于王夫人口中的"混世魔王"，且使她产生"眼熟"的感觉，因此，她初见宝玉时，是"吃惊"和疑惑的，我们应该用前低后高的语调来朗诵描写其心理的语句。与此不同的是，宝玉眼中的黛玉"与众各别"，娇美如西子，聪慧胜比干，处处是感叹与欣赏，因此，应该选择降抑调来朗诵描写黛玉外貌的语句。同时，对于塑造人物形象的核心词汇，我们应根据具体情况进行重读、连读等特殊处理。如"短发""小辫""红丝""项圈""宝玉"等描写宝玉衣着外貌的词汇，应处理为重读，这样有助于观众在脑海中联想宝玉的具体形象。又如，作者连用了"面如敷粉""唇若施脂""转盼多情""语言常笑"这四个四字词，细腻全面地描写了宝玉的外貌，连读能有效地强化效果和积累情绪。

总之，小说是叙事性的文学体裁，它以刻画人物形象为中心，有具体的环境描写、完整的故事情节以及复杂的矛盾冲突，广泛而深刻地反映社会生活。依据篇幅大小，有长、中、短篇之分。一般来说，练习小说朗诵，往往选择短篇或中长篇的片段。朗诵小说，强调运用声音造型，运用声音再现典型环境中的典型人物性格。我们在朗诵时，应充分体现小说中叙述语言与人物语言的显著差别。叙述语言一般用平稳舒缓的语调、节奏来朗诵，而朗诵人物语言则应充分考虑人物的身份、个性、思想，以及在当时矛盾冲突中的态度等因素来选择恰当的语调和节奏。

实境演练

俗话说：“光说不练假把式。”同学们是否已经真正掌握了朗诵的知识，并且能灵活地运用了呢？下面就让我们一起来小试牛刀吧！

任务一

【目标】掌握格律诗的朗诵要领，能读准诗歌的韵律与节奏，并准确表达诗人的情感。

【任务】请综合分析格律诗《七律·长征》，注意运用所学的格律诗朗诵要领，把握诗歌的韵律，读准节奏。

七律·长征

毛泽东

红军不怕远征难，万水千山只等闲。
五岭逶迤腾细浪，乌蒙磅礴走泥丸。
金沙水拍云崖暖，大渡桥横铁索寒。
更喜岷山千里雪，三军过后尽开颜。

【提示】1. 了解作品的创作背景。

2. 分析诗人的思想情感，确定朗诵的情感基调。

3. 找出全诗的韵脚，确定朗诵节奏。

4. 标记朗诵方案，并反复练习。

【实训】第一，了解作品的创作背景。

1934 年 10 月，中国工农红军为粉碎国民政府的围剿，保存自己的实力，也为了北上抗日，挽救民族危亡，从江西瑞金出发，开始了举世闻名的长征。《七律·长征》是一首七言律诗，这首诗写于毛泽东率领中央红军越过岷山，长征即将结束之时。作为红军的领导人，毛泽东在经受了无数次考验后，心潮澎湃，满怀豪情地写下了这首壮丽的诗篇。
第二，结合作品背景与内容，请说一说诗人在作品里抒发了怎样的情感？
第三，这首诗的韵脚是什么？你觉得应该运用哪种朗诵技巧来处理韵脚字？你认为用哪种节奏朗诵有助于表达诗人的情感？请尝试在诗歌中标注朗诵符号，并通过反复练习，完善朗诵方案。
第四，朗诵这首诗歌时，你将如何设计眼神、表情和动作等态势语？

【评估】 主要从理解诗歌的思想情感、找出诗歌的韵脚、把握七言律诗的节奏规律和朗诵时的态势语是否自然等方面进行评估。

任务二

【目标】 掌握自由诗的朗诵要领，能读准诗歌的情感基调，并再现诗歌的意境。

【任务】 请运用所学的自由诗朗诵技巧来朗诵下面的作品，注意深入体会作品的主题，再现诗歌的意境之美。

雪花的快乐

徐志摩

假如我是一朵雪花，
翩翩的在半空里潇洒，
我一定认清我的方向
——飞扬，飞扬，飞扬，
这地面上有我的方向。

不去那冷寞的幽谷，
不去那凄清的山麓，
也不上荒街去惆怅
——飞扬，飞扬，飞扬，
——你看，我有我的方向！

在半空里娟娟的飞舞，
认明了那清幽的住处，
等着她来花园里探望
——飞扬，飞扬，飞扬，
——啊，她身上有朱砂梅的清香！

那时我凭藉我的身轻，
盈盈的，沾住了她的衣襟，
贴近她柔波似的心胸
——消溶，消溶，消溶
——溶入了她柔波似的心胸。

（作品选自《雪花的快乐：徐志摩诗集》，徐志摩著，人民文学出版社）

【提示】（1）了解作品的创作背景。

（2）分析诗歌的意象，感悟诗歌的主题与诗人的情感，确定诗歌的朗诵节奏和情感基调。

（3）标记朗诵方案，并反复练习。

【实训】第一，了解作品的创作背景。

《雪花的快乐》是现代诗人徐志摩的诗歌。1924 年诗人爱恋上了富有才情的陆小曼，同年底，写了这首诗。此诗发表于 1925 年 1 月 17 日《现代评论》第一卷第 6 期。

第二，分析诗歌的主要意象，感悟诗歌的意境。

作者借雪花的纯洁、飘逸、潇洒、自由等特点，表达自己的思想情感，抒写了诗人对美好生活的执着追求和向往。全诗综合运用了借物抒情、对比、拟人等表达手法，把对理想和爱情的追求等主观感情与客观的自然景象交融互渗，从而化实景为虚境，创造出了一个优美的意境，显示了飞动飘逸的艺术风格。

第三，你认为应该用什么样的节奏和情感基调来朗诵这首诗歌？请根据你的朗诵方案来完成朗诵标记，并进行朗诵练习。

【评估】主要从能否找出并理解诗歌的主要意象，选择和使用正确的朗诵节奏、情感基调和态势语等方面进行评估。

任务三

【目标】掌握散文的朗诵要领，找准作品的脉络与线索，并在朗诵中抒发情感。

【任务】请综合分析作品的内容，并运用所学的散文朗诵技巧来朗诵以下作品，注意梳理作品的脉络线索，体现散文“形散神聚”的特征。

丑　石

贾平凹

我常常遗憾我家门前的那块丑石呢：它黑黝黝地卧在那里，牛似的模样；谁也不知道是什么时候留在这里的，谁也不去理会它。只是麦收时节，门前摊了麦子，奶奶总是要说：这块丑石，多碍地面哟，多时把它搬走吧。于是，伯父家盖房，想以它垒山墙，但苦于它极不规则，没棱角儿，也没平面儿；用錾破开吧，又懒得花那么大气力，因为河滩并不甚远，随便去掮一块回来，哪一块也比它强。房盖起来，压铺台阶，伯父也没有看上它。有一年，来了一个石匠，为我家洗一台石磨，奶奶又说：用这块丑石吧，省得从远处搬动。石匠看了看，摇着头，嫌它石质太细，也不采用。

它不像汉白玉那样的细腻，可以凿下刻字雕花，也不像大青石那样的光滑，可以供来浣纱捶布；它静静地卧在那里，院边的槐荫没有庇覆它，花儿也不再在它身边生长。荒草便繁衍出来，枝蔓上下，慢慢地，竟锈上了绿苔、黑斑。我们这些做孩子的，也讨厌起它来，曾合伙要搬走它，但力气又不足；虽时时咒骂它，嫌弃它，也无可奈何，只好任它留在那里去了。

……

终有一日，村子里来了一个天文学家。他在我家门前路过，突然发现了这块石头，眼光立即就拉直了。他再没有走去，就住了下来；以后又来了好些人，说这是一块陨石，从天上落下来已经有二三百年了，是一件了不起的东西。不久便来了车，小心翼翼地将它运走了。

这使我们都很惊奇！这又怪又丑的石头，原来是天上的呢！它补过天，在天上发过热，闪过光，我们的先祖或许仰望过它，它给了他们光明，向往，憧憬；而它落下来了，在污土里，荒草里，一躺就是几百年了！

……

我感到自己的可耻，也感到了丑石的伟大；我甚至怨恨它这么多年竟会默默地忍受着这一切，而我又立即深深地感到它那种不屈于误解的寂寞的生存的伟大。

（资料来源《平凹散文》，贾平凹著，浙江文艺出版社）

【提示】（1）了解作品的思想内容；

（2）理清散文的主要脉络与线索，确定朗诵的节奏和情感基调；

（3）标记作品的朗诵方案，并进行反复练习。

【实训】 第一，了解作品的思想内容。

《丑石》是借物说理的散文，运用借物喻人、托物写志的手法，描述了丑石从在天上的光辉灿烂，到落地后被误解、遭讥讽，直至消除误解的过程，赞颂了那种不屑于误解、寂寞生存的伟大精神，也表达了人们不能仅凭事物的外表，去评论其价值的观点。

第二，请结合散文的内容，梳理作者对丑石的情感变化。

第三，请根据情感主线，设计朗诵的节奏、情感基调以及态势语等，并进行练习。

【评估】 主要从能否梳理出散文的主要脉络与感情线索，能否根据情感主线来设计朗诵的节奏、基调以及态势语等方面进行评估。

任务四

【目标】 掌握文言文的朗诵要领，朗诵出作品的层次，并准确表达作者的情感。

【任务】 请分析作品的内容层次和思想情感，并运用所学的文言文朗诵技巧来朗诵以下作品。

爱莲说

周敦颐

水陆草木之花，可爱者甚蕃。晋陶渊明独爱菊。自李唐来，世人甚爱牡丹。予独爱莲之出淤泥而不染，濯清涟而不妖，中通外直，不蔓不枝，香远益清，亭亭净植，可远观而不可亵玩焉。

予谓菊，花之隐逸者也；牡丹，花之富贵者也；莲，花之君子者也。噫！菊之爱，陶后鲜有闻。莲之爱，同予者何人？牡丹之爱，宜乎众矣！

【提示】（1）了解作品的思想内容。

（2）正确理解疑难字词的意义以及短文的内容。

（3）根据短文内容的层次，来确定朗诵的节奏与情感变化。

（4）标记作品的朗诵方案，并反复进行练习。

【实训】 第一，了解作品的思想内容。

《爱莲说》是北宋理学家周敦颐创作的，文章通过描写莲的形象和品质，歌颂了莲花坚贞的品格，从而表现了作者洁身自爱的高洁人格和洒脱的胸襟。

第二，标注疑难字词的读音与释义，并划分短文的层次。

第三，根据内容的层次，分析作者的情感和文章的主题。

第四，标注朗诵符号和态势，并反复练习。

【评估】 主要从能否完全理解文言文中字词句的意义、能否准确理解文章的主题并划分层次、能否根据不同层次的情感变化来设计朗诵方案等方面进行评估。

任务五

【目标】 掌握小说的朗诵要领，能在朗诵中塑造鲜明的人物形象，并营造浓郁的故事氛围。

【任务】 熟悉故事情节，分析人物形象，并运用所学的小说朗诵技巧来朗诵以下作品，注意再现典型环境中的典型人物性格。

与周瑜相遇

迟子建

一个司空见惯、平淡无奇的夜晚，我枕着一片芦苇见到了周瑜。那个纵马驰骋、英气逼人的三国时的周瑜。

因为月亮很好，又是在旷野上，空气的透明度很高，所以即使是夜晚，我还是一眼认出了他。当时我穿着一件白色的睡袍，乌发披垂，赤着并不秀气的双足，正漫无目的地行走在河岸上。凉而湿的水气朝我袭来，我不知怎地闻到了一股烧艾草的气息，接着是鼓角相闻，我便离开河岸，寻着艾草的味儿和凛凛的鼓角声而去，结果我见到了一片荒凉的旷野，那里的帐篷像蘑菇一样四处皆是，帐篷前篝火点点，军马安闲地垂头吃着夜草，隐隐的鼾声在大地上沉浮。就在这种时刻，我见到了独自立在旷野上的周瑜。

我没有小乔的美貌，周瑜能注意到我，完全是因为在这旷野上，只有两个人睁着眼睛，而其他人都在沉睡。那用眼睛在月光下互相打量的两个人，一个是我，一个就是周瑜了。因为见到了我最想见到的一个男性，所以那瞬间我说不出话来，我见到亲密的人时往往都是那个表情。

周瑜身披铠甲，剑眉如飞，双目炯炯，一股逼人的英气令我颤抖不已。

"战事还未起来，你为何而发抖？"周瑜说。

我想告诉他，他的英气令我发抖，只有人的不可抗拒的魅力才令我发抖，可我说不出话来。

我不知道又有什么战事要发生。这么大规模的安营扎寨，这么使周瑜彻夜难眠的战事，一定非同一般。短兵相接，战前被擦得雪亮的军刀都会沾有血迹。只有刀染了血迹，战争才算结束。多少人的血淤积在刀上，又有多少把这样的刀被遗弃在黄土里，生起厚厚的锈来。周瑜并没有在意我的发抖，而是将一把艾草丢进篝火里，我便明白了艾草味的由来。可是先前所闻的鼓角声呢?

周瑜转身走向帐篷时我见到了支在地上的一面鼓，号角则挂在帐篷上。他拿起鼓槌，抑扬顿挫地敲了起来，然后又吹起了号角。他陶醉着，为这战争之音而沉迷，他身上的铠甲闪闪发光。

我说："这鼓角声令我心烦。"周瑜笑了起来，他的笑像雪山前的回音。他放下鼓槌和号角，朝我走来。他说："什么声音不令你心烦？"

我说："流水声、鸟声、孩子的吵闹声、女人的洗衣声、男人的饮酒声。"

周瑜又一次笑了起来。我见月光照亮了他的牙齿。

我说："我还不喜欢你身披的铠甲，你穿布衣会更英俊。"

周瑜说:“我不披铠甲，怎有英雄气概?”

我说:“你不披铠甲，才是真正的英雄。”

我们不再对话了。月亮缓缓西行，篝火微明，艾草味由浓而淡，晚风将帐篷前的军旗刮得飘扬起来。我坐在旷野上，周瑜也盘腿而坐。

我们相对着。

他说:“你来自何方?为何在我出征前出现?”

我说:“我是一个村妇，我收割完芦苇后到河岸散步，闻到艾草和鼓角的气息，才来到这里，没想到与你相遇。”

“你不希望与我相遇?”

“与你相遇，是我最大的心愿。”我说。

“难道你不愿意与诸葛孔明相遇?”

“不。”我说，“诸葛孔明是神，我不与神交往，我只与人交往。”

“你说诸葛孔明是神，分明是嘲笑我英雄气短。”周瑜激动了。

“英雄气短有何不好?”我说，“我喜欢气短的英雄，我不喜欢永远不倒的神。英雄就该倒下。”

周瑜不再发笑了，他又将一把艾草丢进篝火里。我见月亮微微泛白，奶乳般的光泽使旷野显得格外柔和安详。

我说:“我该回去了，天快明了，该回去奶孩子了，猪和鸡也需要食了。”周瑜动也不动，他看着我。

我站了起来，重复了一遍刚才说过的话，然后慢慢转身，恋恋不舍地离开周瑜。走前我打着哆嗦，我在离开亲密的人时会有这种举动。

我走了很久，不敢回头，我怕再看见月光下周瑜的影子。快走到河岸的时候，却忍不住还是回了一下头，我突然发现周瑜不再身披铠甲，他穿着一件白粗布的长袍，他将一把寒光闪烁的刀插在旷野上，刀刃上跳跃着银白的月光。战马仍然安闲地吃着夜草，不再有鼓角声，只有淡淡的艾草味飘来。一个存活了无数世纪的最令我倾心的人的影子就这样烙印在我的记忆深处。

我伸出一双女人的手，想抓住他的手，无奈那距离太遥远了，我抓到的只是旷野上拂动的风。

一个司空见惯、平淡无奇的夜晚，我枕着一片芦苇见到了周瑜。那片芦苇已被我的泪水打湿。

（资料来源:《迟子建散文》，迟子建著，浙江文艺出版社）

【提示】（1）了解作品的思想内容。

（2）熟悉小说的故事情节，分析人物形象。

（3）根据人物形象的典型性格和故事氛围，标注朗诵方案，并反复练习。

【实训】 第一，了解作品的思想内容。

《与周瑜相遇》是一篇以女性看待英雄和渴望和平为主题的微型小说。作者迟子建以另类方式，解读传统经典故事与人物，视角新颖，恣意抒情。文章借一个美丽的梦境，诠释了普通人的英雄观——一位农妇眼中的周瑜，是人而不是神，身上应该缭绕着浓浓的烟火气息。同时，借一个农妇的梦书写了对战争的憎恶，对安宁和平生活的向往。作品颠覆了人们对英雄的传统定义，赋予英雄周瑜更深的人性色彩。

第二，小说主要讲述了一个什么故事，其中有哪些人物形象，他们具有什么典型性格？

第三，为了突出小说的人物形象，对于“我”与“周瑜”，应分别采用哪些不同的朗诵节奏和情感基调？

第四，请结合人物形象和典型环境的特点，在文中标注朗诵符号，并反复练习。

【评估】 主要从朗诵时能否完整地展示故事的情节、能否鲜明地体现小说中人物形象的性格特点、能否恰当使用态势语等方面进行评估。

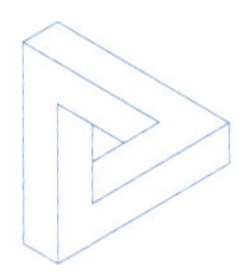

素质拓展

“‘去中国化’是很悲哀的。应该把这些经典嵌在学生脑子里，成为中华民族文化的基因。”这是习近平总书记2014年9月9日视察北京师范大学时的讲话。我们都知道，诵读是一种理解感悟作品的特殊而高效的方式，那么诵读中华经典文学作品，自然成为传承与弘扬中华优秀传统文化的重要途径。

请组织策划一场班级“中华经典诵读选拔赛”，让全班同学们在诵读活动中尝试不同角色，既是活动组织者，也是诵读者，通过活动领略中华优秀文化之美、感受朗诵艺术的魅力、提高朗诵能力。

在策划阶段注意查找、收集、参看过往各级各类“中华经典诵读大赛”资料，了解比赛的具体形式及要求，根据活动举办需求做好人员、物品等资源的准备。同时系统梳理朗诵知识，加强艺术修养，保证活动更具专业性。

请每位同学积极参加活动，交替尝试不同的角色：

作为活动组织者，为了提高班级“中华经典诵读选拔赛”的质量，让同学们能够在活动中既得到美的享受，又切实提高朗诵水平，你需要：

在班上寻找对朗诵艺术有热情且有一定组织能力的同学，与他们合作组成“中华经典诵读选拔赛”工作团队，制订活动计划；

对全班同学进行朗诵培训，讲授有关朗诵知识，帮助大家了解朗诵的基本技巧，以及不同文体的朗诵要领。

为取得良好的培训效果，你需要：

在开展培训前清晰梳理知识要点，挑选优秀案例，制作培训PPT，指导大家选择合适的参赛作品，并适当进行朗诵示范。

作为朗诵者，你需要：

选择适宜自己的经典之作，深入分析理解作品，加强赛前练习，大胆登台朗诵。

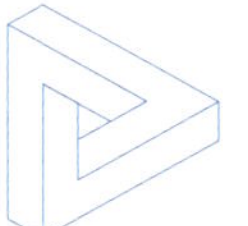

模块要点

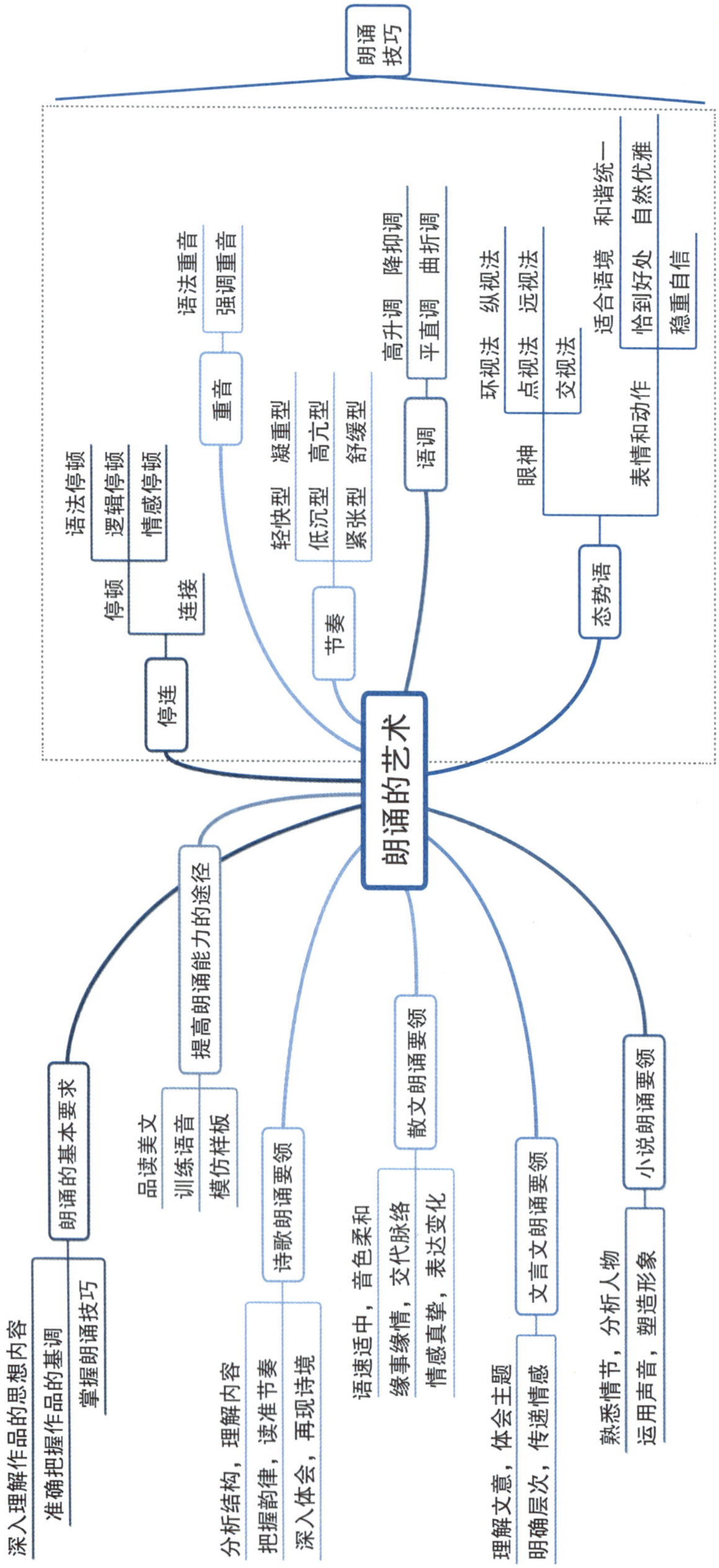

- 朗诵的艺术
  - 朗诵的基本要求
    - 深入理解作品的思想内容
    - 准确把握作品的基调
    - 掌握朗诵技巧
  - 提高朗诵能力的途径
    - 品读美文
    - 训练语音
    - 模仿样板
  - 诗歌朗诵要领
    - 分析结构，理解内容
    - 把握韵律，读准节奏
    - 深入体会，再现诗境
  - 散文朗诵要领
    - 语速适中，音色柔和
    - 缘事缘情，交代脉络
    - 情感真挚，表达变化
  - 文言文朗诵要领
    - 理解文意，体会主题
    - 明确层次，传递情感
  - 小说朗诵要领
    - 熟悉情节，分析人物
    - 运用声音，塑造形象
  - 朗诵技巧
    - 停连
      - 停顿
        - 语法停顿
        - 逻辑停顿
        - 情感停顿
      - 连接
    - 重音
      - 语法重音
      - 强调重音
    - 节奏
      - 轻快型　凝重型
      - 低沉型　高亢型
      - 紧张型　舒缓型
    - 语调
      - 高升调　降抑调
      - 平直调　曲折调
    - 态势语
      - 眼神
        - 环视法　纵视法
        - 点视法　远视法
        - 交视法
      - 表情和动作
        - 适合语境　和谐统一
        - 恰到好处　自然优雅
        - 稳重自信

附　　录

一、中国古代文学简介
二、中国现当代文学简介
三、标点符号用法

扫描二维码
获取附录内容

参考文献

[1]劳动和社会保障部职业技能鉴定中心 . 与人交流能力训练手册［M］. 北京：人民出版社，2008.
[2]张波 . 口才与交际［M］. 北京：机械工业出版社，2014.
[3]陈慧娟 . 口语交际能力训练［M］. 上海：华东师范大学出版社，2015.
[4]熊文华 . 表达与听解［M］. 北京：国防大学出版社，2005.
[5]王龙 . 阅读史导论［M］. 北京：国家图书馆出版社，2017.
[6]孙和平，尤翠云，王玉 . 教师口语实训教程［M］. 武汉：武汉大学出版社，2012.
[7]熊文华，周静 . 人际交往与沟通［M］. 苏州：苏州大学出版社，2010.
[8]傅红英 . 大学生口语交际实用教程［M］. 南京：南京大学出版社，2014.
[9]刘艳 . 说话的艺术［M］. 武汉：华中科技大学出版社，2016.
[10]于漪 . 实用口语交际［M］. 上海：上海科学技术文献出版社，2007.
[11]熊文华 . 大学语文［M］. 北京：语文出版社，2015.
[12]张子泉 . 应用文写作教程［M］. 北京：北京交通大学出版社，2006.
[13]叶圣陶著，李怀源选编 . 叶圣陶谈阅读［M］. 南京：江苏凤凰教育出版社，2015.
[14]李公朴 . 读书与写作［M］. 北京：知识产权出版社，2018.
[15]王继坤 . 大学速读训练教程［M］. 济南：山东大学出版社，2005.
[16]陈李翔 . 职业汉语［M］. 北京：中国劳动社会保障出版社，2008.
[17]刘锡庆 . 基础写作学［M］. 北京：人民教育出版社，2007.
[18]朱伯石 . 写作概论［M］. 武汉：湖北教育出版社，1983.
[19]梁成林 . 应用写作［M］. 桂林：广西师范大学出版社，2001.
[20]李美英 . 演讲与口才［M］. 北京 : 中国财政经济出版社 ,2013.
[21]颜永平 , 杨赛 . 演讲与口才教程［M］. 上海 : 华东师范大学出版社 ,2012.
[22]朱志荣 . 实用大学语文［M］. 上海：复旦大学出版社，2007.